Sie kamen übers Meer

Schriftenreihe: Dokumente · Analysen · Kommentare

Band 2

Ernst Fredmann

Sie kamen übers Meer

Die größte Rettungsaktion der Geschichte

swg

STAATS- UND WIRTSCHAFTSPOLITISCHE GESELLSCHAFT

10. Auflage 1983
NWZ-Verlag, 4000 Düsseldorf
© 1971 by Staats- und Wirtschaftspolitische Gesellschaft e. V.
Alle Rechte vorbehalten
Umschlagentwurf: Bärbel Müller
Klischees: Kayser-Klischee Hamburg
Gesetzt aus der 9/11 Garamond
Druck: Gerhard Rautenberg, Leer/Ostfriesland
Einband: Großbuchbinderei Kuhlmann, Oldenburg
ISBN 3-88527-040-4

Zeugnis ablegen

Mit der Schrift SIE KAMEN ÜBERS MEER legt die Staats- und Wirtschaftspolitische Gesellschaft nun den zweiten Band in ihrer Reihe „Dokumente — Analysen — Kommentare" vor.

Hatte sich die erste Publikation zum Ziel gesetzt, in einem Jahresquerschnitt der größten Zeitung aus dem Bereich der Heimatvertriebenen, dem OSTPREUSSENBLATT die Arbeit der dort tätigen Journalisten und ihrer freien Mitarbeiter festzuhalten und zu würdigen, so wendet sich dieser Band einem Teilausschnitt unserer jüngeren Geschichte zu, genauer gesagt: einem Zeitraum von 115 Tagen, der durch das Zusammenwirken der verschiedensten Kräfte, durch die Vermählung von Land und Meer zum Zwecke einer zur Einheit verschmolzenen Handlung seine besonderen Akzente erhalten hat.

Es erschien uns als Phänomen, daß eine Waffengattung, hier die Marine, den Krieg mit schußbereiten Kanonen, wir ihr militärischer Auftrag es vorschrieb, begann und sich zum Ende dieses Ringens unvergänglichen Lorbeer im Dienste der Nächstenhilfe erwarb. Es erschien als Phänomen, daß Soldaten an Land im Angesicht des Todes dennoch nicht aufgaben, um noch Hilfloseren die Rettung zu ermöglichen. Es erschien uns als Phänomen, daß alte Menschen, Frauen und Kinder einen Weg nach Golgatha beschritten, der ihnen unbegreiflich und hoffnungslos erscheinen mußte, und an dessem Ende auf Menschen trafen, die die Lehre vom Samariter zur lebendigen Wahrheit machten.

All dieses, was in den 115 Tagen geschah, will dieser Band in Schlaglichtern ausleuchten. Er will in einer nach heutigen Erkenntnissen angelegten Schau das Geschehen in Analyse und Kommentar nachzeichnen und transparent machen. Der Vorgang, den man heute als Vertreibung bezeichnet, ist so gewaltig und vielschichtig, daß eine Berichterstattung nur über die reinen Fakten schon Bibliotheken füllen kann.

Uns ging es hier darum, das Schicksal derjenigen nachzuzeichnen, die durch eine Hölle gingen, und für die es schließlich nur einen Ausweg gab. Den Weg über die Ostsee. Sie sind es, die wir meinen, wenn wir von denen sprechen, die übers Meer kamen. Wir haben versucht, die Hintergründe aufzuhellen, vor denen ihr Schicksalsweg begann und endete. Wenn die meisten der Aufbruch plötzlich wie ein Blitz traf, so lagen doch dieser und die darauf folgenden Ereignisse längst vorgezeichnet. Der einzelne Mensch hatte nur noch seine Statistenrolle zu spielen.

Die Flucht und die später anschließende Vertreibung sind eine Einheit. Es ist im Grunde gleich, mit welcher Bezeichnung ein solcher Vorgang belegt wird, es handelt sich immer nur um ein Synonym für die selbe Sache, lange vorgeplant und mit extremster Brutalität in Gang gesetzt.

Wir fragen hier nicht nach Schuld, weil wir Selbstgerechtigkeit für Vermessenheit halten. Statt dessen haben wir versucht, bis zu den Wurzeln der Entwicklungen vorzudringen und glauben, manche Information dabei an die Oberfläche befördert zu haben, die weitgehend unbekannt war. Wir haben auch darauf verzichtet, das eigene Unglück zu beklagen und des Nächsten dabei nicht zu achten. So zogen wir es vor, lieber Tatsachen und Augenzeugen — Mitakteure und Mitleidende — sprechen zu lassen. Es steht außer Frage, daß gerade der Augenzeugenbericht dokumentaren Charakter hat, und sei er grammatikalisch und stilistisch noch so holperig. Er ist durch nichts zu ersetzen.

In diesem Zusammenhang konnte uns das Schicksal unseres polnischen Nachbarvolkes nicht kalt lassen. Seine Geschicke sind auf vielfältige Art mit den unsrigen verknüpft. Seine Leidensfähigkeit und sein Unglück sind nicht geringer als die des deutschen Volkes. Beide sind im Zusammenhang der in diesem Band geschilderten Vorgänge die Opfer einer gleichen politischen Zielsetzung. So absurd es auf den ersten Blick angesichts der heutigen Gebietsaufteilung auch scheinen möge: In Wirklichkeit sind unsere Gemeinsamkeiten größer als das Trennende. Vorerst besteht die Gemeinsamkeit in der Gemeinschaft der Opfer.

6

Mit diesem Band wollen wir Zeugnis ablegen von dem, was vor fünfundzwanzig Jahren war, was bis heute fortwirkt, was auch morgen nicht unter den Tisch gefegt werden kann.

Wir wollen Zeugnis ablegen vom Ruhm unserer Soldaten, der aus der tiefsten Not herauswuchs; vom Ruhm unserer Seeleute der Kriegs- und Handelsmarine, der unvergängliche Maßstäbe setzt; vom Ruhm unserer Frauen, der die Dornenkrone unsäglichen Leides trägt.

Wir wollen Zeugnis ablegen vor denen, die damals für die Rettung anderer an Land oder auf See ohne Zögern ihr Leben wagten; vor denen, die die Leiden einer ausgeraübten und gequälten Kreatur bis auf den Grund auskosten mußten; vor denen, die nie geboren wären, hätte es nicht die Männer und Frauen gegeben, die übers Meer kamen.

Wir wollen Zeugnis ablegen vor denen, die alles das aus sicherer Ferne registrierten; vor denen, deren Herzen der Versteppung anheimgefallen sind; vor denen, die bisher noch nicht mehr getan haben, als nur einfach auf die Welt zu kommen.

Hamburg, im August 1971 *Hugo Wellems*

Zur 8. Auflage

Der Tod des früheren Oberbefehlshabers der Kriegsmarine hat das Interesse weiter Kreise der Bevölkerung, und keinesweg nur der Vertriebenen, erneut auf die Rettungsaktion der Männer der Kriegs- und Handelsmarine gelenkt, die im Frühjahr 1945 auf Befehl des Großadmirals Dönitz über zwei Millionen Soldaten und Flüchtlinge aus den deutschen Ostgebieten über See in den Westen und damit in die Freiheit gerettet haben. Welches Interesse diese großartige Rettungstat gefunden hat, beweist allein schon die Tatsache, daß wir heute bereits die achte erweiterte Auflage dieser Schrift vorlegen können.

Als Ausdruck unseres Respekts und Danks soll gewertet werden, wenn wir die Persönlichkeit des Großadmirals gewürdigt und einen ausführlichen Bericht über die Beisetzung in Aumühle beigegeben haben.

Hamburg, im Februar 1981 *H.W.*

Die Rettung über See

Die Evakuierung großer Menschengruppen aus lebensbedrohter Lage über den Seeweg hinweg ist ein Problem, das erst im zweiten Weltkrieg entstand. Frühere Räumungen von Landpositionen wie beispielsweise der Abbruch des Unternehmens von Gallipoli 1916 hatten eher den Charakter von normalen Seetransporten. Vor allem waren sie räumlich und umfangmäßig sehr begrenzt. Das gilt auch im zweiten Weltkrieg für die Evakuierungen von Truppenverbänden im baltischen Raum 1941 und auf dem pazifischen Kriegsschauplatz.

Als Großleistung auf diesem Gebiet galt bis 1944 mit Recht die Rettung englischer und französischer Truppen aus Dünkirchen im Jahre 1940. Hier war zum ersten Male eine Lage entstanden, daß Menschen — in diesem Falle Soldaten — mit dem Rücken zur See auf engem Raum zusammengedrängt waren und in Gefahr gerieten, vernichtet oder gefangen zu werden. Hier war jede langfristige Planung unmöglich, weil sich die Kriegslage so blitzschnell verschlechtert hatte, daß die britische und Teile der französischen Marine nur improvisieren konnten, wenn sie die Bedrohten noch in Sicherheit bringen wollten.

Der Frankreich-Feldzug hatte am 10. Mai 1940 begonnen. Innerhalb von vierzehn Tagen waren alle im Norden der Front befindlichen französischen und englischen Streitkräfte von den westlichen Landverbindungen abgeschnitten. Die belgische Armee mußte kapitulieren. Die übrigen Truppen wichen an die Küste zurück oder befanden sich in voller Flucht dorthin. Am 21. Mai erreichten die deutschen Angriffsspitzen die Kanalküste. Einen Tag zuvor hatte die britische Admiralität angesichts der sich anbahnenden Niederlage die ersten Anordnungen für eine Rückführung des englischen Expeditionskorps über Dünkirchen erlassen. Am 26. Mai erfolgte der viel umstrittene Haltebefehl Hitlers. Am Tag darauf begannen die ersten Einschiffungen in Dünkirchen.

Die Lage in dieser Hafenstadt war verzweifelt. Pausenlos griff die deutsche Luftwaffe an. Überall breiteten sich große Brände aus. Die Elendsbilder aus jenen Tagen sind bekannt. Ausgebrannte Fahrzeuge, Tote, zerstörtes Material, verlorenes Gepäck. Die englische Marine setzte jedes Fahrzeug, selbst das kleinste Motorboot ein, um die Soldaten zu retten und über See zur britischen Insel zu transportieren. Dieser Aktion kam als günstiger Umstand zustatten, daß der Seeweg nur zwischen 39 und 55 Seemeilen betrug. Das ermöglichte einen schnellen Umschlag und erhöhte die Transportkapazität. Innerhalb einer Woche konnten von 250 000 Engländern 235 000 und von 338 000 Franzosen 110 000 in Sicherheit gebracht werden.

An dieser Rettungsunternehmung beteiligten sich am 30. Mai 48 Schiffe, am 31. Mai 38 Schiffe, am 1. Juni 43 Schiffe und am 2. Juni 63 Schiffe, wobei natürlich zu berücksichtigen ist, daß zahlreiche Schiffe die Reise mehr als einmal am Tage machten.

Wenn auch die britische Wehrmacht an Land eine schwere Niederlage erlitten hatte, so wurde die Evakuierung in der Öffentlichkeit und im Parlament als ein Sieg der britischen Marine gefeiert. Durchaus zu Recht, denn diese Leistung bedeutete nicht nur die Rettung des Kernes der englischen Armee vor der Vernichtung, sie war auch ein Meisterstück seemännischen und organisatorischen Könnens aus der Improvisation heraus.

Anfang 1945 wurde die in fünf langen Kriegsjahren geschwächte deutsche Marine vor eine ähnliche, aber unvergleichbar größere Aufgabe gestellt: die Rettung von nahezu drei Millionen Menschen aus den deutschen Ostseeprovinzen. Auch hier war keine Planung möglich gewesen, sie mußte durch Improvisation ersetzt werden. Die Seeleute der deutschen Kriegs- und Handelsmarine haben die gestellte Aufgabe in einer bis dahin beispiellosen Form gelöst. Nur — sie sind nie dafür gefeiert worden.

In einem Zeitraum von 115 Tagen retteten sie fast drei Millionen Menschen unter den schwersten Bedingungen, bedroht von Granaten, Minen, Torpedos und Bomben. Und das Unmögliche trat ein: die Quote der Geretteten lag bei 99 Prozent. An der Aktion waren insgesamt 790 Schiffe beteiligt, davon waren 509 Handelsschiffe.

Noch heute ist es nicht möglich, die exakten Zahlen über die über See aus den deutschen Ostseeprovinzen Geretteten zu ermitteln, und es ist durchaus offen, ob eine genaue Feststellung je erfolgen kann.

Dafür gibt es einleuchtende Gründe: Einmal ist das Quellenmaterial lückenhaft und zum anderen waren angesichts der turbulenten Umstände bei der Einschiffung keine genauen Zählungen möglich. Die zur Verfügung stehenden Zahlen — gleichgültig, ob von den Kriegsmarine-Dienststellen oder den Reedereien angegeben — müssen als Mindestzahlen angenommen werden. Obwohl Großadmiral Dönitz angeordnet hatte, daß das Aktenmaterial der Kriegsmarine wie die für diese Untersuchung wichtigen Schiffstagebücher nicht vernichtet werden sollten, stehen die Unterlagen nur zum Teil zur Verfügung. Die offiziellen Akten der Kriegsmarine liegen in Londoner Archiven und sind nur teilweise ausgewertet worden. Die Kriegstagebücher der 9. Sicherungsdivision, des zahlenmäßig größten Verbandes bei den Ereignissen auf der Ostsee 1945, sind vernichtet worden, um eine Auslieferung solcher Flottillen an die Sowjets zu verhindern, die am 5. Mai noch östlich von Bornholm standen. Das gleiche geschah nach den Angaben des Seetransportchefs der Wehrmacht, Konteradmiral Engelhardt, mit den Kriegstagebüchern der Seetransportstelle, weil die Gefahr bestand, daß die Sowjetunion die Rückführung aller Flüchtlinge fordern könnte, die nach dem 5. Mai transportiert wurden. Es hätte sich dabei um Hunderttausende gehandelt. Daher ist auch das dramatische Rennen der deutschen Schiffe um Zeit in den letzten Tagen zu verstehen. Daher hatte auch Großadmiral Dönitz seine Unterhändler bei den Alliierten angewiesen, um jede Stunde zu ringen, damit noch möglichst viele Menschen in Sicherheit gebracht werden konnten.

Nachweisbar ist eine Zahl von zwei Millionen Geretteten. Marinefachleute und Historiker sind sich längst darüber klar, daß eine Dunkelziffer von etwa 50 Prozent dieser Zahl hinzugerechnet werden muß. Die Gesamtzahl liegt vermutlich nahe bei drei Millionen.

Die nachweisbaren Ziffern basieren auf der Zahl der durch die Einschiffungsdienststellen ausgegebenen Schiffskarten. Sofern jedoch bei den Ausschiffungen in den Häfen an der schleswig-holsteinischen Küste noch einmal Abschlußzählungen vorgenommen wurden, erwies sich, daß die Zahlen in fast allen Fällen erheblich höher waren als die gemeldeten. Durch die Hektik der Anbordnahme unter Feindeinwirkung konnten ab Februar 1945 die Schiffslisten nicht mehr ordnungsgemäß geführt werden.

So gibt beispielsweise der Transportreferent beim Seetransportchef, Korvetten-Kapitän Eschtrich, für die „Wilhelm Gustloff" eine Zahl von etwa 5 000 ausgegebenen Fahrkarten an. Der Funker Rudi Lange auf diesem Schiff berichtet, daß aber unmittelbar vor dem Ablegen alle Fallreeps heruntergelassen wurden. Nach seiner Schätzung kamen noch einmal etwa 2 000 Menschen an Bord. Er glaubt sich erinnern zu können, daß er beim Auslaufen einen Funkspruch abgesetzt hat, in dem 7 000 Passagiere gemeldet wurden.

Ebenso blieben zahlenmäßig unkontrolliert alle Flüchtlinge, die von kleinen Fahrzeugen irgendwo an Bord genommen wurden.

Die Gesamtzahl der auf See Umgekommenen dürfte etwa bei 20 000 liegen. Diese Zahl liegt unter einem Prozent der über See Geretteten, während die Quote der bei der Flucht auf dem Landwege Umgekommenen bei 15,5 Prozent liegt. In ihrer Arbeit „Ostsee-Brückenköpfe 1945", einem der fundiertesten Werke über die Seekriegsereignisse 1945, nennt Ingrid Bidlingmaier 18 056 Tote, während der Marinehistoriker und -schriftsteller Brustat-Naval in seinem „Unternehmen Rettung" von 19 152 Toten auf See spricht. Die durch britische Bombenangriffe auf die Schiffe „Cap Arcona" und „Thielbek" am 3. Mai in holsteinischen Küstengewässern Getöteten können dabei nicht berücksichtigt werden, weil die Verwendung dieser Schiffe nicht im Zusammenhang mit der „Rettung über See" stand.

Am meisten klaffen die Zahlenangaben bei den Verlusten auseinander, die in der Lübecker Bucht durch die Bombardierungen von aus dem Osten einlaufenden Schiffen durch die britische Luftwaffe am 3. Mai verursacht wurden. Während Frau Bidlingmaier beispielsweise auf der „Vega" ohne nähere Zahlenangabe „erhebliche Verluste" meldet, gibt der Kapitän dieses Schiffes nur einen Toten an.

Die höchsten Verluste traten bei der Versenkung der „Goya" ein, an zweiter Stelle steht „Wilhelm Gustloff", gefolgt von „General von Steuben".

Unter Auswertung verschiedener Quellen sieht eine Tabelle für Verluste von über 500 Menschen folgendermaßen aus:

16. 4. 45 Goya (5 230 BRT) 6 500 Tote

30. 1.45 Gustloff (25 484 BRT) 5 100 Tote

10. 2. 45 Steuben (14 660 BRT) 3 000 Tote

13. 4. 45 Karlsruhe (897 BRT) 900 Tote

10. 4. 45 Neuwerk (803 BRT) 800 Tote

17. 2. 45 Eifel (1 429 BRT) 677 Tote

12. 3.45 Andros (3 048 BRT) 570 Tote

So schmerzlich diese Verluste, so fürchterlich die Verhältnisse an Bord der völlig überladenen Schiffe auch waren, so darf dabei nie übersehen werden, daß es dem seemännischen Können und der grenzenlosen Einsatzbereitschaft der Besatzungen zuzuschreiben ist, daß die Verluste, gemessen an den Gesamttransportzahlen, noch so gering blieben.

Als Forschungsquelle scheiden die Veröffentlichungen der sowjetischen Marinehistoriker aus. Sie sind mit ihren Angaben für 1945 viel ungenauer als beispielsweise bei ihren Schilderungen des Seekrieges der davor liegenden Jahre. Da die sowjetische Geschichtsschreibung die sachliche Darstellung, wie sie in der westlichen Welt üblich ist, nicht kennt, sondern alle Vorgänge und Leistungen an dem Nutzen für die Ideologie abmißt, halten die meisten Angaben einer Nachprüfung nicht stand. Wenn beispielsweise die seemännische Leistung der Besatzung eines Schiffes beim Abwettern eines schweren Sturmes nur auf die ideologische Festigkeit der Seeleute zurückgeführt wird, so wird das vielleicht für den Hausgebrauch gut sein, kann aber sonst keine Gültigkeit beanspruchen.

Vergeblich wird man auch bei diesen Historikern einen Hinweis auf die Rettungsaktion der deutschen Marine suchen. Flüchtlingstransporte sind überhaupt nicht erwähnt. Es werden grundsätzlich nur Hitleristen genannt. Unter diesem Sammelbegriff läßt die sowjetische Geschichtsschreibung auch die deutschen Soldaten laufen. Die angegriffenen Schiffe sind für sie grundsätzlich Truppentransporter. Ebenso großzügig wird mit Versenkungszahlen verfahren.

Für die sowjetische Geschichtsschreibung ist der Bericht über den Untergang der „Wilhelm Gustloff" typisch: „Der angegriffene Transporter sank schnell tiefer. Es war das Motorschiff ‚Wilhelm Gustloff' mit 6 100 Hitleristen an Bord, darunter 3 700 Unteroffiziere und Matrosen-Spezialisten, die aus dem Übungszentrum der hitleristischen Flotte von Gotenhafen evakuiert wurden."

Gespräch mit
Großadmiral Dönitz

Eine Darstellung der größten Rettungsaktion der Geschichte ist nicht denkbar, ohne dabei auch den Mann unmittelbar zu Worte kommen zu lassen, der als Oberbefehlshaber der Kriegsmarine dafür die Verantwortung trug und sich ihr auch aus innerster Überzeugung unterzog. Der Name des Großadmirals Dönitz ist untrennbar mit der Rettung über See verbunden.

Im Jahre 1968 hatte ein Redakteur des „Ostpreußenblattes" darüber ein Gespräch mit ihm, das hier wiedergegeben sei:

„Herr Großadmiral, zu welchem Zeitpunkt und auf Grund welcher Umstände ergab sich für die Marineleitung die Notwendigkeit, die Menschen aus Ost- und Westpreußen über See zu retten?"

„Durch den Abfall Finnlands, durch das Näherrücken der Ostfront an die deutsche Grenze und damit auch der verstärkten Bedrohung Ostpreußens, hatte sich für die Kriegsmarine schon 1944 immer mehr als eine der Hauptaufgaben ergeben, durch Seetransporte über die Ostsee der deutschen Ostfront zu helfen, Soldaten, Waffen und Munition nach Osten zu bringen und mit den gleichen Schiffen Heeresteile, Verwundete und Flüchtlinge nach Westen zu überführen.

Diese Aufgabe der Kriegsmarine stand neben dem opfervoll gewordenen U-Boot-Krieg, der fortgesetzt werden mußte, weil er unermeßliche Kräfte des Gegners band. Die Seetransporte über die Ostsee erwiesen sich noch mehr als richtig und notwendig, als den Russen Januar 1945 der Durchbruch durch unsere Ostfront gelang."

„Lagen hierfür langfristige Pläne vor oder mußte kurzfristig gehandelt werden?"

„Entsprechend dieser Aufgabe wurde von der deutschen Kriegsmarine bereits 1944 geplant und die entsprechenden organisatorischen Maßnahmen durchgeführt. Z. B.: Ich zog aus der Nordsee und aus dem Norwegenraum deutsche Seestreitkräfte, das waren Zerstörer, Torpedoboote, Geleit- und Minensuchboote ab und schickte sie in die Ostsee. — Ich ließ mir von der Staatsführung die verfügbaren deutschen Handelsschiffe unterstellen, da jetzt die Zusammenfassung a l l e r Transportkräfte in e i n e r Hand notwendig war. Ebenso ließ ich mir die Kohlen- und Treibstoffverteilung für Norddeutschland von Hitler zusprechen, damit ich die Fahrbereitschaft aller in der Ostsee eingesetzten Kriegs- und Handelsschiffe sicherstellen konnte. Ich beauftragte den Konteradmiral Engelhardt mit der Leitung der Arbeiten für diese Transportfragen im Oberkommando der Kriegsmarine. Ein Amt, das er vorzüglich ausfüllte."

„Wie hoch war die Zahl der Zivilbevölkerung, die sich damals noch hinter den russischen Linien befand?"

„Diese Zahl kann ich nicht genau nennen, sicherlich betrug sie mehrere Millionen."

„Wäre es möglich gewesen, diese Menschen rechtzeitiger zurückzuführen, wenn man die Räumungsbefehle zu einem früheren Zeitpunkt gegeben haben würde?"

„Ich glaube dies, was die Flucht der Menschen auf dem Lande anbetrifft. Über See waren die Rücktransporte schon ab Ende 1944 voll ausgelastet, so daß ein früherer Räumungsbefehl kaum etwas geändert hätte."

„Welche Kräfte hat die Kriegsmarine für diese Rettungsaktion aufgewandt und wie viele Einsätze wurden durchgeführt?"

„Alle fahrbereiten Überwasser-Seestreitkräfte der Kriegsmarine, soweit sie nicht für dringende Aufgaben in der Nordsee oder in anderen Seeräumen benötigt wurden, waren für die Seetransporte in der Ostsee eingesetzt; und ebenso die gesamte zur Verfügung stehende Handelsschifftonnage in Zusammenarbeit mit diesen genannten Seestreitkräften. Alle befanden sich also in einem unaufhörlichen Einsatz. Wie sehr jede Transportmöglichkeit jedes einzelnen Schiffes ausgenutzt wurde, geht auch aus den Befehlen hervor, welche noch Anfang Mai 1945 hierfür erlassen wurden, z. B.: ‚Transporte deutscher Menschen aus Osten mit höchster Beschleunigung durchführen.' — Und: ‚Schiffe und Boote bis an Grenze Fassungsvermögen mit Menschen und kleinstem Gepäck verladen.' "

„Wo wurden die Menschen an Bord genommen und wo wurden sie an Land gebracht?"

„An Bord genommen wurden diese Menschen — was die Bewohner Ostpreußens anbetrifft — in Königsberg, Pillau, Danzig, Gotenhafen und Hela. — An Land gebracht wurden sie in Kiel, Neustadt, Eckernförde, Kappeln, Flensburg, Heiligenhafen, Travemünde und Rostock und auch in dänischen Häfen."

„Wie stark waren zu dieser Zeit die feindlichen Seestreitkräfte und mußten die Transporter abgesichert werden?"

„Die feindlichen Seestreitkräfte, welche die Transporte angriffen, waren Flugzeuge, U-Boote und Schnellboote. Gegen diese Angriffe wurden unsere Transporte abgesichert, soweit es irgendwie möglich war. — Diese Sicherungsmaßnahme war auch durch zwei Gesichtspunkte begrenzt: Je häufiger die Transporte ihre Fahrten machten, um so mehr Menschen konnten eingeschifft und nach Westen gerettet werden. Wenn also in einzelnen Fällen nur eine geringe Zahl von Seestreitkräften zur Sicherung zur Verfügung standen, liefen die Transporter — wenn es die voraussichtliche Feindlage in See gestattete — voll beladen von ihrem Einschiffungshafen trotzdem aus, um möglichst schnell zu einer neuen Beladung wieder zurückkommen zu können. Außerdem war das Warten und Liegen im Einschiffungshafen, voll beladen mit Menschen, wegen der feindlichen Luftangriffe oft gefährlicher als die kommende Seereise."

„Erfolgte die Einschiffung unter Feindeinwirkung, wie zum Beispiel Artillerie und Luftwaffe?"

„Jawohl, auch bereits bei der Einschiffung erfolgten Angriffe aus der Luft, wie schon gesagt, und Beschießungen durch die russische Front-Artillerie."

„Gab es für die Einschiffung bestimmte Prioritäten: Verwundete, Frauen, Kinder?"

„Selbstverständlich wurden bei der Einschiffung Verwundete, Frauen und Kinder besonders berücksichtigt."

„Wie hoch sind die Verluste zu beziffern, die bei der Rückführung über See entstanden sind?"

„Nach einer Meldung des Oberkommandos der Ostsee an mich vom 21. Mai 1945 wurden in der Zeit vom 23. Januar 1945 bis zum 8. Mai 1945 durch diese Seetransporte über die Ostsee 2 022 602 Menschen nach Westen gebracht. Nach neuerer Forschung ist die wirkliche Zahl der nach Westen transportierten Menschen erheblich größer, da wohl nicht jeder, der sich im Sturm und Drang der Einschiffung an Bord dieser Schiffe, manchmal auf irgendeinem Wege, begab, gezählt werden konnte.

Nach der genannten Meldung des Oberkommandos der Ostsee wurden von dieser Gesamtzahl aus folgenden Häfen folgende Menschen abtransportiert:

a) von Königsberg, Pillau, Danzig, Gotenhafen und Hela nach Westen 680 000 Flüchtlinge, 345 000 Verwundete, 182 000 Soldaten, insgesamt 1 207 000 Menschen.

b) Im Pendelverkehr von Königsberg nach Pillau, von Pillau nach Gotenhafen, von Kahlberg nach Danzig und von Schievenhorst nach Hela: 494 000 Flüchtlinge, 154 000 Verwundete, 79 000 Soldaten, insgesamt 727 000 Menschen.

Sicherlich hatten an diesen vorstehend genannten Flüchtlingszahlen die Flüchtlinge aus Ostpreußen einen großen Anteil.

Weitere Menschen wurden noch aus Libau, der Pommernküste und aus Vorpommern-Mecklenburg nach Westen abtransportiert."

„Wie hoch ist die Zahl derer, die über See aus Ostpreußen gerettet wurden?"

„Die Verluste, die sich bei den Seetransporten ereigneten, waren sehr schmerzlich. Wir denken hierbei vor allem an die Transportschiffe ‚Wilhelm Gustloff', ‚Goya' und an das Lazarettschiff ‚Steuben'. Aber alles in allem gingen bei diesen Verlusten nur 1 % der verschifften Menschen verloren, während 99 % glücklich in die Seehäfen der westlichen Ostsee gelangten. — Verglichen hiermit waren die Verluste an Menschen, die bei den Flüchtlingstrecks auf dem Lande entstanden, relativ größer."

„Verbindet Sie mit dieser Rettungsaktion ein Erlebnis besonderer Art?"

„Die Fülle meiner Erlebnisse in dieser Zeit ist so groß, daß ich ein einzelnes nicht herausgreifen möchte. Ich darf nur ein Wort sagen: Ich bin dem Schicksal dankbar, daß ich bei der Erfüllung dieser Rettungsaufgabe von Nutzen sein konnte."

Woher sie kamen . . .

Sie kamen über See in den rettenden Westen, meist nicht mehr besitzend als das, was sie auf dem Leibe trugen. Woher sie kamen? Geographisch wäre das einfach zu bestimmen. Die Mehrzahl kam aus Ostpreußen, dem Land, das einstmals dem Staate Preußen seinen Namen gab. Dieses Ostpreußen aber ist mehr als ein geographischer Begriff, es war ein Schmelztiegel, in dem zahlreiche Volksgruppen Europas sich freiwillig zusammenfanden und sich miteinander vereinten zu dem, was später das Gesicht dieses Preußenlandes prägte. Sie kamen von Westen und Süden, vom Osten und von Norden, sie kamen aus den Bergen, vom flachen Lande, und sie kamen über See. Sie wuchsen zusammen zu einem Volk und wurden aneinandergehalten durch das Band der Toleranz.

Die baltischen Ästier oder Prußen, Ureinwohner des Landes zwischen Weichsel und Memel, waren ein aus mehreren Stämmen bestehendes bäuerliches Volk. Während die umwohnenden germanischen Völker in den Mittelmeerraum wanderten, blieben sie seßhaft und haben sich nur wenig über ihre Stammesgrenzen hinaus ausgedehnt. Sie hatten Grenzkämpfe mit den Nachbarvölkern zu bestehen, den slawischen Polen im Süden und ihren nächsten Sprachverwandten, den baltischen Litauern, im Osten. Die Prußen sind nie zur See gefahren, weder als Kaufleute noch als Auswanderer. Die Hafenplätze zwischen Pommern und Kurland sind im Gegensatz zu der Funktion, die sie heute unter sowjetischer Herrschaft haben, nicht Ausfallpforten gewesen, sondern Eingangstore. Die Fremden, willkommene und unwillkommene, kamen über See in das Land hinein.

Die ersten erschienen im 9. Jahrhundert, einer Zeit, die für das Preußenland noch vorgeschichtlich war. Es waren schwedische Wikinger, Kaufleute, Krieger und Seeräuber zugleich. Ihre Stützpunkte, Truso bei Elbing, Wiskiauten bei Cranz im Samland, Grobin in Kurland, waren Kaufmannssiedlungen und Herrschaftszentren. Von den Wikingern zeugen zahlreiche Funde von Waffen, Metallwaren und Schmuckstücken an vielen Stellen des Küstenlandes, aber von einer kolonisatorischen Tätigkeit kann man nicht sprechen. Wir wissen nicht, ob die Wikinger abgewandert oder in der prußischen Bevölkerung, z. B. im Stamm der Samen, aufgegangen sind. Sie verschwinden im 12. Jahrhundert.

Die Nordsüdrichtung des Ostseehandels, von Skandinavien zur Gegenküste, wurde abgelöst von der Westostrichtung, als Dänen und Deutsche vom Westufer der Ostsee bis zum Finnischen Meerbusen segelten. Wirtschaftliche und politische Expansion gingen bei ihnen ebenso zusammen wie bei den Wikingern. Im Zuge nach Osten sind lübische Seefahrer, noch bevor die Hanse als Städtebund entstand, in die Mündungen der Weichsel, des Pregels und der Memel eingefahren. Daß aus ihren Landeplätzen später Hafenstädte wurden und aus dem Prußenland ein Staat, war weder das Werk der deutschen Kaufleute noch das der Prußen, sondern das des Deutschen Ritterordens.

Die Entstehung des preußischen Ordensstaates ist hier ebensowenig darzustellen wie der Gang der Besiedlung, die dem Lande den deutschen Charakter gab, den es siebenhundert Jahre lang bewahrt hat. Dialektforschung und urkundliche Überlieferung geben Auskunft über die Herkunft der Einwanderer, die der Orden als Landesherr zum Ausbau des Landes warb. Sie kamen aus Niedersachsen und Thüringen, von der niederdeutschen Ostseeküste, den Gebieten um die mittlere Elbe und Schlesien. Vermutlich sind die bäuerlichen Trecks zu Lande nach Preußen gezogen, die Städter über See. Lübische Kaufleute saßen in Danzig und waren an der Gründung von Elbing und Königsberg beteiligt, Danzig, Thorn, Elbing, Kulm, Kraunsberg und Königsberg waren Glieder der Hanse. Einige Städte hatten lübisches Recht, die anderen das vom magdeburgischen abgeleitete kulmische Recht.

Deutsche Überseekaufleute und ihre in den Küstenstädten ansässigen Agenten trieben Handel in das Land hinein und über seine Ost- und Südgrenze hinaus; von den Küstenstädten aus besuchten sie alle Häfen der Ostsee, auch der skandinavischen Gegenküste. Die Bürgerschaft der Städte war deutsch; zur Einwohnerschaft gehörte auch eine nichtdeutsche Unterschicht, die

prußisch, polnisch oder litauisch sprach. Bildeten doch die Prußen einen großen Teil der bäuerlichen Bevölkerung des Ordens-
landes und bewahrten ihre Sprache bis ins 17. Jahrhundert hinein, und lebten doch zahlreiche litauische und masowische Neu-
siedler im Osten und Süden des Preußenlandes, die anfangs als
Asylsuchende, dann mehr und mehr als willkommene neue Un-
tertanen vom Orden und von den Herzögen zur Aufschließung
der noch wenig bewohnten Grenzgebiete ins Land hineingelassen
wurden und ebenso Preußen waren wie die Deutschen, nur nicht
Preußen deutscher, sondern litauischer und polnisch-masurischer
Zunge.

Waren diese als Bauern über die Landgrenze gekommen, so
ging von der Seegrenze ein neuer Impuls im Zeitalter der Refor-
mation aus. Es waren nur Randerscheinungen der europäischen
Geschichte dieses bewegten Zeitalters, ferne Auswirkungen der
in ihm tätigen konfessionellen und wirtschaftlichen Kräfte, aber
sie reichten aus, um dem Gesicht des Preußenlandes neue Züge
zu geben.

Wenn Preußen im Zeitalter des Konfessionalismus ein Hort
der Toleranz wurde, lag das nicht am Charakter der Bewohner,
die inzwischen zum deutschen Neustamm der Preußen zusam-
mengewachsen waren, auch nicht an der evangelischen Landes-
kirche, sondern ausschließlich an dem politischen Willen des Lan-
desherrn, der in seinem und des Landes Interesse auf die Wahrung des Religionsfriedens bedacht sein mußte. Diese hohenzol-
lernsche Toleranz erstreckte sich auch auf sprachlich-nationale
Unterschiede. Alle waren in Preußen willkommen, Lutheraner
und Calvinisten — Katholiken und Juden waren geduldet —,
Holländer, Schotten, Engländer und Franzosen. Als einmal die
Königsberger Kaufleute einigen Holländern das Bürgerrecht ab-
erkennen wollten, schrieb ihnen Herzog Albrecht (1538): „Wollen wir, daß mit dieser Nation in Gleichheit wie mit andern
und vor alters gehalten damit, indem der Nation halben keine
Sonderung geschehe." Preußen als Rechtsstaat und „Standarte
der Freiheit", wie Mirabeau später sagte, stand Menschen aller
Sprachen und Konfessionen offen, wenn diese nur die Gesetze
achteten und dem Lande dienten. Das war die Maxime der preußischen Peuplierungspolitik des 17. und 18. Jahrhunderts.

Die Einwanderung über See war keine Massenbewegung — das sind über See gehende Wanderzüge wohl nie gewesen —, sondern umfaßte eine Auslese unternehmungsfreudiger Kaufleute und Handwerker, die sich vorwiegend in den Küstenstädten niederließen. Die Kolonien niederländischer Kaufleute in Danzig und Königsberg waren Ergebnis der Handelsmacht der Niederlande, die das Erbe der Hanse angetreten und die Ostsee zu einem holländischen Meer gemacht hatten, zugleich aber auch eine Auswirkung der Verfolgung der Calvinisten durch die Katholiken unter der spanischen Herrschaft. Sie hatten mit mancherlei Widerständen der alteingesessenen Kaufleute zu kämpfen, die ihren wirtschaftlichen Eigennutz mit konfessioneller Besorgnis bemäntelten und nicht so sehr ihren Handel, als die reine Lehre Luthers in Gefahr sahen, setzten sich aber unter dem Schutz der reformierten Landesherrschaft durch, dank der neuen calvinistischen Wirtschaftsgesinnung des Frühkapitalismus, wonach es nicht darauf ankam, daß jedermann seine „Nahrung" gesichert werden müßte, sondern auf den Erfolg. „Gottes Segen ruht auf meinem Handel", so schrieb einmal ein hugenottischer Königsberger Kaufherr, als seine Gegner und Neider ihn beschuldigten, ein „Monopolium" zu erstreben. Wie stark Holländer das Baubild Danzigs geprägt haben, ist allgemein bekannt. Ebenso bewohnten sie in Königsberg bald die schönsten Häuser der Kneiphöfschen Langgasse, der Straße der Handelsherren. Aber auch die holländischen Bauern, die um ihres Glaubens willen die Heimat verlassen und sich in der Weichselniederung angesiedelt hatten, trugen durch ihren Fleiß viel zur Hebung der Landeskultur bei.

Die Holländer waren gerade eingewurzelt und zu Deutschen geworden, als eine neue Welle die preußischen Küstenstädte erreichte. Wie die Engländer die Holländer aus der Ostsee verdrängten und diese zu einem englischen Meer machten, so folgten englische Handelskolonien den niederländischen. Vor den Engländern waren die Schotten gekommen, die damals noch eine eigene Nation bildeten und sich erst nach 1714, der Vereinigung Schottlands mit England, mit den Engländern zur „Großbritannischen Nation" zusammenschlossen. Die Schotten kamen als Krämer und Höker. Sie waren arm und anspruchslos, machten aber gerade deshalb den einheimischen Kaufleuten unliebsame

Konkurrenz. Sie wohnten in Neu-Schottland bei Danzig zusammen mit Mennoniten. In Königsberg und anderen Städten hausten sie als sogenannte Kellerschotten in den Kellern der Bürgerhäuser und besuchten als Paudelschotten mit ihren Bauchläden die Jahrmärkte im ganzen Lande. Viele gingen in der ihnen sozial gemäßen Schicht der kleinbürgerlichen Handelsleute auf, andere (Douglas, Herwie, Hay, Ramsay, Morrison u. a.) arbeiteten sich hoch, in die Gruppe der vermögenden und angesehenen englischen Kaufherren hinein.

Die englischen Kaufleute in Danzig, Elbing, Königsberg und Memel bildeten Kolonien, ohne einen besonderen Rechtsstatus zu haben. Sie waren nicht in das Land eingeladen worden wie die Franzosen, sondern als Agenten oder jüngere Söhne englischer Firmen nach Preußen gekommen, um dort die Interessen ihrer Häuser zu vertreten. In Danzig und Elbing bildeten sie besondere Kirchengemeinden; in dieser Stadt erinnert die bekannte Brauerei Englisch-Brunnen an sie. Besonders angesehen waren sie in Königsberg. Kants Herzensfreund und Gesprächspartner war der Engländer Joseph Green, und es will schon etwas heißen, wenn der Philosoph gesagt hat, daß er keine Zeile in seiner „Kritik der reinen Vernunft" geschrieben habe, die er nicht vorher von Green habe beurteilen lassen. Die englischen Kaufherren, die Green und Motherby, Barckley und Hay gehörten zu den reichsten Familien Königsbergs. Einerseits waren sie mit ihrer Heimat eng verbunden, hatten Verwandte und Geschäftsfreunde dort, brachten Bücher und Ideen, philosophische und volkswirtschaftliche, nach Preußen. Sie trugen dazu bei, daß die Lehre von Adam Smith über den Kantschüler Christian Jakob Kraus an der Universität Eingang fand. Die Nachkommen dieser Engländer sind längst zu Deutschen geworden. Es sei nur an den aus einer Memeler englischen Familie stammenden Schriftsteller William v. Simpson erinnert, der in seinem großen Familienroman „Die Barrings" seine Sympathie für das Preußentum ebenso zeigt wie die für englische Lebensart. Aus einer Memeler englischen Familie kam auch die Frau des Philosophen Herbart. Wie lange die Engländer am Gebrauch ihrer Muttersprache festhielten, dafür mag als Beispiel dienen, daß einer der englischen Vorfahren des Autors, ein Kapitän und Lotsenkommandeur in Memel, noch um 1830 sein Pensionierungsgesuch an die vorgesetzte Regierung in Gumbinnen in englischer Sprache abfaßte.

Hatten die Engländer und Schotten sich in Königsberg zur deutsch-reformierten Kirche gehalten, zu deren Bau sie viel beitrugen und in der sie eigene Bänke hatten, so bildeten die Franzosen eine Kolonie mit einem besonderen Rechtsstatus und eine Kirchengemeinde mit einer eigenen Kirche. Sie hat bis zum Ende Königsbergs bestanden; der Gottesdienst in französischer Sprache ist erst 1915 eingestellt worden, weil die Nachkommen der Hugenotten längst zu Deutschen geworden waren und ihre Herkunft nur noch an ihren Familiennamen zu erkennen war. Es hat schon vor dem Edikt von Potsdam Franzosen in Ostpreußen gegeben, aber die meisten kamen erst, nachdem ihnen in dem Edikt (vom 8. 11. 1685) nicht nur die Religionsfreiheit zugesichert worden war, sondern auch das Recht, eine Kolonie mit eigenem Status zu bilden. Sie kamen nicht um des Handels willen, sondern als Glaubensverfolgte, als Refugiés. Sie waren Bankiers und Kaufleute, Fabrikanten modischer Artikel, Perückenmacher, Parfümiers, Tabakspinner, Sprachlehrer und Tanzmeister. Der Bankic Toussaint verwaltete Kants Vermögen, und Kants Verleger Hartknoch war mit Albertine Toussaint verheiratet. Alle Hugenotten waren Städter. Durch den Kauf von Gütern und Verbindung mit dem Landadel sind einige später Gutsbesitzer und Offiziere geworden (Pelet, François).

War schon der Große Kurfürst bei der Ansetzung der Hugenotten seinem Herzen ebenso gefolgt wie dem Interesse seines Staates, so galt das noch mehr von seinem Enkel Friedrich Wilhelm I., als er die wegen ihres evangelischen Glaubens vertriebenen Salzburger nach Preußen einlud. Die 13 000, die um 1732 in dem von der Pest verwüsteten östlichen Ostpreußen angesiedelt wurden, waren, im Unterschied zu den Franzosen, Bauern. Sie kamen zwar über See, von dem einige Jahre zuvor preußisch gewordenen Stettin nach Pillau, aber nur wenige blieben in den Städten. Ansässig wurden sie im Kammerbezirk Gumbinnen, und dort in Gumbinnen hatten sie ihre eigene Kirche und ihr Salzburger Hospital. Im Zuge der Peuplierung kamen noch mancherlei andere Fremde nach Preußen, französische Schweizer, Pfälzer und Nassauer. Ihnen allen war gemeinsam, daß sie bedrückende Verhältnisse in ihrer Heimat verließen, um in Preußen freier leben zu können. Bedrückt worden waren sie nicht nur durch religiöse Intoleranz, sondern auch durch die Leibeigenschaft. Zu den Glaubensflüchtlingen kamen jetzt also auch Menschen, die man als Sozialflüchtlinge bezeichnen kann.

Die Peuplierung als Bevölkerungspolitik im Sinne einer staatlich gelenkten Einwanderung und Ansiedlung hörte auf, als neue Grundsätze die gesellschaftliche Struktur zu bestimmen begannen: der Liberalismus mit dem Prinzip der Freizügigkeit und Gewerbefreiheit. Ihnen fielen auch früher oder später die alten Sozietäten zum Opfer, da sie dem Grundsatz der allgemeinen Gleichheit widersprachen. Es sind auch in der Folgezeit viele Menschen nach Preußen gekommen, die ihre Anschauungen und ihre Wesensart in das Preußentum ebenso einbrachten, wie sie von ihm Wertvolles aus der Geschichte und Eigenart des Landes empfingen, doch entzieht sich diese Einzelzuwanderung der Darstellung.

Was das Preußenland, das Land und seine Menschen, im Laufe der Jahrhunderte geworden ist, ist von drei Faktoren bestimmt worden, vom Lande selbst und von Einwirkungen, die von außen kamen, über die Landgrenzen und über See. Dabei ist die Küste nie eine Grenze im Sinne heutiger sowjetischer Praxis gewesen, sondern war immer offen. Über das Meer sind siebenhundert Jahre lang Menschen mit ihren Kulturgütern und Ideen nach Preußen gekommen und haben die Kultur des Landes mitgeformt.

Noch fehlt der große Roman

In der Welt, in der wir leben und auch geistig beheimatet sind, sehen wir uns immer wieder einem Phänomen gegenübergestellt. Es besteht darin, daß alle bedeutenden Ereignisse, weltgeschichtlich geortete Katastrophen, dramatische Auseinandersetzungen zwischen den Völkern und innerhalb der Nationen, wie Kriege und Revolutionen, nach einer gewissen Zeit als Niederschlag geistigen Schöpfertums in der Literatur wiederkehren und ein zweites Mal, in verstärktem Maße, unsere Herzen und Sinne bewegen.

Von unzähligen Beispielen belegt, von der Antike bis in die zwanziger Jahre unseres Jahrhunderts, von Homer bis Remarque, erscheint dieser Vorgang als ein Bezug zur Menschheitsgeschichte, eine auf das Geistige bezogene Daueraufgabe zur Wahrung des inneren Gleichgewichtes. Bleibt diese Reaktion irgendwann, irgendwo länger als wünschenswert aus, wird den Beteiligten beklommen zumute.

So taucht seit einer Reihe von Jahren immer wieder die Frage auf, ungeduldiger, dringender, in den Zirkeln der Vertriebenen vor allem, woran es liegen mag, daß das seit langem fällige Buch, der große Roman über den tragischen Ausgang des zweiten Weltkrieges, über Flucht und Vertreibung, noch immer nicht auf dem Buchmarkt erscheint. Ist es Mangel an Interesse und Wagemut, oder ein allgemeines Versagen unserer zeitgenössischen Dichter? Sind die schöpferischen Kräfte bei uns versandet und sollen wir resignieren, oder steht das Ereignis uns doch noch bevor?

Oder ist die Zeit noch nicht reif dafür?

Die Frage, wann ein Ereignis für die Gestaltung im literarischen Sinne ausgereift ist, ist schwer zu beantworten. Die Literaturgeschichte hält Beispiele bereit, die zwar über einzelne Phasen Auskunft geben, aber doch keine allgemein gültigen Maßstäbe zu setzen vermögen. So unterschiedlich sind die Fakten, mit denen wir dabei konfrontiert werden. Vielleicht geht die Lösung des

Rätsels in der Feststellung auf, daß Leuten, die eifrig und unentwegt auf der Suche nach einem geeigneten Stoff unterwegs sind, selten der „große Wurf" zu gelingen scheint, und der Verdacht drängt sich auf, daß der gestaltungsträchtige Stoff, die Materie, oder wie man es nennen mag, sich selbst den Dichter sucht, der innerlich reif und aufgeschlossen dafür ist und auf seine Stunde zu warten weiß; plötzlich und ohne sein Zutun wird ihm eines Tages die „innere Schau" zuteil.

Wenn die Zahl der Jahre als Maßstab überhaupt gültig ist, fand der erste Weltkrieg sehr bald seine Interpreten. Schon 1919 schrieb Ernst Jünger sein Erlebnis-Buch „In Stahlgewittern", im Stil eines heroischen Realismus, aber der große Ansturm der Leser blieb aus. Er kam erst in Bewegung, als Erich Maria Remarque mit seinem Buch „Im Westen nichts Neues" den Anstoß gab: 1929. Ein Jahr zuvor hatte Ernst Glaeser mit „Jahrgang 1902" in Deutschland den ersten großen Erfolg geerntet und die Leute hellhörig gemacht. In Frankreich kam, etwa zur gleichen Zeit, Dorgelès mit seinen Romanen „Die hölzernen Kreuze" und „Das Wirtshaus zur schönen Frau" heraus, die auch ins Deutsche übersetzt wurden; 1931 folgte Giono's Kriegsroman „Die große Herde".

Als bedeutsames Gegenstück zu dem relativ baldigen Anlauf der Kriegsliteratur Ende der zwanziger Jahre sei vor allem Margaret Mitchell's Roman „Vom Winde verweht" genannt, das in Deutschland 1936 zur Kenntnis genommen wurde und alsbald traumhaft hohe Auflagen erlebte. Das Geschehen im amerikanischen Bürgerkrieg, das diesem echtesten aller Bestseller zugrunde gelegt ist, lag zu der Zeit, als das Buch entstand, bereits um fast siebzig Jahre zurück. In jenen bedeutsamen Jahren, als Lincoln die Sklavenbefreiung unter großen Opfern in den Südstaaten erzwang, schrieb in Rußland Leo Nikolajewitsch Graf Tolstoj seinen großen Roman „Krieg und Frieden", der 1872 als Buch erschien und das Geschehen während der napoleonischen Kriege von 1805 bis 1812 schildert, das Tolstoj ebensowenig aus eigenem Miterleben gestaltete wie die Mitchell das Drama des amerikanischen Bürgerkrieges; er kam erst 1825 auf die Welt. Dennoch sind die beiden genannten Werke so lebensnahe-ergreifend, wie eine solche Schöpfung nur sein kann.

Und die Vertreibung der protestantischen Salzburger aus ihrer österreichischen Heimat, die 1732 erfolgte, hat erst dreiundsechzig Jahre danach Johann Wolfgang von Goethe zu der schöpferischen Gestaltung von „Hermann und Dorothea" bewegt.

Zugegeben, die Welt ist schnellebiger geworden. Katastrophen lösen einander ab, gehen pausenlos ineinander über; was uns gestern schockierte, wird heute schon von neuen Ereignissen überdeckt. Die Folge ist: auch im Literarischen zeichnet sich das Heraufkommen einer Hektik ab, die nur Teilausschnitte echten Erlebens zuläßt, das weit über Menschenmaß reicht. Das literarische Werk, das der Verdichtung und der Vertiefung des Schicksalhaften zu dienen hat, ist der Gefahr einer Nivellierung von Inhalt und Stil ausgesetzt.

Dem allen zum Trotz brauchen wir die Hoffnung nicht aufzugeben, daß es noch einmal als Geschenk zu uns kommt; vielleicht ist es schon unterwegs. Noch steht das alles komplex im Raum, die Tragödie der Flucht und Vertreibung, Schrecken und Angst, Verzweiflung und Tod, aber auch Hilfe und Rettung scheinbar Verlorener zu Lande und über die See; Aufbruch und Ankunft, von Zeugen beurkundet und von Dokumentationen erfaßt, sind durch nichts mehr auszulöschen.

Darüber hinaus allen Besorgten zum Trost: der gestaltende Geist und die Dichter, die er sich zu Werkzeugen gewählt, sterben nicht aus.

Polnisches Verhängnis

Es wäre ein Fehler, wenn die dramatischen und schicksalsschweren Ereignisse von 1945 im Osten Mitteleuropas und die daraus entstandene politische Entwicklung, im Inneren wie im Äußeren, isoliert und nur auf die eigentlichen Vorgänge selbst beschränkt betrachtet werden. Jeder Vorstoß in die Vorgeschichte und die Hintergründe dieses Zeitabschnittes zeigt deutlich, wie eng das polnische Schicksal mit dem deutschen verzahnt und wie aus dem polnischen auch ein deutsches Verhängnis geworden ist.

Unsere Nachbarn im Osten sind ein unglückliches Volk. In dem die jetzt gültige politische Struktur prägenden Zeitabschnitt, seit der großen Französischen Revolution also, ist das polnische Volk nur wenige Jahre frei gewesen. Es blieb ihm immer nur die Sehnsucht danach. Seine erste Freiheit seit 1795 verdankte es einem politischen und strategischen Kalkül, das dem neu entstandenen Staat von vornherein Ziele zum eigenen Nutzen seiner Geburtshelfer zuwies. Alle schönen und menschenfreundlichen Erklärungen am Ende des ersten Weltkrieges dürfen nicht darüber hinwegtäuschen, daß es den Vätern des Versailler Vertragswerkes nur minderrangig um die polnische Freiheit und Selbständigkeit ging. Sie sahen vielmehr in dem neuen polnischen Staat einen Festlandsdegen im Osten, den sie bei Bedarf selbst zu führen gedachten. War das die vorgeplante Rolle für eine spätere Zukunft, so war die Gegenwartsaufgabe Polens, ein wichtiger Teil eines Sicherheitsgürtels, eines cordon sanitaire, zu sein, der im Osten Europas um Deutschland oder um Rußland gelegt wurde, je nach Standort der Betrachtung.

Ob aus Kurzsichtigkeit, aus Wirklichkeitsfremdheit oder aus Vorbedacht, jedenfalls aber wurden dem jungen Staat viele Probleme in die Wiege gelegt, aus denen sich in Zukunft schwere Belastungen entwickeln mußten, sobald sich die beiden großen Mächte, zwischen denen Polen stand, von den Folgen des Nie-

29

derbruches von 1918 erholt hatten. Im Westen des jungen Staates waren das vor allem die Aneignung rein deutscher Gebiete, das Abschneiden Ostpreußens vom Reich durch die Schaffung des „Korridors" und die Abtrennung Danzigs; im Osten die Annexion Ostgaliziens. In düsterer Vorahnung hatte schon 1919 der britische Premierminister Lloyd George den nächsten Krieg prophezeit und hatte dabei auf Danzig und den Korridor hingewiesen, an denen sich diese gewaltsame Auseinandersetzung entzünden würde.

Es gibt Historiker, die die Fähigkeit des polnischen Volkes zur Staatserhaltung sehr skeptisch beurteilen. Sie sehen im Schicksal des in Auszehrung und in Agonie endenden polnisch-litauischen Königreiches, das geschichtlich schließlich nur eine relativ kurze Zeit eine Rolle spielte, und in der anschließenden Aufteilung Polens eine Zwangsläufigkeit, die aus dieser mangelnden Fähigkeit resultiert. In der Tat spricht vieles für diese These, aber es darf nicht übersehen werden, daß dieses Volk, im heutigen Sinne, an der Machtentfaltung des Jagellonen-Reiches nur einen sehr passiven Anteil hatte. Wie in allen Ländern des Ostens wirkte es sich in Polen als Nachteil aus, daß es nur eine zahlenmäßig dünne Oberschicht gab und der Rest der Unterschicht zuzurechnen war. Die vorhandene sehr kleine Mittelschicht, die zudem meist noch nicht einmal polnisch war, beschränkte sich auf wenige Städte. Hinzu kam, besonders während der Teilungszeit, der ständige Substanzverlust durch entweder völlige Assimilation an die fremde Oberherrschaft oder durch endgültige Emigration von Personen und Gruppen, die für eine staatstragende Funktion geeignet gewesen wären.

Wie bei vielen Völkern in einer derartigen Verfassung fand der Nationalismus im 19. Jahrhundert auch in Polen einen günstigen Nährboden, war er doch eine gute Kompensation für alle Sehnsüchte und für alle seelischen Verklemmungen. Dieser Nationalismus wurde alsbald so übersteigert, daß er die Grundlage des gesunden und vernünftigen Nationalgefühls verließ und in Chauvinismus ausartete, der heute immer irrtümlich mit Nationalismus verwechselt wird.

Diese Denkweise, die mehr oder weniger stark alle politischen Gruppierungen Polens beherrschte, bestimmte nun auch den Weg

Polens, als es nach 123 Jahren Fremdherrschaft im Jahre 1918 wieder ein selbständiger Staat wurde. Ohne jede Stabilität im Inneren schickte es sich sofort an, seine Grenzen durch Gewalt nach Osten und nach Westen auszudehnen und dabei den in dieser Zeit besonders vorherrschenden Grundsatz zu verletzen, daß der Friede dann sicherer wird, wenn sich Staats- und Volksgrenzen decken.

Geographisch hat Polen eine Mittellage. Die politische Vernunft hätte es zu einer Politik des Ausgleichs zwischen den beiden größeren Nachbarn verpflichten müssen. Ein Staat in solcher Situation, die naturgegeben ist, muß sich zur Brückenfunktion bekennen, muß um dieser Aufgabe willen alles vermeiden, was unüberwindliche Gegensätze zu den Nachbarn schafft. Alle Großmachtträume sind dabei tödlich wirkendes Gift. Die polnische Politik brachte es von Beginn an dagegen fertig, sich Feindschaft nach allen Seiten einzuhandeln. Die in Warschau gehegte Hoffnung auf sicheren Beistand der westeuropäischen Mächte, Großbritannien und Frankreich, war irreal, wie sich 1939 erweisen sollte.

In seinen letzten Lebensjahren erkannte Marschall Pilsudski, faktisch immer noch Inhaber der Macht, obwohl er dem Amt des Ministerpräsidenten entsagt hatte, ganz klar, wohin Polen bei der bisher eingeschlagenen Politik steuern würde. Hinzu kam noch, daß der junge Staat zeit seines Bestehens von politischen und wirtschaftlichen Krisen geschüttelt wurde. Auf Pilsudskis Initiative schlossen Polen und Deutschland im Januar 1934 einen Nichtangriffspakt und einen Freundschaftsvertrag ab, der die Spannungen abbauen und die Beziehungen normalisieren sollte. Vier Monate später wurde der polnisch-russische Nichtangriffspakt verlängert. Polen hatte die einzig mögliche Konsequenz aus seiner Mittellage gezogen.

Ein Jahr darauf starb Marschall Pilsudski. Seine Nachfolger machten wieder „große" Politik, so wie sie es verstanden. Als Beispiel dafür sei das Ultimatum vom März 1938 angeführt, durch das Litauen gezwungen wurde, die Annexion des Gebietes von Wilna anzuerkennen. Im Oktober des gleichen Jahres besetzten polnische Truppen nach vorausgegangenem Ultimatum und im Schatten des Münchener Abkommens das zum tschechoslowakischen Territorium gehörende Olsa-Gebiet. Zum Erstaunen und Erschrecken des deutschen Bündnispartners war diese Handlung von rücksichtslosen Entdeutschungsmaßnahmen im Olsa-Gebiet gekennzeichnet. In dieser Zeit entstanden auf deutschem Territorium die ersten Flüchtlings-Aufnahmelager. Um der deutsch-polnischen Beziehungen willen schwieg die deutsche öffentliche Meinung dazu.

Jedoch vergeblich — die politischen Beziehungen zwischen Deutschland und Polen verschlechterten sich zusehends. Deutschland wünschte — es waren vorerst lediglich Gesprächsvorschläge — über eine Bereinigung noch offener Fragen zu verhandeln. Polen verlegte sich erst auf eine Verzögerungstaktik, um sich schließlich feindselig und ablehnend zu verhalten. Die Geschichte dieser Zeit ist nach dem Kriege in ein merkwürdiges Zwielicht geraten. Durch Retuschen, Auslassungen und zeitliche Verschiebung von Vorgängen ist das Bild, in vorbedachter Absicht natürlich, verwischt worden. Es kann jedoch nicht daran gedeutelt werden, daß die deutschen Vorschläge von Anbeginn an maßvoll waren und — sie betrafen kein Gebiet, das als wirklich polnisch, sondern nur als deutsch anzusprechen war.

Im März 1939 wurde der deutschen Regierung bekannt, daß zwischen England und Polen Beistandsgespräche stattfanden, die sowohl dem Buchstaben wie auch dem Geiste des deutsch-polnischen Nichtangriffspaktes zuwiderliefen. Am 23. März rief Polen provokativ vier Jahrgänge zu den Streitkräften ein und versetzte die Truppen in Nordpolen in den Alarmzustand. Jedem Beobachter war nun klar, in welcher Richtung sich die Ereignisse weiterentwickeln würden. In diesem Zusammenhang muß festgestellt werden, daß alle militärischen Weisungen des Oberkommandos der deutschen Wehrmacht an die Befehlshaber der Teilstreitkräfte für den Fall einer kriegerischen Auseinandersetzung mit Polen (Fall Weiß) datumsmäßig hinter dieser polnischen Teilmobilmachung liegen.

Einen Monat später, am 27. April 1939, als das britisch-polnische Abkommen perfekt war, kündigte die Reichsregierung den Vertrag von 1934. In dieser an Warschau gerichteten Note heißt es: „ . . . mit diesen vor wenigen Wochen abgegebenen feierlichen Erklärungen (anläßlich des 5. Jahrestages des deutsch-polnischen Freundschafts- und Nichtangriffspaktes) steht die jetzt von der polnischen Regierung mit der britischen Regierung abgeschlossene Vereinbarung in einem so offenbaren Widerspruch, daß die deutsche Regierung von einer so plötzlichen und radikalen Schwenkung der polnischen Politik nur mit Erstaunen und Befremden Kenntnis nehmen kann.

Die neue polnisch-britische Vereinbarung ist, wie ihre endgültige Formulierung auch gestaltet werden mag, von beiden Partnern als regelrechter Bündnispakt gedacht, und zwar als ein Bündnispakt, der sich nach seiner allgemeinen bekannten Vorgeschichte und nach der ganzen Lage der politischen Verhältnisse ausschließlich gegen Deutschland richtet. Aus der von der polnischen Regierung jetzt übernommenen Verpflichtung ergibt sich, daß Polen in einem etwaigen deutsch-englischen Konflikt durch einen gegen Deutschland gerichteten Angriff gegebenenfalls auch dann einzugreifen beabsichtigt, wenn dieser Konflikt Polen und seine Interessen überhaupt nicht berührt..."

„... die polnische Regierung hat hierauf (auf das deutsche Verhandlungsangebot) jedoch eine Antwort gegeben, die zwar in die Form von Gegenvorschlägen gekleidet war, die aber der Sache nach jedes Verständnis für den deutschen Standpunkt vermissen ließ und auf eine glatte Ablehnung des deutschen Angebotes hinauslief. Daß die polnische Regierung selbst ihre Antwort als nicht geeignet ansah, eine freundschaftliche Verständigung anzubahnen, hat sie in ebenso überraschender wie drastischer Weise dadurch bewiesen, daß sie gleichzeitig mit der Antwort zu einer umfangreichen Teilmobilisierung ihrer Armee schritt. Mit dieser durch nichts gerechtfertigten Maßnahme hat sie zugleich im voraus Sinn und Ziel der Verhandlungen gekennzeichnet, in die sie unmittelbar darauf mit der britischen Regierung eingetreten ist. Die deutsche Regierung hat es nicht für notwendig gehalten, auf die polnische Teilmobilisierung mit militärischen Gegenmaßnahmen zu antworten..."

Wie wenig sich die deutsche Führung durch die Teilmobilisierung provozieren ließ, erhellt eine Unterrichtungs-Mitteilung Hitlers an den Oberbefehlshaber des Heeres. Sie ist datiert vom 25. März, liegt also zwei Tage nach den militärischen Maßnahmen Polens. Es heißt dort:

„Lipski (polnischer Botschafter in Berlin) kommt am Sonntag, dem 26. 3., aus Warschau zurück. Hatte den Auftrag, dort anzufragen, ob Polen zu einem Arrangement bzgl. Danzig bereit sei. Führer hat Berlin am 25. 3. verlassen, will bei Rückkehr L.'s nicht hier sein. Ribbentrop soll Verhandlungen zunächst führen.

Führer will jedoch die Danziger Frage nicht gewaltsam lösen. Möchte Polen dadurch nicht in die Arme Englands treiben.

Eine evtl. mil. Besetzung Danzigs käme nur dann in Betracht, wenn L. durchblicken läßt, daß die poln. Regierung eine freiwillige Abgabe Danzigs ihrem Volk gegenüber nicht vertreten könne und ihr die Lösung durch ein fait accompli erleichtert würde."

Polen war nun nach außen nicht mehr frei in seinen Entschlüssen. Wenige Monate später sollte das polnische Volk auch die innere Freiheit verlieren, die es bis zum heutigen Tage nicht wieder erlangt hat. Der Ribbentrop-Stalin-Pakt im August 1939 machte die kriegerische Auseinandersetzung erst möglich. Polen bekam jetzt die Nachteile seiner Mittellage zu spüren, nachdem es seine Vorteile nicht zu nutzen verstanden hatte. Am 1. September sprachen die Kanonen.

Das polnische Volk kann für die Fehler seiner Regierung nicht verantwortlich gemacht werden, aber es mußte die Folgen tragen und trägt sie noch heute. Von den westlichen Verbündeten im Stich gelassen, kämpfte das polnische Volk vergeblich. Es begann das polnische Verhängnis, das schließlich auch zu einem deutschen Verhängnis wurde.

Die falschen Fronten

Als zu Silvester des düsteren Kriegsjahres 1943 die Glocken das neue Jahr einläuteten, traten zwei Männer, die sich nicht kannten und die sich auch nie kennenlernen sollten, aus der Türe ihres Hauses hinaus ins Freie. Der eine in Ostpreußen, der andere in Polen. Und beide wußten nicht, daß ihre Todesuhr bereits zu ticken begonnen hatte. Sie wußten nicht, daß sie das neue Jahr nicht überleben und daß ihre Todestage weniger als vier Wochen auseinanderliegen würden. Beide standen auf verschiedenen Seiten der großen, trennenden Front, und doch sollten sie die unwissenden Opfer eines Dämons werden, der sich aus dem Dunkel dieser Nacht deutlich sichtbar herausschälte.

In dieser ersten Stunde des neuen Jahres dachte Johannes Grimm, Besitzer von Schroeders-Hof, der unweit von Nemmersdorf im Kreise Gumbinnen lag, mit ernster Sorge an den Krieg. Als ehemaliger Offizier machte er sich über die Lage an der Ostfront, die in diesem Jahre viele Rückschläge hatte aushalten müssen, nichts vor. Wie Millionen anderer Deutscher hoffte er, daß der Krieg noch vor der Türe Deutschlands beendet werden würde. Oft wurde zwar jetzt über kriegsentscheidende neue Waffen gesprochen, aber er mochte nicht recht daran glauben. Er hatte keinen rechten Sinn für Wunderglauben.

Viel ernster sah zu gleicher Stunde Jan Godlewski vor seinem Hause am Krasinski-Platz in Warschau in den Himmel. Vier Jahre schon wünschte er inbrünstig die Befreiung seines polnischen Vaterlandes herbei, er hatte sich vor einem Jahr bereitwillig einer Untergrundorganisation angeschlossen, die im Falle eines Falles durch einen Aufstand die feindliche Besatzung aus Warschau verjagen wollte. Und nun, da er die Entscheidung heranreifen fühlte, war er voller Unruhe und Zweifel. Er konnte über das Schicksal seines Bruders nicht hinwegkommen. Dieser war als Offizier 1939 in sowjetische Gefangenschaft geraten, seitdem hatte man nichts mehr von ihm gehört. Jan hatte sich erst damit getröstet, daß Rußland weit sei. Denn nur dort konnte er sich befinden. Jan kannte seinen Bruder. Er war ein echter

Draufgänger. Wäre es ihm gelungen, zu den polnischen Verbänden zu kommen, die an den Westfronten gegen Deutschland kämpften, hätte er sicher einen Weg gefunden, seine Angehörigen in Warschau zu benachrichtigen wie andere auch. Und dann wurde Jan wie fast alle Polen im April 1943 von einer unfaßbaren Nachricht überrascht. Die Deutschen hatten in der Ukraine bei Katyn Massengräber entdeckt, in denen Tausende von gefangenen polnischen Offizieren verscharrt worden waren. Dann wurden Namenslisten bekanntgegeben. Darin wurde auch Josef Godlewski genannt. Es gab keinen Zweifel mehr, Jans Bruder war tot. Genickschuß, lautete die Todesursache.

Radio Moskau hatte gewettert und alles als einen üblen Trick der Deutschen bezeichnet. Sie selbst hätten die polnischen Offiziere ermordet. Jan ließ sich davon ebenso wenig täuschen wie die meisten Polen. Dazu waren die Beweise der internationalen Kommission, die die Deutschen hinzugeholt hatten, zu eindeutig. Und außerdem war es für Jan klar, daß diese Morde in Katyn eine bolschewistische Handschrift hatten. Wer in unmittelbarer Nachbarschaft mit der Sowjetunion lebt, weiß das besser als jeder andere.

Nun standen die sowjetischen Armeen dicht vor der alten polnischen Grenze. Jan Godlewski hatte immer gewünscht, daß die Deutschen in Rußland geschlagen werden würden, jetzt begann er sich vor dem zu fürchten, was nach ihrer Niederlage folgen würde. Sein Verstand sagte ihm, daß die sowjetischen Armeen das kommunistische System mit sich bringen würden. Und sie würden das polnische Volk, das nie kommunistisch war, so lange im Griff halten, bis es in den letzten Winkel bolschewistisch geworden war.

In der Tiefe seiner Seele erkannte Jan, daß Polen einen schlimmen Herrn gegen einen noch viel schlimmeren eintauschen würde. Dieses Polen war betrogen und verraten, von seinen westlichen Freunden und von seinem moskowitischen Bundesgenossen. Polen stand, man konnte es drehen und wenden, wie man wollte, immer an den falschen Fronten. Es kämpfte militärisch gegen Deutschland und mußte gleichzeitig, wenn es Polen bleiben wollte, politisch gegen die Sowjets kämpfen. Diese Rechnung konnte nicht aufgehen. Man konnte sich höchstens in den

Glauben an ein Wunder retten, etwa so wie die Deutschen, die an Wunderwaffen glaubten.

In der gleichen Silvesternacht, in der sich Johannes Grimm in Nemmersdorf und Jan Godlewski in Warschau sorgenvolle Gedanken um die Zukunft machten, fand in der Wohnung des Sattlermeisters Blicharski in Warschau, Twardastraße 22, eine Zusammenkunft statt, in der die Todesuhr in Gang gesetzt wurde, die von nun an für den Deutschen wie für den Polen tickte. In dieser Wohnung, hinter dicht verhangenen Fenstern, das Haus selbst von unauffälligen Wachtposten gesichert, hatten sich etwa zwanzig Männer eingefunden. Alle trugen sie Tarnnamen. Ihre echten Namen würde Polen innerhalb des neuen Jahres mit Schrecken kennenlernen. Den Vorsitz führte ein Mann, von dem nur Eingeweihte wußten, daß er Boleslaw Bierut hieß; neben ihm saß Marian Spychalski, der unter dem Decknamen Mark lebte. Verlesen wurde ein Brief von Wladyslaw Gomulka, der zu diesem Treffen nicht kommen konnte.

Diese Gruppe war im polnischen Volk so gut wie unbekannt, sie konnte auch keinen nennenswerten Anhang aufweisen, aber die Versammelten hatten eins gemeinsam: sie waren Kommunisten und hatten das Vertrauen des Kreml. Das Vertrauen des polnischen Volkes war ihnen gleichgültig, sie wußten, daß noch nie eine kommunistische Partei mit Hilfe von Stimmzetteln an die Macht gelangt war.

Durch Sonderkuriere aus Moskau waren diese Männer davon verständigt worden, daß für sie nun die Stunde des Handelns gekommen war. So gründeten sie in der Silvesternacht den „Polnischen Nationalrat", der sich ohne jede weitere Legitimation den Rang einer polnischen Regierung zusprach. Sie zahlten auch gleich den vereinbarten Preis. Es sei der Wille des polnischen Volkes, so erklärten sie, daß Ostpolen an die Sowjetunion angegliedert werden solle.

Dieser Doppelsalto mit dem Willen des Volkes war nötig, denn die Frage der ostpolnischen Grenze war reichlich kompliziert. Zur jagellonischen Zeit hatte das ostpolnische Gebiet einmal zur Krone Polens gehört. Es war also nach polnischer Definition eine historische Grenze. Es war aber zweifellos keine Volkstumsgrenze, denn die Mehrheit seiner Bewohner waren Ukrainer und Weißruthenen. Im Jahre 1920 hatte der polnische Staat dieses Ostpolen der jungen Sowjetunion mit Gewalt abgenommen. Im Friedensvertrag von Riga am 18. März 1921 erkannte die Sowjetunion die Abtretung auch völkerrechtlich an. Achtzehn Jahre später aber holte sich Moskau das Gebiet durch den Ribbentrop-Stalin-Pakt wieder zurück. Zwei Jahre später hatte sich das Blatt schon wieder gedreht. Der Krieg zwischen dem Deutschen Reich und Sowjet-Rußland war ausgebrochen. In den ersten Wochen schon war Ostpolen von deutschen Truppen besetzt, sie drangen tief ins russische Land ein.

Die Niederlagen brachten die Sowjets auch politisch in Verlegenheit. Sie mußten nun, da die westlichen Alliierten und das durch die Exilregierung in London repräsentierte Polen die neuen Bundesgenossen wurden, den Pakt mit Deutschland annullieren, also auf die Annexion von Ostpolen verzichten. So war die Lage, als die Verhandlungen mit britischer Unterstützung in London über einen polnisch-russischen Bündnisvertrag begannen. Jedoch, die Sowjets waren seit jeher Meister in der ungenauen Formulierung von solchen Vertragspunkten, die sie später einmal anders auslegen wollen. Am 30. Juli 1941 wurde der Vertrag unterzeichnet, in dem die Sowjets ihre Formulierung durchsetzten, mit der nichtssagend festgestellt wurde, daß die deutsch-sowjetischen Verträge von 1939 ihre Gültigkeit verloren hätten. Kein Wort weiter über die Grenzfrage.

Innerhalb der polnischen Exilregierung kam es zu schweren Zerwürfnissen. Drei Minister legten ihre Ämter nieder. Sie alle waren unter russischer Herrschaft aufgewachsen und wußten, daß mit den Sowjets nur Verträge mit klaren Texten gemacht werden können. Jede nebelhafte Formulierung war eine vorgeplante Hintertür. Der Regierungschef, General Sikorski, aufgewachsen im österreichischen Teil Polens, war genauso vertrauensselig wie die britischen Gesprächspartner. Man möge erst einmal Freundschaft durch Waffenbrüderschaft entstehen lassen, dann könne man auch vernünftig miteinander reden. Sikorski hat seine Ahnungslosigkeit später bitter bereuen müssen. Vielleicht war das mit eine Veranlassung für seinen plötzlichen Tod, dessen Hintergründe noch heute rätselhaft sind.

Als die Polen nach Vertragsabschluß drängten, England möge wenigstens eine Garantie für die Ostgrenzen Polens leisten, teilte der britische Außenminister in einer amtlichen Note an die polnische Regierung unter anderem folgendes mit: „Ich möchte Ihnen aber auch versichern, daß die Regierung Seiner Majestät keinerlei territoriale Veränderungen anerkennt, die Polen seit dem August 1939 betroffen haben." Auch das war doppelzüngig, denn die Polen hatten eine Garantie erwartet. Und wenig später schon zeigte sich, daß die Skeptiker und Schwarzmaler recht behalten hatten. Als Außenminister Eden nämlich im Unterhaus bei der Behandlung des britisch-polnischen Notenwechsels hart gefragt wurde, erklärte er, diese Haltung der britischen Regierung dürfe nicht als Garantie für die Aufrechterhaltung irgendeines territorialen Status aufgefaßt werden.

Vierzehn Tage nach dem polnisch-russischen Vertragsabschluß verkündeten Roosevelt und Churchill die Atlantik-Charta, in der als eine der großen Freiheiten der Verzicht auf Gebietsgewinn gefeiert wurde. Mindestens Churchill wußte in diesem Augenblick, daß diese „Freiheit" nichts als eine Phrase war. Er war schon fest entschlossen, den Sowjets auf Kosten Polens Gebietsgewinn zuzugestehen.

Die Sowjets aber hatten sich durch die ungenaue Formulierung im Vertrag nicht festgelegt. Den Gebietsgewinn würden sie sich später durch eine Satelliten-Regierung übereignen lassen.

Und zu diesem Zwecke wurde unter anderem auch jener Nationalrat in jener Silvesternacht 1943/44 in der Twardastraße 22 in Warschau gegründet.

Vernichtung nach Plan

Am 4. Januar 1944 überschritt die Rote Armee bei Sarny die polnische Grenze, und zwar die Grenze von 1939. Dieses Ereignis, das eigentlich eines besonderen Aufsehens wert gewesen wäre, hatte ein merkwürdiges Echo. In der Sowjetunion und in den Kreisen der sowjethörigen Polen kaum erwähnt, wurde es im Westen dagegen von den Exilpolen, in der amerikanischen Presse und in den britischen nichtregierungsbeeinflußten Zeitungen gebührend herausgestellt. Alle anderen begnügten sich mit kargen Notizen. Die aus diesem Anlaß entwickelten Aktivitäten der anerkannten exilpolnischen Regierungsorgane stießen auf eine Wand aus weicher Watte.

In Wirklichkeit waren die Polen, wegen deren Unabhängigkeit der sogenannte freie Westen in den Krieg gezogen war, von ihren eigenen Bundesgenossen schon längst verraten und verkauft. Sie wußten es nur nicht. Als Grenze von 1939 verstand die Welt noch die Grenze, die vor Kriegsbeginn gültig war, während di Sowjets damit die 1939 im Ribbentrop-Stalin-Pakt abgesteckte Grenze meinten. Fünf Wochen vor Überschreiten der polnisch-sowjetischen Grenze von 1939 bei Sarny hatte sich Churchill als Repräsentant Großbritanniens in der Konferenz von Teheran, 28. November bis 1. Dezember 1943, der sowjetischen Auslegung voll angeschlossen. Er hatte sich dabei jenes frivolen und politisch kriminellen Streichholzspieles bedient, das Millionen von Menschen das Leben kosten sollte. Er legte drei Streichhölzer vor sich auf den Tisch, die Rußland, Polen und Deutschland darstellen sollten. Dann verschob er alle drei Hölzer nach links, in westliche Richtung also, und erklärte, daß alles durch eine Westverschiebung auf Kosten Deutschlands gelöst werden könne. Stalin genoß diesen seinen Triumph mit undurchdringlicher Miene.

Bei dieser Gelegenheit äußerte sich Churchill ungehemmt zur Vorgeschichte des Krieges. Nach den sowjetischen Gesprächsprotokollen von Teheran, auch die amerikanischen Protokolle weisen keine Abweichungen auf, sagte er: „Wir haben Deutschland deshalb den Krieg erklärt, weil Deutschland Polen überfallen hat. Ich habe mich seinerzeit gewundert, warum Chamberlain in München nicht für die Tschechen gekämpft hat, aber im April 1939 Polen plötzlich eine Garantie gab. Ich war erstaunt, als er günstigere Möglichkeiten ausschlug und zur Politik des Krieges zurückkehrte. Gleichzeitig hat mich dieser Umstand auch gefreut. Wegen Polen und in Erfüllung unseres Versprechens haben wir Deutschland den Krieg erklärt, obgleich wir, mit Ausnahme unserer Seestreitkräfte, nicht darauf vorbereitet waren, und wir haben eine große Rolle dabei gespielt, um Frankreich zum Eintritt in den Krieg zu veranlassen."

In Teheran hatten die Verbündeten Polens hinter seinem Rükken über die Zukunft des Territoriums und der Bevölkerung dieses Landes entschieden. Orientiert über diese Beschlüsse wurden jedoch nur die Kreise um Bierut und Gomulka, die völkerrechtlich anerkannten Vertreter Polens aber, die die polnische Exilregierung in London bildeten, erfuhren kein Wort über die Abmachungen von Teheran. Der polnischen Regierung erging es so wie dem betrogenen Ehegatten, der erst als Letzter davon erfährt, daß sein Partner ihn schon seit langem hintergangen hat.

Erst elf Monate später erfuhr der polnische Ministerpräsident Mikolajczyk mehr durch einen Zufall, was sich in Teheran wirklich abgespielt hatte. Am 13. Oktober 1944, als noch die Trümmer des zerstörten Warschau rauchten, als noch Hunderttausende toter Polen unbeerdigt herumlagen, fand in Moskau eine Konferenz zwischen Stalin und Molotow einerseits, Churchill und Eden für die britische, Botschafter Harriman für die amerikanische Seite und Mikolajczyk, Romer und Grabski als Repräsentanten der polnischen Regierung statt. Thema war die polnische Frage. Die Polen weigerten sich, Ostpolen an die Sowjetunion abzutreten. Stalin hielt dem entgegen, daß das Gebiet bereits vom polnischen Nationalrat, dieser obskuren Gründung der Neujahrsnacht in der Warschauer Twardastraße 22, abgetreten sei.

Die Polen verwahrten sich leidenschaftlich gegen ein solches Verfahren, denn der Nationalrat sei dazu gar nicht legitimiert. In diesem Augenblick spielte Molotow seinen Joker aus, der im Handumdrehen ein verlegenes Schweigen auslöste. Mit harmlosem Pokergesicht sagte Molotow, daß es ihm nun doch notwendig erschiene, die Anwesenden daran zu erinnern, daß auch Roosevelt in Teheran in die Abtretung Ostpolens eingewilligt und dabei hinzugefügt habe, daß er diese Lösung für gerecht und für die Sowjetunion wie auch für Polen als befriedigend halte. Er wolle allerdings diese Zustimmung noch nicht veröffentlicht sehen. Molotow wandte sich dann an Churchill und Harriman mit der Aufforderung, diese Darstellung zu bestätigen oder aber sie hier auf der Stelle zu bestreiten, falls sie unwahr sein sollte.

Der Schuß hatte getroffen. Ein peinliches Verstummen war die Folge. Molotow machte eine dramatische Pause und wartete ab, ob Churchill, Eden oder Harriman die Herausforderung annehmen würden, und als es klar wurde, daß sie nicht darauf vorbereitet waren, aber vor ihren polnischen Bundesgenossen bloßgestellt waren, ging er auf das Thema der polnischen Westgrenzen über.

Mikolajczyk und seine Kollegen waren wie gelähmt über die Ungeheuerlichkeiten, die seit langem also schon hinter ihrem Rücken geschehen waren. Sie waren aber auch jetzt nicht bereit, einer Westverschiebung Polens zuzustimmen. Doch diese Stunde läutete zugleich den Untergang der letzten verfassungsmäßigen Regierung Polens ein. Neun Monate später entzogen ihr die westlichen Regierungen die völkerrechtliche Anerkennung. Sie hatten sich der Gewalt gebeugt.

Einen Tag darauf, nachdem Molotow die Karten offen auf den Tisch gelegt hatte, spielte sich eine denkwürdige Szene ab. Mikolajczjk stellte Churchill in Gegenwart Edens zur Rede. Er unterstellte dabei hypothetisch die Annahme der Forderungen und fragte wörtlich: „Welche Garantie habe ich, daß die Unabhängigkeit dessen, was nach einem solchen Handel noch von Polen übrigbleibt, respektiert wird?" Als er nur vage Antworten im britischen Stil des „wait and see" bekam, stellte er fest: „Territoriale Fragen müssen von einem Volk entschieden werden und nicht von einem einzigen Mitglied einer Regierung!" Nun verlor Churchill jede Beherrschung und brüllte, daß Mikolajczyk „völlig verrückt" geworden sei. Er schrie den Polen an: „Die Russen werden Ihr Land überschwemmen und Ihr Volk liquidieren! Sie stehen am Rande der Vernichtung!"

Und gleich darauf: „Polen wird nur die Pripetsümpfe und fünf Millionen Menschen verlieren, die zum größten Teil ukrainischer Herkunft sind und nicht Polen."

Bei dieser Bemerkung muß festgehalten werden, daß Churchill hier mit Volkstumsbegriffen operierte, aber gleichzeitig im Bunde mit den Sowjets bereit und willens war, fast dreizehn Millionen Deutsche dem Schicksal der Vernichtung und Deportation, der Flucht und Vertreibung und weiter einhundertneunzehntausend Quadratkilometer einwandfrei deutschen Landes der Annexion zu überantworten.

Schließlich fügte Churchill noch hinzu: „Es bleibt keine Wahl. Polen ist buchstäblich von der Vernichtung bedroht und wird als Nation ausgelöscht werden."

Waren die in der Erregung herausgeschrienen Worte Churchills nur Prophetie oder wußte er mehr über das Schicksal, das von jetzt ab Millionen von Menschen bereitet werden sollte? Wie man die Frage auch beantworten möge, nicht zu leugnen ist, daß er durch seine verfehlte und unaufrichtige Machtpolitik einer der Weichensteller für die blutige Ausdehnung des Kommunismus nach Zentral-Europa gewesen ist. Seine spätere Reue spricht ihn von dieser Verantwortung nicht frei.

Die anderen Weichensteller saßen in den Büros des Weltkommunismus in Moskau. Ihre Strategie war wesentlich kühler, Menschen galten ihnen so wenig wie Stubenfliegen. Terror und Mord hielten sie für brauchbare Instrumente zur Verwirklichung des gesteckten Zieles. War die mit Überrumplung, Täuschung, Drohung und Unwahrheit arbeitende Diplomatie die eine Hand Stalins, so waren die Planer der Gewaltanwendung die andere Hand.

Sie arbeiteten mit eiskalter Präzision. Für sie galt nur eine Realität: Dieser Krieg war die einmalige Gelegenheit, die Macht des Kommunismus auf den Rücken der Panzer bis in das Herz Europas hineinzutragen. Diese Kommission wurde, wie wir von dem ungarischen Kominternmitglied Mátyás Rákosi wissen, auf Befehl der Sowjet-Regierung Ende 1942 mit dem Auftrag gebildet, die Pläne für die Expansion des Kommunismus nach Westen auszuarbeiten.

Die Wende, die sich in dieser Zeit bei Stalingrad an der Wolga abzeichnete, gab dem Kreml die Gewißheit, daß das Schicksal dieses Krieges nicht, wie befürchtet, in den Tiefen Rußlands, sondern in Mittel-Europa entschieden werden würde. Diese Erkenntnis gab den Ausschlag für die Gründung dieser Planungskommission. Neben allen Aufgaben, die zu lösen waren, gab es jedoch zwei Hauptprobleme. War die westliche Verschiebung der sowjetischen Staatsgrenze an die sogenannte Curzon-Linie, die im großen und ganzen mit der Grenze des deutsch-sowjetischen Paktes von 1939 identisch war, noch am Verhandlungstisch mit den von der sachlichen Argumentation her stets unterlegenen westlichen Bündnispartnern mit verhältnismäßig geringer Mühe zu erreichen und konnte die Annexion der baltischen Staaten und die Unterwerfung der Balkanländer im Schatten größerer Ereignisse durchgeführt werden, so lagen doch die schwierigsten Probleme in Polen und in Deutschland.

Die Ausgangslage war klar: Das polnische Volk hatte in den Jahren der deutschen Besetzung bewiesen, daß es innerlich nicht zu unterwerfen war, und weiter, daß es trotz Okkupation für den Kommunismus nicht anfällig war. Die Planer in Moskau wußten zu gut, daß es den polnischen Kommunisten nie gelingen würde, die Macht mit friedlichen Mitteln zu erringen, deshalb mußten alle Gruppen in Polen zerschlagen werden, die dem Kommunismus im Wege standen. Das Ziel war also, das nichtkommunistische Polen so zu schwächen und so auszubluten, daß von dort her kein Widerstand mehr zu erwarten war, wenn ein kommunistisches Polen ohne Verlangen nach Unabhängigkeit und Freiheit sich als verlängerter Arm des Weltkommunismus nach Westen vorschieben würde. Auf einen einfachen Nenner gebracht, war nach dieser Denkungsart ein nichtkommunistischer Pole nur dann ein guter Pole, wenn er zugleich tot war.

Auch für Deutschland war die Ausgangslage klar: Die deutschen Ostprovinzen waren uraltes deutsches Land. Jeder historische oder juristische Anspruch darauf konnte nur eine leere Konstruktion sein. Ebenso unbestreitbar waren diese Provinzen von Deutschen bewohnt. Eine dauerhafte Eroberung dieser

Länder hatte nur dann Aussicht auf Erfolg, wenn viele Bewohner umgebracht, viele durch Schrecken zur panischen Flucht genötigt und der Rest hinausgejagt würde. Das später sich einbürgernde Wort von der Vertreibung für die letzte Phase ist ein emotionell herunterspielender Begriff für diesen Vorgang.

Selbst die polnischen Kommunisten waren Realisten. Sie konnten sich nicht vorstellen, wie es überhaupt angestellt werden könnte, mehr als zwölf Millionen zur Aufgabe ihrer Wohnsitze zu zwingen. Allein von der organisatorischen Seite war das kaum möglich. Die Planer in Moskau beruhigten die Fragenden. Auch das sei genau durchdacht worden. Die Rote Armee würde dafür sorgen, daß das deutsche Land leer sein würde. Einer polnischen Delegation versprach Stalin 1944, er werde Ostdeutschland „von der gesamten dort ansässigen deutschen Bevölkerung säubern lassen".

Dieses Wort „säubern" sollte schnell einen fürchterlichen Inhalt bekommen. Es ist genau so eine schreckliche Vokabel im kommunistischen Sprachgebrauch wie das ursprünglich harmlose Wort „liquidieren", das eigentlich so viel wie „flüssig machen" oder „eine Rechnung begleichen" bedeutet. Im Oktober des gleichen Jahres waren es Menschen Ostpreußens, vor allem in den Kreisen Gumbinnen und Goldap, die die mörderische Bedeutung des Wortes „säubern" kennenlernen sollten.

Am gleichen Tag, an dem in der Wolfsschanze bei Rastenburg die Bombe des Obersten Graf Stauffenberg explodierte, überschritten die Truppen der Roten Armee die polnische Grenze nach dem deutsch-sowjetischen Pakt von 1939. Der obskure in der Neujahrsnacht gegründete Nationalrat war sofort zur Stelle und begründete am 22. Juli 1944 in Chelm das Polnische Komitee der Nationalen Befreiung, in dem im wesentlichen die Namen der in Moskau tätigen polnischen Kommunisten und die des Nationalrates auftauchten. Dieses Komitee erklärte sich sofort zur einzigen legalen Machtquelle, weil es vom Volke berufen sei. Natürlich war daran kein wahres Wort, und in dem noch immer von den deutschen Truppen gehaltenen Polen hielt man an der legalen Regierung in London fest. Dieses Nationalkomitee sollte später als die „Lubliner Regierung" in Erscheinung treten. Der Vorsitzende des Komitees. Edward Osóbka-Morawski, kündigte wenig später in einer Pressekonferenz für westliche Korrespondenten zum ersten Male öffentlich die Vertreibung der deutschen Bevölkerung an. Als ihn ein westlicher Journalist, der die kommunistischen Absichten noch nicht begriffen hatte, unschuldig fragte, wie Polen es mit den deutschen Minderheiten halten würde, erklärte Osóbka-Morawski, es werde keine deutsche Minderheit geben. Wenn die Polen kämen, werde die Rote Armee „schon alle erwachsenen Deutschen ins Innere Rußlands" geschickt haben. Auch Frauen und Kindern solle nicht gestattet werden, in ihrer Heimat zu bleiben.

Bis jetzt waren das alles nur Pläne. Die Rote Armee war noch nicht bis an die Reichsgrenzen gelangt, in Polen existierte noch immer eine schlagkräftige Untergrundarmee, die allein in Warschau etwa 35 000 Angehörige zählte. Mit ihr besonders mußten die Kommunisten rechnen.

Wenige Tage später hob sich der Vorhang vor einem grausamen Geschehen. Der Tragödie erster Akt begann in Warschau.

Brennende Menschenfalle
Warschau

S eit ihrer Ende Juni begonnenen Offensive hatte die Rote Armee der Heeresgruppe Mitte der Deutschen Wehrmacht ver-
nichtende Verluste beigebracht, die in ihrer Größenordnung weit
über die Katastrophe von Stalingrad hinausgingen. Generaloberst Guderian, am 21. Juli 1944 zum Generalstabschef des
Heeres an der Ostfront ernannt, beschrieb später die Lage so:
„Nach meiner Ernennung war die ganze Front, falls überhaupt
von einer solchen zu sprechen war, kaum mehr als eine unüber-
sichtliche Zusammenballung der Überreste unserer Armeen, die
versuchten, sich auf die Weichsel zurückzuziehen. 25 Divisionen
waren vollständig vernichtet."

Die sowjetischen Heeressäulen unter dem Befehl von Marschall Rokossowski schoben sich in den letzten Julitagen unaufhaltsam auf die polnische Hauptstadt zu. In Warschau war schon
der Donner ihrer schweren Geschütze zu hören. Die vordersten
Luftbasen waren nur noch zwanzig Flugminuten entfernt. Die
Deutschen hatten ihre Dienststellen und Magazine nach Westen
verlagert. Es gab keinen Zweifel daran, daß es nur noch eine
Frage von wenigen Tagen war, bis die Stadt in die Hände der
vordringenden Sowjets fallen würde. Auch die in den letzten
Tagen überraschend nach Warschau verlegten Panzerabteilungen
einer deutschen Division würden diesen Sturm nicht aufhalten
können.

Der Befehlshaber der etwa 35 000 Mann starken Untergrundarmee in Warschau, General Bor-Komarowski, alarmierte seine
Verbände, die auf ein Signal die Stadt in Besitz nehmen sollten.
Tagelang hatte er vergeblich versucht, auf dem Funkweg mit
dem sowjetischen Hauptquartier Verbindung aufzunehmen. Er
erhielt weder eine Bestätigung des Empfanges seiner Funksprüche noch irgend eine Antwort. Von der angeblich auch vorhandenen Untergrundarmee der polnischen Kommunisten stellten
sich in Warschau ganze dreihundert Mann zur Verfügung.

Jan Godlewski war am Abend des 28. Juli im Osten der Stadt gewesen und hatte vom dritten Stockwerk eines Hauses die feuernden Batterien der Roten Armee beobachtet, die die Straßenkreuzungen in der Vorstadt Praga unter Beschuß nahmen. Als er wieder nach Hause geschlichen war, fand er dort einen Melder vor, der ihm den Befehl brachte, sich am anderen Tag um 6 Uhr nachmittags in der Sammelstelle einzufinden.

Um 8.15 Uhr am 29. Juli gab Radio Moskau folgenden Aufruf in polnischer Sprache bekannt:

„Die Stunde des Handelns ist gekommen für Warschau, das nie untergegangen ist und immer weitergekämpft hat.

Die Deutschen werden versuchen, sich in Warschau zu verteidigen. Sie werden noch mehr Ruinen schaffen und Tausende von Warschauern massakrieren. Eure Häuser und Gärten, eure Brücken und Bahnhöfe, eure Fabriken und Amtsgebäude werden vom Feind zu Verteidigungswerken ausgebaut werden. Sie werden die Stadt der Vernichtung, die Einwohner dem sicheren Tod überantworten. Sie werden plündern, und was sie nicht verschleppen können, werden sie zertrümmern.

Daß in der zerstörenden Flut Hitlers alles zugrunde geht, das müßt ihr euch heute mehr denn je vor Augen halten. Nur entschlossener Kampf, Kampf in den Straßen, Häusern, Fabriken und Lagern Warschaus kann die Stunde der Befreiung beschleunigen und Stadt und Leben ihrer Einwohner, eurer Mitbürger, retten.

Polen! Jetzt ist die Stunde der Befreiung gekommen. Polen! Zu den Waffen!

Verliert keinen Augenblick mehr! Praga und die Industrievororte Warschaus liegen bereits im Feuer der russischen Artillerie!"

Unter den Unterzeichnern dieses Aufrufes nannte Radio Moskau Molotow und Osóbka-Morawski, den Vorsitzenden des Lubliner Befreiungskomitees.

Der Stab der Warschauer Untergrundarmee hatte einen Plan ausgearbeitet, nach dem zur gleichen Stunde in der ganzen Stadt losgeschlagen werden sollte. Denn auch die reduzierte deutsche

Schwerer Kreuzer PRINZ EUGEN

Zusammen mit den schweren Kreuzern LÜTZOW, ADMIRAL SCHEER, ADMIRAL HIPPER und den Einheiten der 6. Zerstörer-, der 5. und 2. Torpedobootsflottille sicherte PRINZ EUGEN die Seeherrschaft über die Seestraßen vor den deutschen Ostseeküsten. Unter dem Schutz dieser in den Kampfgruppen Thiele und Rogge zusammengefaßten Kriegsschiffe liefen die Flüchtlingstransporte in den rettenden Westen. Gleichzeitig griffen die Kriegsschiffe mit ihren schweren Geschützen in die Landkämpfe ein.

I

Untergang des französischen Zerstörers BOURRASQUE bei der Rettungsaktion von Dünkirchen im Mai 1940.

Kolberg 1945. Unter feindlichem Artilleriebeschuß erfolgte die Einschiffung der Flüchtlinge.

Der Schrecken von Nemmersdorf. Die gesamte Bevölkerung wurde unter unvorstellbaren Umständen niedergemetzelt.

Zusammengeschossener Flüchtlingstreck. So wie dieser wurden zahlreiche Trecks zusammengewalzt und die Menschen erschossen.

Schützen einer Radfahrschwadron im Kampf um eine Stadt in Ostpreußen.

Der Räumungsbefehl kam in letzter Minute. Hastig werden die Wagen für die Flucht beladen.

Besatzung war noch gefährlich genug. Nur durch einen Überraschungsangriff an vielen Stellen zugleich hoffte Bor-Komarowski, die Verluste in erträglichen Grenzen zu halten.

Der Sturm der Roten Armee auf Warschau hatte begonnen. Am 31. Juli meldete der sowjetische Heeresbericht: „Die Truppen der 1. Weißrussischen Front haben nach hartnäckigen Kämpfen mächtige Verteidigungsstützpunkte der Deutschen unmittelbar vor Warschau genommen." Am gleichen Tage meldete der deutsche Wehrmachtsbericht: „Im Raum von Warschau wurde in schweren Kämpfen ein Einbruch starker feindlicher Kräfte auf die Stadt verhindert. Nach Abwehr sowjetischer Angriffe auf Siedlce setzten sich unsere Truppen dort auf neue Stellungen weiter nördlich ab."

Die Zeit der Deutschen in Warschau konnte nur noch nach Stunden bemessen werden. General Bor-Komarowski gab den Befehl zum Aufstand für den 1. August nachmittags 5 Uhr.

Pünktlich zur angesetzten Stunde schlugen die Aufständischen in allen Stadtteilen los. Alle Bezirke, in denen es keine bewaffneten deutschen Stützpunkte gab, fielen ihnen schnell in die Hände. Nur dort gelang die Überraschung. In der Innenstadt jedoch wurde stundenlang erbittert gekämpft. Straßen wurden aufgerissen, Barrikaden aus Pflastersteinen, Fahrzeugen und Möbeln gebaut. Die Gegend um den Hauptbahnhof blieb von Anfang an fest in deutscher Hand.

Mit unverminderter Verbissenheit wurde am zweiten Tage weitergekämpft. Die Deutschen warfen schnell zusammengeraffte Truppenverbände in die Stadt. Die Polen waren jedoch voller Hoffnung. Sie waren für fast zehn Tage ausreichend mit Munition versehen und etwa für die gleiche Zeit verproviantiert. Bis dahin war die Rote Armee längst da, glaubten sie.

Aber da geschah das Unfaßbare. Die Befreier kamen nicht. Sie hatten in den Vorstädten an der Weichsel haltgemacht und blieben Gewehr bei Fuß stehen.

Am dritten Tage griffen deutsche Artillerie und Bomberstaffeln in den Kampf ein. Überall flackerten Brände auf, die nicht mehr zu löschen waren. Warschau war eine riesige brennende Menschenfalle geworden.

Am vierten Tage verstummte die sowjetische Artillerie. Kein Flugzeug mit dem roten Stern war mehr am Himmel zu sehen. Radio Moskau erwähnte den Warschauer Aufstand mit keinem Wort. Am 6. August appellierte der polnische Ministerpräsident Mikolajczyk an das Lubliner Komitee, für sowjetische Hilfe zu sorgen. Von dort antwortete das Komitee-Mitglied Wanda Wasilewska kaltschnäuzig, es gäbe gar keinen Aufstand in Warschau. Die sowjetische Armee zog sich sogar zehn Kilometer zurück. Wie neutrale Theaterbesucher sahen die roten Generäle dem nun unausweichlichen Untergang der Bevölkerung der polnischen Hauptstadt zu. Nichtkommunistische Polen waren eben nur dann gute Polen, wenn sie tot waren.

Es dauerte geraume Zeit, bis die westlichen Alliierten, die schließlich einmal Polens wegen den Krieg erklärt hatten, begriffen hatten, daß sich hier etwas vollzog, was in der Weltgeschichte nicht seinesgleichen fand. Dann appellierten Roosevelt und Churchill an ihren Kampfgenossen Stalin, den kämpfenden Warschauern Hilfe zu bringen. Stalin verbarg sich hinter den fadenscheinigsten Ausflüchten. Nun wurden die polnischen Truppen unter westlichem Kommando unruhig. Auch sie empfingen die Hilferufe aus dem Äther, denn die Deutschen schlugen jetzt in Warschau mit aller Härte zu. Die Untergrundarmee hatte bald Mangel an Waffen, Munition und Nahrungsmitteln.

Als nicht mehr zu übersehen war, daß die Sowjets keinen Finger für das kämpfende, brennende Warschau krumm machen würden, entschloß sich die britische Luftwaffe, das dringend benötigte Material in die in höchster Not kämpfende Stadt einzufliegen und dabei die langen Anflugwege mit ihren Bedrohungen durch die deutsche Luftabwehr in Kauf zu nehmen. Sie bat nur, hinter den russischen Linien niedergehen zu dürfen. Die Sowjets verweigerten die Landeerlaubnis. Durch die riesige Distanz des Hin- und Rückfluges war die Versorgungsmöglichkeit stark geschmälert, weil ein großer Teil des Transportraumes für den eigenen Treibstoffbedarf gebraucht wurde.

Dennoch flogen sechs Nächte lang britische Transportflugzeuge nach Warschau. In dieser Zeit gingen 85 Prozent der Maschinen verloren. Die Flüge mußten eingestellt werden. Nun übernahmen zwei südafrikanische Staffeln im Nahen Osten und polnische Spezialstaffeln von Italien aus die Versorgung. Das Ergebnis war eine einzige Katastrophe. Der polnische Verband verlor 90 Prozent seines Bestandes und von den dreiunddreißig Transportflugzeugen der Südafrikaner wurden vierundzwanzig abgeschossen.

Für die Besatzungen dieser Transportgeschwader waren die Unternehmen nach Warschau wahrhafte Todesflüge geworden. Einen anschaulichen Bericht darüber schrieb der französische Jagdflieger Pierre Closterman, der in der Nachkriegszeit als Schriftsteller internationales Ansehen erwarb.

In seiner erregenden Erzählung schildert er den Flug von 6 schweren Halifax-Bombern, die am 6. September in Brindisi in Italien nach Warschau gestartet waren. Sie gehörten zu einer polnischen Spezialstaffel, die der Royal Air Force unterstand. Sie waren beladen mit Treibstoff für zwölf Flugstunden und mit drei Tonnen Waffen und Munition in Abwurfbehältern. Gleichzeitig mit ihnen waren südafrikanische Transportflugzeuge mit gleichem Ziel gestartet.

Auf ihrem Wege waren sie öfter in deutsche Flaksperren hineingeraten, konnten aber unbeschädigt den Raum von Warschau erreichen:

„Plötzlich scheint sich im Horizont eine Öffnung aufzutun. Wie Morgenröte leuchtet es, wird größer und größer, beginnt rot wie Bluttropfen auf den vereisten Scheiben zu widerscheinen. Die Flugzeuge gehen hinunter . . . 2 000 Meter . . . 1 500 Meter . . . und die Geschwindigkeit nimmt zu. In dem Maß, wie sie näher und tiefer kommen, wird der Schein auf der Erde von der Finsternis verschluckt und wächst dafür am Himmel ins Riesenhafte. Scharlachrot glüht es unter dem Flügel auf in der Form einer Schlange — die Weichsel, und dann taucht wie die Sonne aus der Nacht pötzlich das brennende Warschau auf.

Die Besatzungen können gebannt die Augen nicht vom Schauspiel lassen. Der Funker ist halb aufgestanden und schaut dem Piloten über die Schulter. Die Bordschützen haben ihre Türme nach vorn gedreht, um zu sehen. Nur der Heckschütze, weit hinten am Ende des langen Rumpfes, steht nicht, aber er spürt die Stadt gegenwärtig.

Tausende von brennenden und zusammenstürzenden Häusern bilden einen ungeheuren Glutofen, erleuchten den Himmel und lassen die dunklen Silhouetten der Halifax sich davor abheben. Bei Sluzew beginnt der Flakgürtel — eine Mauer von Projektilen. Die Rohre der 88-mm-Kanonen, die eben noch horizontal auf die Stadt schossen, heben sich beim herannahenden Motorenlärm und tasten sich aufs neue Ziel zu.

Nun ist unten nur noch ein Flammenstrom, eine blendende Eruption, in der Himmel und Erde sich mischen. Der heiße Hauch des Glutofens treibt den Rauch durch die zerrissene Wolkendecke hinauf. Und in dieser Hölle schlagen sich Menschen seit 38 Tagen!

Das Flugzeug geht tief auf den Fluß hinunter, streift das Wasser fast, um der Flak auszuweichen, nimmt Sätze über die zerstörten Brücken, deren Pfeiler sich im blutroten Wasser spiegeln. Der Pilot hat den Eindruck, als stieße er durch eine Feuerwand. Die Temperatur der Motoren springt aufs Maximum, ätzender Brandgeruch dringt in den Rumpf ein und macht die Männer husten.

Dann plötzlich unten ein großer Schattenfleck: die Westviertel, die vom Feind gehalten werden und wo der Aufstand schon in den ersten Tagen niedergeschlagen worden ist. Nur ein paar von der SS eingekreiste isolierte Partisanengrüpplein leisten hier noch Widerstand. Die Flakscheinwerfer sind horizontal gelegt und beleuchten die Boulevards und Fassaden. An jeder Straßenecke steht ein vielrohriger kleinkalibriger Automat und sät Explosivgeschosse über die Dächer und deckt so den zögernden Vormarsch der Panzer.

Ein südafrikanischer Liberator geht tief auf die Kamine hinunter, schießt aus allen Maschinengewehren und kann auch wirklich ein paar Scheinwerfer löschen. Aber dann rast der Pilot, offenbar geblendet von den Projektorenstrahlen, in einen Kirchturm. Da beginnt der Feuerofen wieder. Wie ist es möglich, daß Generals Bors Leute in diesem Brandherd, unter dem Trommelfeuer der deutschen Artillerie weiterleben und weiterkämpfen können? Sogar durch die Kanalisation rasen die Brände. Die Deutschen haben kostbare Benzinreserven geopfert, um die Polen in ihren unterirdischen Labyrinthen auszuräuchern, wohin die SS ihnen nicht zu folgen wagte.

Ein derart ungeheuerliches Schauspiel bietet die Stadt Warschau, daß den Männern an Bord die Tränen unhaltbar über die schwarzverschmierten Gesichter rinnen. Sie weinen über ihr zerrissenes Vaterland, diesen furchtbaren Krieg, die Wildheit ihrer Feinde und die Feigheit und den Verrat ihrer Verbündeten. Sie weinen um ihre Familien, sie weinen wegen der Sinnlosigkeit ihres Kampfes, wegen ihrer Zukunft ohne Hoffnung.

Rechts erscheint die Silhouette einer steuerlosen Halifax schwankend vor der Flammenmauer und stürzt dann brennend ins Feuer hinunter, wie eine glühende Tannennadel in einen Waldbrand.

Von allen Seiten rücken konzentrisch die „Tiger"-Panzer über die Trümmer zum höhergelegenen Stadtkern vor, wo das Hauptquartier der Widerstandsbewegung ist. Chmiel sieht zwei von ihnen, die langen Rohre ihrer Geschütze wie Riesenrüssel von Urweltmonstren, sich durch die Trümmerstraßen vorbewegen. Der Heckschütze schießt eine lange Garbe aus seinen vier Browning, aber die Geschosse prallen am Panzer ab wie ein Wasserstrahl an Granit. Aber einer der Tiger verschwindet plötzlich. Er ist durch die Decke eines Kellers durchgebrochen und wird unter einer Lawine von Trümmern begraben. Aber schon ist's zu weit weg, der Heckschütze kann nichts mehr sehen.

Mit 500 km/h Geschwindigkeit kurvt die Halifax zwischen den Bränden. Die Farbe splittert von den Flügeln, Funkengarben spritzen gegen das Plexiglas und machen es blind.

Im Flammenmeer soll man nun die Feuer finden, die die Abwurfzone markieren — ein bitterer Scherz. Selbst der Navigator, ein gebürtiger Warschauer, der sich über dem Bullauge des Bombenschützen eingerichtet hat, kennt sich in den Ruinen seiner Vaterstadt nicht mehr aus. Das Mikrophon in der Hand, versucht er trotzdem seinen Piloten zu führen.

Andere Flugzeuge kämpfen sich ans Zentrum heran. Vier Liberator der südafrikanischen Staffel sind freiwillig auf diese Mission der Selbstaufopferung zur Rettung der Ehre an der Seite ihrer polnischen Kameraden mitgekommen. Vom Feuer geblendet, fliegen sie im Langsamflug mit ausgefahrenen Bremsklappen daher auf der Suche nach der Abwurfstelle für ihre wertvolle Last. Die Flak macht sich über sie her, und einer nach dem andern stürzen die großen Viermotorer ab.

Chmiels Navigator verbeißt sich in seine schwierige Aufgabe. Straßen — was für Straßen? Wo zeichnen sie sich ab in dieser fürchterlichen Kraterlandschaft, wo die Erde selber zu brennen scheint und alles zu Trümmern eingeebnet ist? Aber es gilt, rasch die Abwurfstelle zu finden, Waffen und Munition loszuwerden und sich aus dem Feuergewölbe zu retten, das von den feurigen Säulen der Flakgranaten gestützt wird. Die Asche fällt wie schwarzer Schnee, aber sie gelangt nie bis zum Boden, denn immer wieder wird sie von den heißen Luftwirbeln erfaßt und Tausende von Metern in die Höhe getrieben.

„Navigator an Pilot — Achtung hier die Poniatowskibrücke, bei der nächsten rechts drehen."

Endlich wieder die Altstadt, begrenzt vom Arbeiterviertel, von dem nur noch geschwärzte Betonskelette stehen. Bei der Kierbedz-Brücke dreht das Flugzeug ein, und da ist auch gleich der Krasinski-Platz. Fünf grüne Bengalfeuer, übers Kreuz angelegt, ein „T" aus weißen Tüchern, um die Windrichtung anzuzeigen — als ob die Flammen und der Rauch nicht genügen dafür — da ist die Abwurfstelle.

Unten rennen Leute und heben die Arme. Eine enge Kurve, Motor gedrosselt und Bremsklappen heraus . . . die Halifax kommt zurück, Bombenschächte offen, indes knapp über den Ruinen schwarze Flöckchen auftauchen: Die 88-mm-Flak schießt vom Parkhügel herab aufs Flugzeug. Einschläge mähen die Gestalten am Boden hin. Plötzlich, im Augenblick, als die Behälter sich lösen, wird die Halifax von einer fürchterlichen Explosion geschüttelt und beinahe auf den Rücken geworfen. Wie durch ein Wunder kann der Pilot seine schwere Maschine auffangen, streift aber offenbar eine Mauerkrone, denn Motor Nr. 4

heult in Übergeschwindigkeit auf: Propeller abgerissen. Der Mechaniker stemmt sich auf den Fäusten empor — er hat den Bauch von einem Einschlag aufgerissen. Aber er schließt die Zuleitung zum Motor und unterbricht den Kontakt.

An den Fallschirmen baumeln die Behälter in die Tiefe, wenig gebremst in ihrem Sturz, da die heiße Luft den Schirm nicht mehr trägt. Drei Schirme fangen Feuer, noch bevor sie den Boden berührt haben.

An Bord kämpft Chmiel mit dem Feuer. Zu seinen Seiten stöhnen die Verwundeten. Vier Leute sind von Splittern getroffen worden, die den Rumpf durchlöchert haben. Der Navigator ist vom Druck der Explosion durch die Kabine geschleudert worden und hat an einer Ecke des Funkraums den Schädel gebrochen. Er liegt auf dem Gehsteig, und ein schmales Bächlein Blut rinnt ihm aus der Nase. Auftrag erfüllt — und nun rasch weg aus dieser Hölle! Es ist unmöglich, direkt zurückzufliegen, alle Flakbatterien sind alarmiert. Man muß die Stadt nordöstlich und nördlich umfliegen und sich in die Dunkelheit am rechten Ufer der Weichsel flüchten. Da liegen die Russen, Rokossowskis Truppen, und warten in Ruhe, Gewehr bei Fuß, das Ende der Tragödie ab. Dreißig Divisionen der Roten Armee, in ihrem sonst so unaufhaltsamen Vorsturm durch einen Befehl des Kreml aufgehalten — mögen die Polen krepieren!

Und unter dem gleichgültigen Blick der freien Welt, die der Freiheit Polens zuliebe diesen Kampf auf sich genommen hat, werden die den russischen Schlächtereien von Katyn Entronnenen von den Deutschen hingemetzelt. Der Krieg hat schon so lange gedauert, daß man vielleicht bereits vergessen hat, warum man ihn ausficht.

Die Besatzung der Halifax ist erschöpft, und doch hat sie noch sechs lange Flugstunden bis Brindisi vor sich, sieben wahrscheinlich mit nur drei Motoren. Die Verwundeten leiden. Und ein paar Flugminuten von hier gäbe es Flugplätze von „Alliierten".

Alliierte? Geh mir weg — der Pilot zuckt die Schultern, schaut auf seine Instrumente und leitet eine weite Kurve ein, um auf Kurs Süd zu kommen.

„Achtung Pilot! Flugzeug sieben Uhr!"

Trotz seines Handicaps sticht Chmiel leicht ab, um Geschwindigkeit zu gewinnen, und kurvt eng nach rechts — das klassische Manöver des „Korkziehers". Eine Kette von Leuchtspurgeschossen blitzt unter dem Flügel durch und verliert sich in der Nacht. Wo steckt der Kerl jetzt? Er wird zurückkommen und feuern — die Halifax, eine Riesenzielscheibe am Brandhimmel, ist nur allzu deutlich zu identifizieren.

Der Nachtjäger, schwarz gestrichen in der schwarzen Nacht, die Auspufftöpfe sorgsam abgeschirmt, gleitet unsichtbar, daneben, sein Opfer zwischen sich und dem hellen Hintergrund, Tod in den Magazinen seiner 20-mm-Kanonen.

Der Heckschütze versucht verzweifelt die Finsternis zu durchdringen, aber seine Augen sind noch geblendet, und die rußgeschwängerte Schwärze der Nacht bleibt unergründlich.

Da ist er! Ein Druck auf die Pedale, der Turm dreht sich, der Schütze hat den Finger am Abzug. Da — eine noch heftigere Explosion als zuvor unten in Warschau, die den Schleier für einen Augenblick zerreißt und den Feind enthüllt. Ein zweimotoriger Tiefdecker, spitze, verglaste Nase, Doppelseitensteuer . . . Herrgott! Auf dem Rumpf — der rote Stern!

„Schütze, siehst du ihn noch?"

Schweigen.

„Schütze, antworten." Schließlich die stockende Stimme am Mikrophon: „Habe nicht geschossen, konnte nicht . . . war eine Pe-2."

Der Jäger allerdings hat gefeuert.

Sowjetische Flugzeuge jagten die Maschinen, die den kämpfenden Warschauern Hilfe bringen wollten. Das ist die bittere Wahrheit.

Nach mühseligem Flug landete die beschädigte Halifax wieder in Brindisi. Als erste Maschine der Staffel und zugleich als letzte. Die anderen Flugzeuge kehrten nicht zurück, sie waren abgeschossen oder abgestürzt.

Am 27. September folgte Jan Godlewski seinem Bruder in die Ewigkeit von Katyn. Eine deutsche Granate zerriß ihn, als er gerade einen brennenden Keller verließ und in das Nachbarhaus laufen wollte.

Der Kampf der Aufständischen war zu dieser Zeit aussichtslos geworden. Verraten und im Stich gelassen, blieb ihnen nur noch der Weg in die Gefangenschaft. 63 Tage hatte das Ringen gedauert, in denen die Stadt fast völlig zerstört wurde, in denen mindestens 10 000 Angehörige der Untergrund-Armee fielen und fast eine Viertelmillion Zivilpersonen ums Leben kam. Der Kampf war verbissen, mörderisch und grausam — und nutzlos.

Die Überlebenden traten den Weg in die Gefangenschaft an, an ihrer Spitze General Bor-Komarowski. Die Deutschen hatten sie als Soldaten und nicht als Heckenschützen anerkannt.

Gewinner dieses Warschauer Aufstandes waren die Bolschewisten. Ein beträchtlicher Teil des polnischen Volkes, der ihnen Widerstand hätte leisten können, war ausgelöscht worden. Die Sowjets hatten gelassen zugesehen, wie beide Kampfgegner an den falschen Fronten verbluteten.

Die Rote Armee rüstete zum Vormarsch. Der Tragödie zweiter Teil konnte beginnen.

Zerbrochene Grenze

Drei Tage nach Beendigung des Warschauer Aufstandes am 2. Oktober 1944 trat die Rote Armee im Nordabschnitt zum Sturm an und erreichte in wenigen Tagen deutsches Reichsgebiet. Sie stieß am 9. Oktober nördlich der Stadt Memel bis an die Ostseeküste und südlich bis zur Kurischen Nehrung durch. Memel wurde damit eingeschlossen und bildete den ersten deutschen Brückenkopf an der Ostsee.

Wenige Tage später, am 16. Oktober, setzten die Truppen der 3. Weißrussischen Front unter Generaloberst Tschernjakowskij zum Angriff auf Ostpreußen an. Stoßrichtung Königsberg. Sie kamen bis in das Kreisgebiet Gumbinnen, nach Nemmersdorf und Goldap und wurden dann von der deutschen 4. Armee unter General Hoßbach zum Stehen gebracht. Am 22. Oktober wurde vom Fallschirm-Panzerkorps „Hermann Göring" und anderen Verbänden der Durchbruch abgeriegelt. Nemmersdorf und später auch Goldap wurden zurückerobert. Damit war die Offensive auf Königsberg gescheitert.

Der Krieg hatte mit unüberhörbaren Hammerschlägen an die Tore Ostpreußens gedonnert und einige Pforten schon zum Einsturz gebracht. Wie aber reagierten die Menschen dieser bedrohten Provinz?

Nur etwa 35 Kilometer westlich der Frontlinie im Gumbinnener Gebiet war in der Kreisstadt Insterburg der junge Arzt Dr. Hans Graf von Lehndorff tätig. In seinen Aufzeichnungen, die von eindringlicher poetischer Kraft sind, beschrieb er diesen Herbst:

„Noch einmal, ehe die Kriegswalze darüber hinging, entfaltete sich meine ostpreußische Heimat in ihrer rätselvollen Pracht. Wer die letzten Monate mit offenen Sinnen erlebte, dem schien es, als sei noch nie vorher das Licht so stark, der Himmel so hoch, die Ferne so mächtig gewesen. Und all das Ungreifbare, das aus der Landschaft heraus die Seele zum Schwingen bringt, nahm in einer Weise Gestalt an, wie es eben nur auf dem Hintergrund der nahenden Katastrophe Ereignis zu werden vermag.

Die ersten Vorboten derselben machten sich bereits in den letzten Junitagen bemerkbar — leichte, kaum ins Bewußtsein dringende Stöße, die das sonnendurchglühte Land wie von fernem Erdbeben erzittern ließen. Und dann waren die Straßen auf einmal überfüllt mit Flüchtlingen aus Litauen, und herrenloses Vieh streifte quer durch die erntereifen Felder, dem gleichen unwiderstehlichen Drang nach Westen folgend.

Noch war es schwer zu begreifen, was da geschah, und niemand hätte gewagt, seinen geheimen Befürchtungen offen Ausdruck zu geben. Aber als die Störche zum Abflug rüsteten, ließ sich das bessere Wissen von dem, was bevorstand, nicht länger verborgen halten. Überall in den Dörfern sah man Menschen stehen und zum Himmel starren, wo die großen vertrauten Vögel ihre Kreise zogen, so als sollte es diesmal der letzte Abschied sein. Und jeder mochte bei ihrem Anblick etwa das gleiche empfinden: ,Ja, ihr fliegt nun fort! Und wir? Was soll aus uns und unserem Land werden?'

Nicht lange danach kamen riesige Viehherden an den Flußläufen entlang und sammelten sich in dem flachen Tal, das vom Pregel in vielen Windungen durchflossen wird. Sie waren aus dem östlichen Teil der Provinz abgetrieben worden und standen nun, einen überwältigenden Anblick bietend, zu Tausenden in den weiten Wiesen. Dort gab es zunächst noch Futter genug. Wer aber näher heranging und die Tiere im einzelnen beobachtete, dem krampfte sich jetzt schon das Herz zusammen. Ohne Beziehung zueinander, den Menschen als Feind ansehend, so stolperten sie durch das Land, traten die Zäune nieder, brachen hemmungslos in Koppeln und Gärten ein und fraßen Büsche und Bäume kahl. Sie schienen aus einem Lande zu kommen, in dem es keine Ordnung gab. Dabei konnte man es vielen noch ansehen, daß sie aus hervorragenden Zuchten stammten. Aber das Schützende, das sie zur Herde machte, hatte sich schon verflüchtigt.

In den Nächten sah man zu dieser Zeit die östlichen Grenzstädte wie auf der Landkarte vor sich aufgereiht. Memel, Tilsit, Schirwindt, Eydtkuhnen — das waren die hellsten, wieder und wieder unter Bombeneinschlägen aufzuckenden Punkte im Verlauf einer im Bogen von Norden nach Süden ziehenden Feuerlinie. Und eines Tages wurde bekannt, daß die Landesgrenze preisgegeben worden sei. Zwanzig, dreißig Kilometer war der Feind schon darüber hinaus, dann kam die Front noch einmal zum Stehen. Wie es dahinter aussah, wußte niemand zu sagen. Man konnte nur hoffen, daß keiner zurückgeblieben sei, denn was aus einigen vorgeschobenen Orten berichtet wurde, die der Feind nach kurzer Besetzung wieder aufgegeben hatte, ließ das Blut erstarren.

Ein paar Tage noch unermeßliches Flüchtlingselend auf allen Straßen —, dann trat auf einmal Ruhe ein, eine fast unbegreifliche Ruhe. Das Dröhnen der Front verstummte, die Feuer erloschen, sogar die nächtlichen Störflugzeuge blieben aus. Wie verzaubert lag das verlassene Land mit seinen Höfen und Dörfern im Glanze eines unvergleichlichen Herbstes da, Erlebnisse von unergründlicher Tiefe den wenigen bietend, die aus weiter westlich gelegenen Kreisen wiederkehrten, um noch etwas aus ihrem Hause zu holen oder um zurückgelassenes Vieh zu versorgen."

Generalprobe Memel

Das Flottentorpedoboot T 28 war ein glückhaftes Schiff. Im Januar 1944 war es in den Ärmelkanal verlegt worden. Britische See- und Luftstreitkräfte hatten im Zusammenwirken mit Fernkampfbatterien an der engsten Stelle des Kanals versucht, das hochmoderne Boot, von den Gegnern stets als Zerstörer klassifiziert, in den Grund zu bohren. Dieses Aufgebot einer gewaltigen Übermacht vermochte es jedoch nicht, T 28 zu vernichten. Schwer beschädigt zwar, aber ohne Mannschaftsverluste, erreichte das Torpedoboot Le Havre. Rechtzeitig vor Beginn der Invasion war es wieder repariert. Nach zahlreichen Gefechten mit den überlegenen Streitkräften der britischen und amerikanischen Invasionsflotte, mit Hoch- und Jagdbombern kam es als einzigstes Schiff seiner Größenordnung aus dem Kampfraum in die Nordsee zurück.

T 28 war ein geborener Ostpreuße. Auf den Hellingen von Schichau hatte es ein Jahr zuvor sozusagen das Licht der Welt erblickt. Und hierher, in die heimatlichen Gewässer der Ostsee, kehrte es im Frühherbst 1944 zurück. Als es die Nordsee verließ, stieg auf Cuxhaven-Reede ein Offizier aus, der in den Westraum zurückbeordert war. Lächelnd verabschiedete er sich mit den Worten: „Ihr habt's gut. Ostsee ist halber Urlaub."

Er sprach nur das aus, was man damals in der Marine dachte. Für Seeleute, die die großen Schlachten im Atlantik, im Eismeer oder den eisenhaltigen, zermürbenden Alltag im Ärmelkanal durchgestanden hatten, war Flottendienst in der Ostsee nun einmal mit dem Ruch einer Gammelbeschäftigung im ungefährlichen Ententeich behaftet.

Man wußte wohl von dem unermüdlichen Kleinkrieg der Minensuchverbände und der umgebauten Fischdampfer im Finnenbusen gegen die Sowjetmarine. Aber das war nicht groß ins Auge fallend angesichts des sonstigen Kriegsgeschehens. Es war der Krieg der Dergel. Das Wort Dergel wird man allerdings vergeblich im Lexikon suchen, doch — welcher Seemann kennt es nicht. Irgendwann und irgendwo hatte es in einem Befehl geheißen:

„Minensucher, Räumboote, Sicherungsfahrzeuge u. dergl." Und prompt hatte jemand zurückgefragt: „Was ist ein Dergel?" Gemeint waren alle Fahrzeuge, die nicht näher zu bezeichnen waren. Man nannte sie spöttisch fortan „Dergel". Und es wurde ein Ehrenname an allen umkämpften Küsten, wo diese kleinen, meist mangelhaft bewaffneten und mit älteren Maschinen ausgerüsteten Fahrzeuge ihren Dienst versahen. Jahrelang war der Krieg im Finnenbusen ein Krieg der Dergel gewesen. Hier und auch später vor der Küste Kurlands, Ostpreußens und Pommerns karrten sie unermüdlich bei jedem Wetter ihre Frachten oder Menschenlasten und verteidigten sich mit ihren Geschützen gegen alle Angriffe.

Nach der Kapitulation Finnlands im September 1944 konnte die Sperrung des Finnenbusens nicht mehr aufrechterhalten werden. Gleichzeitig brachen gewaltige sowjetische Offensiven die deutsche Nordfront auf und bedrohten die baltischen Küsten. So war die Lage, als T 28 in die Ostsee, in den „halben Urlaub", einlief.

Von da ab ist das Torpedoboot T 28, unzertrennlich zusammen mit seinem um ein Jahr älteren Bruder T 23, bei allen Unternehmungen im Endkampf um den Ostseeraum zu finden. Bald mit seinen vier 10,5-cm-Geschützen den bedrängten Formationen des Heeres an Land Feuerschutz gebend, bald die schweren Kreuzer „Prinz Eugen", „Scheer", „Hipper" und „Lützow" begleitend, bald Verwundetentransporte absichernd und schließlich, selbst bis an die Halskrause vollbepackt, Flüchtlingsgeleite sichernd.

Für einen Seemann hat ein Schiff durchaus menschliche Züge. Und so ist es auch zu verstehen, wenn man sagt, daß T 28 seine ostpreußische Heimat tapfer bis zuletzt verteidigt hat, und alles tat, um die Bewohner seiner Heimat in Sicherheit zu bringen. T 28 ist ein glückhaftes Schiff geblieben. Mit seinem treuen Kameraden T 23 überlebte es das Kriegsende. Die Schiffe wurden als Beute der französischen Kriegsmarine ausgeliefert. Sie erhielten neue Namen. Aus T 28 wurde „Le Lorrain" (Der Lothringer) und aus T 23 „L'Alsacien" (Der Elsässer). Sie blieben auch hier zusammen — wie in den ostpreußischen Tagen.

Im letzten Kriegsjahr vollzog sich für die Marine in der Ostsee ein bedeutsamer Aufgabenwechsel. War es bisher ihr vordringliches Ziel gewesen, die sowjetische Kriegsmarine gewissermaßen im Sack zu halten und einen Ausbruch in die freie Ostsee zu vereiteln, so änderte sich das sehr schnell bei der rapiden Verschlechterung der Landkriegslage ab August 1944. Zu diesem Zeitpunkt erreichten sowjetische Angriffstruppen bei Tukkum die Küste des Rigaischen Meerbusens. Bei der Bekämpfung dieses Durchbruches durch deutsche Panzerstreitkräfte griff zum ersten Male ein Flottenverband in die Landkämpfe wirkungsvoll ein. Dieser Verband, bald als „Kampfgruppe Thiele" bekannt, bestehend aus dem schweren Kreuzer „Prinz Eugen", vier Zerstörern und vier Torpedobooten unter dem Befehl von Vizeadmiral Thiele, beschoß so wirkungsvoll den feindlichen Einbruchsraum, daß der 30 km breite sowjetische Panzerstoßkeil wieder zurückgeschlagen werden konnte.

Die deutsche Kriegsführung ist seit jeher in kontinentalem Denken befangen gewesen. Es war daher keineswegs verwunderlich, daß das strategische und operative Zusammenwirken zwischen der Armee und der Marine immer recht mangelhaft war. Jetzt aber — im Herbst 1944 — hatte man auch beim Heer gesehen, was es bedeutet, eine schwere und dennoch schnell bewegliche Artillerie am linken Flügel zu haben.

Wie schwierig das Umdenken jedoch war, beweist eine Eintragung im Kriegstagebuch der 9. Sicherungsdivision, die sich später bei der Räumung Ost- und Westpreußens unter der Führung von Fregattenkapitän v. Blanc unauslöschliche Verdienste erwarb. So wird in diesem Kriegstagebuch am 31. August 1944 vermerkt: „Die Anfang des Monats an der Heeresfront durch Munitions- und Benzinmangel drohende kritische Lage ist nicht auf Mangel an Tonnageumlauf, sondern unseres Erachtens lediglich auf langes Umschalten der Heeres- und Heimatdienststellen vom Bahntransport auf den Seetransport zurückzuführen."

Fortan bestimmte die Landlage die operativen Bewegungen der Marine. Da die sowjetischen Truppen an Land schneller Boden gewannen als an der Küste, entstanden dort Schwerpunkte, die schließlich zu Brückenköpfen mehr oder weniger großen Ausmaßes zusammenschrumpften. Aufgabe der Marine war es nun, sie zu versorgen oder Soldaten und Material bei ausweglosen Situationen abzutransportieren. Die Ostsee wurde zur großen Rollbahn. Sowjetische Seestreitkräfte erschienen nur zögernd auf dem Plan. Ebenso blieb die feindliche U-Boottätigkeit erfolglos, obwohl sich eine beachtliche Zahl von sowjetischen Unterseebooten in der freien Ostsee befand.

Immer schwerer ins Gewicht fielen die sich ständig steigernden Luftangriffe. In der Narwabucht versenkten sowjetische Flieger drei Minensuch- und zwei Vorpostenboote. Das stark bestückte Flakschiff „Niobe" fiel einem Angriff von 130 Bombern, Torpedoflugzeugen und Jägern zum Opfer.

Bei der großen Oktoberoffensive 1944 gelang es den Truppen der 3. Weißrussischen Front, beiderseits Memel an die Ostseeküste und an das Kurische Haff durchzustoßen. Dadurch wurde die Kurlandarmee abgeschnitten. Aber damit hatte der Krieg im Osten zum ersten Male auf deutschen Reichsboden übergegriffen. Zum ersten Male kam es auch zu Flüchtlingsbewegungen größeren Ausmaßes. Der in letzter Minute erteilte Räumungsbefehl wurde anfangs von der Bevölkerung des Memellandes nur zögernd befolgt. So kam es dann, als die sowjetischen Panzerrudel auftauchten, zu überstürzten Fluchtbewegungen. Aber fast ein Drittel der ländlichen Bevölkerung fiel den Russen in die Hände und erlitt dabei das Schicksal der Vernichtung oder Verschleppung. Der Raum um die Stadt Memel wurde jedoch von deutschen Truppen gehalten.

Soweit sich die flüchtende Zivilbevölkerung nicht über die Kurische Nehrung in Sicherheit bringen konnte, wurde sie auf dem Seewege unter dem Schutz der 9. Sicherungsdivision abtransportiert. Hier kam es noch nicht zu den 1945 eingetretenen tumultartigen Stürmen auf die Rettungsschiffe, weil ein erheblicher Teil der Flüchtlinge noch rechtzeitig verschifft werden konnte. Es war eigentlich ein Schulbeispiel dafür, daß solche großen Transportunternehmen eine zeitgerechte Planung erfordern. Denn schon vor Beginn der Oktoberoffensive war mit der Evakuierung begonnen worden.

Als sich die sowjetischen Angriffsspitzen schon im Sommer der Stadt Memel bis auf 140 Kilometer näherten, machte sich der Chef der 24. U-Boot-Schulflotille, Fregattenkapitän Merten, pflichtgemäß Gedanken darüber, was mit seinen Schulbooten im Falle einer stärkeren Bedrohung zu tun sei. Bei den Parteistellen wollte man von Gefahr nichts wissen, die Auskünfte vom Heer waren unklar. Kurz entschlossen schickte er einige U-Boot-Offiziere mit Funktrupps an die Front und verschaffte sich so ein klares Bild über die Lage. Der Fregattenkapitän wandte sich direkt an seinen Oberbefehlshaber und legte ihm einen ungeschminkten Bericht vor. Großadmiral Dönitz reagierte umgehend und stattete den Flotillenchef mit allen Vollmachten aus, die Räumung des Landes, der Stadt und des Hafens in die Wege zu leiten. Trotz aller Einmischungsversuche der Gauleitung, die Merten sogar vor ein Kriegsgericht stellen lassen wollte, ließ der tatentschlossene Marineoffizier als erstes sechstausend Hitlerjungen, die zu Schanzarbeiten in der Kampfzone eingesetzt waren, zurückholen und über See abtransportieren.

Als im Oktober das Stadtgebiet von Memel nur noch ein von Resten dreier deutscher Divisionen verteidigter Brückenkopf geworden war, sind bereits sämtliche Frauen und Kinder in Sicherheit gebracht worden. Wie der Bericht des Marine-Oberkommandos Ost zu Jahresende 1944 feststellte, wurden aus Memel 51 000 Menschen, darunter 46 750 Zivilpersonen abtransportiert.

Es gelang den Sowjets trotz übermächtigen Kräfteeinsatzes nicht, Memel im Jahre 1944 zu erobern. Am 9. Oktober war die Lage für die Verteidiger bedrohlich geworden, weil die Sowjets östlich der Stadt einen tiefen Einbruch erzielt hatten. In den nächsten Tagen orgelten die Granaten der Kampfgruppe Thiele, zu der neben drei Zerstörern und vier Flottentorpedobooten die schweren Kreuzer „Prinz Eugen" und „Lützow" gehörten, über die Stadt hinweg in die gegnerischen Einbruchstellen. Gleichzeitig mußten sich die Kriegsschiffe gegen schwerste Luftangriffe wehren, denn die Sowjets hatten sehr wohl erkannt, daß ihr gefährlichster Gegner von See her kam. Als die Kampfgruppe Mitte Oktober unversehrt wieder ablief, war der bedrohliche Angriff zum Stehen gebracht worden. Der Abtransport der aus den Landgebieten in die Stadt geflüchteten Zivilpersonen konnte weiterlaufen.

*

Im letzten Halbjahr 1944 war für die Marine aus dem Nebenkriegsschauplatz Ostsee ein Hauptkriegsschauplatz geworden. Ferner trat ein absoluter Aufgabenwechsel ein, der ein radikales Umdenken erforderte. Es spricht für die Qualität der Kriegsmarine, angefangen vom Oberbefehlshaber bis hinunter zum einfachen Matrosen, daß dieses Umdenken schnell und nahtlos erfolgte. Abgesehen von der Besetzung Norwegens und einigen Mittelmeerunternehmungen zeigte die Marine, daß ihre Handlungsmöglichkeiten sich nicht allein in seestrategischen Planungen erschöpften.

Bis in den Sommer hinein bestand die Aufgabe der Marine darin, die sowjetischen Seestreitkräfte an einem Ausbruch in den freien Seeraum zu hindern. Solange sie diesen Auftrag erfüllte, waren die deutschen Küsten geschützt und das deutsche Vorfeld, besonders die Danziger Bucht, diente als ungestörter Übungsraum für die Ausbildung, vor allem für die U-Bootwaffe.

Mit Beginn der Sommeroffensive der Sowjets, bei der sie einen beträchtlichen Raumgewinn vor allem im Mittelabschnitt der Ostfront erzielten und mit dem Ausfall Finnlands fielen der Marine neue Aufgaben größten Umfanges zu. Fast die gesamte Versorgung der deutschen Heeresgruppe Nord mußte nun über den Seeweg laufen. Den Transport des Nachschubs sowie die Sicherung von Handelsschiffsgeleitzügen besorgte die 9. Sicherungsdivision, die, nachdem der langjährige Führer, Konteradmiral Böhmer, gefallen war, von Fregattenkapitän v. Blanc befehligt wurde. Truppentransporte kamen hinzu, als die Sowjets den Rigaischen Meerbusen eroberten. Zu den Hochleistungen dieses Zeitabschnittes gehört die von der 9. Sicherungsdivision durchgeführte Räumung der Halbinsel Sworbe bei steifem Südostwind und steiler See.

Je mehr sich der Krieg dem deutschen Heimatboden näherte, um so mehr stellte sich die Kriegsmarine auf die veränderten Verhältnisse um. Die Räumung von Memel ließ bereits ahnen, welche ungeheuren Probleme zu lösen waren, falls die Sowjets tiefer nach Ostpreußen eindringen würden.

Memel hatte aber auch ein gefährliches Beispiel geliefert. Die Räumung des Landes war zum ersten Male im August 1944 von den Zivilbehörden angeordnet worden. Der Befehl kam rechtzeitig, hatte aber psychologisch schreckliche Folgen, weil er zu früh kam. Die in die ostpreußischen Nachbarkreise geflüchteten Bauern kehrten, als der sowjetische Einbruch nicht erfolgte, wieder zurück. Recht schienen damit alle die bekommen zu haben, die da meinten, es würde alles doch nicht so schlimm mit der roten Gefahr. Hier entstand eine gefährliche Rechtfertigung für Durchhalteparolen. Als der zweite Räumungsbefehl am 9. Oktober kam, zögerten in den Landgebieten viele Menschen, ihm zu folgen. Sie mußten bitter dafür büßen.

Nemmersdorf

Noch keine vier Wochen waren vergangen, seit Jan Godlewski im sinnlosen Kampf um Warschau gefallen war. Die Todesuhr aber für Johannes Grimm in Ostpreußen tickte noch bis zum 20. Oktober. Als er am Abend zuvor im Osten Gefechtslärm hörte und aus der Richtung Großwaltersdorf den Feuerschein zahlreicher Brände sah, ließ er auf seinem Hof, dem Schroeders-Hof, unweit von Nemmersdorf gelegen, die Treckwagen fertig beladen. Außer seiner Mutter, seiner Schwiegermutter, seiner Frau Margot und den zwei Kindern befanden sich noch zehn polnische Arbeiter und sechs polnische Frauen mit ihren Kindern auf dem Hof. Alle wollten zusammen fortziehen.

Am frühen Morgen herrschte starker Nebel. Undeutlich war das Brummen schwerer Motoren zu hören. Der Treck setzte sich in Bewegung, an der Spitze saßen in einer geschlossenen Kutsche Grimms Mutter und Schwiegermutter und die beiden Kinder. In diesem Augenblick tauchten aus dem Nebel zahlreiche Gestalten auf und liefen auf den anfahrenden Wagenzug zu. Rotarmisten. Mit vorgehaltenem Gewehr wurden die Zivilpersonen gezwungen, vom Wagen wieder abzusteigen. Nur die Kutsche jagte davon, obwohl die Sowjets sofort das Feuer eröffneten. Vom Nebel begünstigt konnte das Fahrzeug jedoch entkommen.

Die Russen umringten die Zurückbleibenden und brüllten. Einer der Polen, der die Sprache verstand, flüsterte Frau Grimm zu, daß die Sowjets alle Deutschen umbringen wollten. Zuerst einmal nahmen sie allen Männern die Uhren fort, dann führten sie Johannes Grimm einige Schritte beiseite. Ehe seine Frau diesen Vorgang richtig begreifen konnte, knallte es, und sie sah ihren Mann stürzen. Rotarmisten hatten ihn durch den Kopf geschossen.

Frau Grimm erzählte später:

„Einige Polen, welche aus Warschau stammen, wollen sie auch noch erschießen, lassen dann aber doch ab. Nun werden die Wagen und alle Gebäude durchsucht und, soweit es geht, alle Dinge vernichtet. Während dieser Zeit ziehen mir die Polen schlechte Sachen an, binden mir ein Tuch um und machen mich unkenntlich. Sie nennen mir einen polnischen Ort, geben mir einen polnischen Namen. Ich solle kein Wort Deutsch sprechen. Zum Glück beherrsche ich einen Teil der polnischen Sprache. Sie halten mich außerdem im Hintergrund. Ringsum werden wir von Russen bewacht, damit wir nicht fliehen können.

Wir sind ins Leutehaus gegangen. Es dauert nicht lange, da kommen mehrere Russen zu uns und fragen, ob wir Deutsche sind. Doch die Polen verneinen diese Frage, obwohl die Russen ihnen mit dem Leben drohen, wenn sie Deutsche versteckt halten. Ein Russe beobachtet mich eine Weile, ohne etwas zu sprechen, wird jedoch abgelenkt, da die anderen russischen Soldaten weiter nach Nemmersdorf stürmen. In den nächsten zwei Tagen gehen die Russen hin und her, ohne sich um uns zu kümmern, da wir uns im Leutehaus hinter einer beschädigten Mauer befinden und die Russen hier keine Menschen vermuten.

Nach zwei Tagen sehe ich einen deutschen Soldaten. Er will mir zur gegebenen Zeit zur Flucht verhelfen. Am folgenden Tage erscheinen weitere deutsche Soldaten. Gerade, als ich mit den Polen in unserem Park meinen Ehemann beerdigt hatte. Sie raten mir zur sofortigen Flucht, da der Russe in Nemmersdorf alle Menschen getötet habe und wohl auch bald wieder bis hierher kommen wird.

Trotz großer Fliegertätigkeit sind wir in Abständen mit mehreren Wagen den Feldweg nach Kieselkehmen bis nach Sodehnen und später Danzig gekommen."

Was sich in dem benachbarten Nemmersdorf wirklich zugetragen hatte, sollten deutsche Soldaten mit Entsetzen feststellen, als sie nach wenigen Tagen den Ort zurückeroberten. Die Rotarmisten hatten dort Taten begangen, die selbst eine krankhafte Phantasie sich auszumalen weigern würde.

Der Hauptmann der Reserve Herminghaus berichtete: „Den deutschen Soldaten bot sich bei der Rückgewinnung in dem Orte Nemmersdorf ein grauenvolles Bild, das erstmalig in eindeutiger Form dem deutschen Volke zeigte, was jeder einzelne zu erwarten hatte, wenn die russischen Soldaten Gewalt über ihn haben.

Es wurden die in dem Dorf überraschten Frauen, darunter auch einige Ordensschwestern, nach der Eroberung durch die Russen zusammengetrieben, vergewaltigt und übel zugerichtet. Dann sind die Frauen auf bestialische Art und Weise erstochen oder erschossen worden. Das übertraf an Scheußlichkeit alle bisher erlebten Kampfeindrücke."

Im großen Durchlaß eines Vorflutgrabens hatten sich außer einigen alten Männern vorwiegend Frauen mit ihren Kindern versteckt. Wieviele es waren, ist nicht überliefert. Als die Russen die Hilflosen entdeckten, schossen sie mit Maschinenpistolen hinein und warfen Handgranaten hinterher — bis alle tot waren.

In einer eidesstattlichen Erklärung, die zur Vorlage beim Internationalen Militärgericht in Nürnberg bestimmt war, sagte Dr. phil. Heinrich Amberger, wohnhaft in Kirn an der Nahe, zu den Nemmersdorfer Morden folgendes aus:

„Ich war im Oktober 1944 Oberleutnant d. R., Chef der 13. Kompanie des Fallschirm-Panzergrenadier-Regimentes 2 ‚Hermann Göring‘, das damals im Memel-Brückenkopf Kuckerneese eingesetzt worden war. Mitte Oktober wurde das Regiment herausgezogen und zum Gegenangriff im Raum südlich Gumbinnen/ Insterburg eingesetzt...

Die bereits vorher umlaufenden Gerüchte über die Niedermetzelung der deutschen Zivilbevölkerung durch die Russen fand ich dort voll bestätigt. Ich sah auf der durch Nemmersdorf hindurchführenden Landstraße Gumbinnen-Angerapp, in unmittelbarer Nähe der über das Flüßchen Angerapp führenden Straßenbrücke, einen von russischen Panzern zusammengefahrenen Flüchtlingstreck, von dem nicht nur die Fahrzeuge und Zugtiere, sondern auch eine große Anzahl von Zivilisten, vorwiegend Frauen und Kinder, durch die russischen Panzer plattgewalzt waren. Am Straßenrand und in den Höfen der Häuser lagen massenhaft Leichen von Zivilisten, die augenscheinlich nicht durch Kampfhandlungen getötet, sondern planmäßig ermordet worden waren...

Am Straßenrand saß, zusammengekauert, eine durch Genickschuß getötete alte Frau. Nicht weit davon lag ein mehrere Monate alter Säugling, der durch einen Nahschuß durch die

Stirn (starkverbrannter Einschuß, faustgroßer Ausschuß am Hinterkopf) ermordet worden war. Eine Anzahl Männer, die keine weiteren tödlichen Verletzungen aufwiesen, waren durch Schläge, wohl mit Spaten oder Gewehrkolben, in das völlig zertrümmerte Gesicht getötet worden. In mindestens einem Fall war ein Mann an ein Scheunentor genagelt worden.

Aber nicht nur in Nemmersdorf selbst, sondern auch in den benachbarten, zwischen Angerapp und Rominten gelegenen Ortschaften, die bei dem gleichen Gegenangriff von russischen Truppen gesäubert wurden, wurden zahllose gleichartige Fälle festgestellt. Lebende deutsche Zivilisten habe ich weder in Nemmersdorf, noch in den Nachbarortschaften mehr angetroffen, obschon von dort infolge der überraschenden russischen Panzervorstöße keine nennenswerte Zahl von Flüchtlingen hat fortkommen können..."

Nach dem Kriege erklärte Generalmajor Dethleffsen, ehemaliger Chef des Stabes der in Ostpreußen eingesetzten 4. Armee, vor einem amerikanischen Gericht in Neu-Ulm zu diesen Schreckenstaten:

„Als im Oktober 1944 russische Verbände vorübergehend bis Nemmersdorf vorstießen, wurde in einer größeren Anzahl von Ortschaften südlich Gumbinnen die Zivilbevölkerung z. T. nach Martern wie Annageln an Scheunentore durch russische Soldaten erschossen. Eine große Anzahl von Frauen wurde vorher vergewaltigt. Dabei sind auch etwa 50 französische Kriegsgefangene durch russische Soldaten erschossen worden. Die betreffenden Ortschaften waren 48 Stunden später wieder in deutscher Hand..."

Im Bundesarchiv liegt die Aussage des Volkssturmmannes P. aus Königsberg. Seine Einheit war bei dem deutschen Gegenstoß zur Abriegelung des feindlichen Einbruchs eingesetzt. Über seine Erlebnisse berichtete er:

„Meine Volkssturmkompanie erhielt dann den Befehl, in Nemmersdorf aufzuräumen. Bereits kurz vor Nemmersdorf (Richtung Sodehnen-Nemmersdorf) fanden wir schon zerstörtes Flüchtlingsgepäck und umgeworfene Wagen. In Nemmersdorf selbst fanden wir den geschlossenen Flüchtlingstreck. Alle Wagen waren durch die Panzer vollständig zerstört und lagen am Straßenrand oder im Graben. Das Gepäck war geplündert, zerschlagen oder zerrissen, also vollständig vernichtet.

Dieser Flüchtlingstreck war aus der Gegend Ebenrode und Gumbinnen. Ich stellte dieses beim Aufräumen fest. Im Straßengraben fand ich ein Männerjackett. Aus der Brusttasche ragte ein Stück weißes Papier heraus. Nicht Neugierde, sondern tiefstes Mitleid mit diesen armen Menschen ließ mir keine Ruhe, nachzusehen, was es war. Es ist gut, daß ich es getan habe. Es war ein Briefumschlag mit der Aufschrift: Schmiedemeister Grohnwald, Gumbinnen. In dem Umschlag steckten 5 Zwanzigmarkscheine. Diese steckte ich in den Umschlag zurück in der Hoffnung, daß der Besitzer doch noch einmal zurückkommt. Das ganze Flüchtlingsgut wurde gesammelt und in die Dorfkirche getragen. Von der Zivilbevölkerung haben wir nichts gefunden.

Am Dorfrand in Richtung Sodehnen-Nemmersdorf steht auf der linken Straßenseite ein großes Gasthaus „Weißer Krug", rechts davon geht eine Straße ab, die zu den umliegenden Gehöften führt. An dem ersten Gehöft, links von dieser Straße, stand ein Leiterwagen. An diesem waren vier nackte Frauen in gekreuzigter Stellung durch die Hände genagelt.

Hinter dem „Weißen Krug" in Richtung Gumbinnen ist ein freier Platz mit dem Denkmal des Unbekannten Soldaten. Hinter diesem freien Platz steht wiederum ein großes Gasthaus „Roter Krug". An diesem Gasthaus stand längs der Straße eine Scheune. An beide Scheunentüren war je eine Frau, nackt in gekreuzigter Stellung, durch die Hände angenagelt. Weiter fanden wir dann in den Wohnungen insgesamt 72 Frauen einschließlich Kinder und einen alten Mann von 74 Jahren, die sämtlich tot waren, fast ausschließlich bestialisch ermordet bis auf nur wenige, die Genickschüsse aufwiesen.

Unter den Toten befanden sich auch Kinder im Windelalter, denen mit einem harten Gegenstand der Schädel eingeschlagen war. In einer Stube fanden wir auf einem Sofa in sitzender Stellung eine alte Frau von 84 Jahren vor, die vollkommen erblindet (gewesen) und bereits tot war. Dieser Toten fehlte der halbe Kopf, der anscheinend mit einer Axt oder Spaten von oben nach dem Halse weggespalten war.

Diese Leichen mußten wir auf den Dorffriedhof tragen, wo sie dann liegen blieben, weil eine ausländische Ärzte-Kommission sich zur Besichtigung der Leichen angemeldet hatte. So lagen diese Leichen dann drei Tage, ohne daß diese Kommission erschien. Inzwischen kam eine Krankenschwester aus Insterburg, die in Nemmersdorf beheimatet war und hier ihre Eltern suchte. Unter den Ermordeten fand sie ihre Mutter von 72 Jahren und auch ihren alten schwachen Vater von 74 Jahren, der als einziger Mann zu diesen Toten gehörte. Diese Schwester stellte dann fest, daß alle Toten Nemmersdorfer waren.

Am vierten Tage wurden dann die Leichen in zwei Gräbern beigesetzt. Erst am nächsten Tage erschien die Ärzte-Kommission, und die Gräber mußten noch einmal geöffnet werden. Es wurden Scheunentore und Böcke herbeigeschafft, um die Leichen aufzubahren, damit die Kommission sie untersuchen konnte. Einstimmig wurde dann festgestellt, daß sämtliche Frauen wie Mädchen von 8-12 Jahren vergewaltigt waren, auch die alte blinde Frau von 84 Jahren. Nach der Besichtigung durch die Kommission wurden die Leichen endgültig beigesetzt."

An der Identifizierung der Opfer war die aus Nemmersdorf stammende Frau Erika Feller beteiligt. Auch aus ihrem Bericht geht hervor, daß es sich bei den Niedergemetzelten vorwiegend um ältere Menschen gehandelt hat.

„Unter den Getöteten sind mir noch bekannt: Fräulein Bertha Aschmoneit, 70 Jahre, der Viehhändler Brosius, ca. 55 Jahre, das Ehepaar Wagner, ca. 65 Jahre, das Ehepaar Hobeck, ca. 60 Jahre, Frau Klaus, Frau Hilgermann, ca. 60 Jahre, zwei bis drei Arbeiterfamilien von Hundsdörfer Erszerischke, die es wagten, durch den Fluß zu gehen, um sich zu retten. Herr Kalcher, Reckeln, hatte einen Bauchschuß erhalten. Seine Frau und Tochter hatten ihn in seinem Hause auf ein Bett gelegt. Beide Frauen waren dann auf Anraten von Herrn Kalcher auf die Flucht gegangen. Als sie nach der Befreiung des Hofes wieder nach Hause kamen, fanden sie auf dem Bett einen vollkommen zerstückelten, unkenntlichen Toten."

In einem im Bundesarchiv verwahrten Bericht über die Vorkommnisse im Umkreis von Nemmersdorf wird festgestellt, daß im Vorwerk Wusterwitz und in Schulzenwalde etwa 50 ermordete Zivilpersonen gefunden wurden. Im Torfbruch bei Schulzenwalde wurden weitere 35 Tote, darunter auch französische Kriegsgefangene, entdeckt.

Über die Gefühle, die die deutschen Soldaten angesichts dieser Ereignisse beherrschten, berichten die Aufzeichnungen von Fritz Leimbach:

„... Als die Russen auf Nemmersdorf vorrückten, haben sie der deutschen Bevölkerung in deutscher Sprache zugerufen, daß ihnen nichts geschehen würde, daß sie sich nur ruhig verhalten und nicht davonlaufen sollten. Die, die daran geglaubt haben, vermögen nichts mehr auszusagen...

Als dann — nach den Greueln in Nemmersdorf — noch eine überrumpelte Feldwache gefunden wird, deren Männern man die Gurgeln durchgeschnitten hat, ist in keinem von uns das Gefühl des Abscheus und der Rache mehr zu unterdrücken. In jenen Stunden wäre wohl auch bedenkenlos jeder Feind mit erhobenen Händen niedergemacht worden.

In jenen Tagen schreibe ich einen Brief nach Hause, daß es unverantwortlich sei, einem russischen Soldaten Gnade zu gewähren. Doch als wir am nächsten Tage zwei schwerverwundete russische Soldaten auf dem Felde finden, schlagen wir sie nicht tot... Die Kameraden, denen diese beiden Russen mit fieberglänzenden Augen entgegensehen, sind vielleicht nicht einmal gläubige Christen, aber sie überführen die Schwerverwundeten in das nächste Lazarett. Vielleicht sind es Russen, die an den Greueln von Nemmersdorf beteiligt gewesen sind. Aber sie sind hilflos und verwundet. An ihnen gilt es, eine menschliche und selbstverständliche Pflicht zu erfüllen."

... namens Ilja E.

In den letzten Kriegsmonaten, erst recht nach Beendigung der Kampfhandlungen, ging über die Welt und besonders über das besiegte Deutschland eine ungeheure Propagandawoge über von Deutschen begangene Untaten während des Krieges hinweg. Diese Woge ist auch nach fünfundzwanzig Jahren nicht verebbt. Mußte sie in der ersten Zeit die moralische Rechtfertigung für jeden politischen, rechtlichen und sonstigen Willkürakt liefern, so schwemmte sie später jeden Versuch eines Protestes oder einer Richtigstellung hinweg. Bis in die gegenwärtige Zeit hinein mußten diese zum handfesten Argument aufgewerteten Propagandafakten als Deckmantel für politische Entscheidungen dienen.

Ein Krieg, vor allem in seiner modernen Erscheinungsform, bringt grausame und unmenschliche Handlungen hervor. Das beginnt mit Brandbomben auf zivile Städte, mit dem System der „Verbrannten Erde", mit Partisanenmorden und Vergeltungsaktionen, mit Verfolgung und Tötung von Zivilpersonen, die anderen Volkes oder anderer Rasse sind. Die Deutschen haben ihren Anteil daran — die anderen aber nicht weniger. Wenn solche Taten nur einer Seite, zu durchaus durchsichtigen Zwecken, angelastet werden, dann hat das mit moralischer Entrüstung nichts mehr zu tun, sondern ist ganz einfach Vergiftung. Und gerade, weil das so geschehen ist und auch immer weiter geschieht, deshalb wird Nemmersdorf verschwiegen.

Was Nemmersdorf aber heraushebt aus allem, ist die unanfechtbare Dokumentation über die Vorgänge und die Tatsache, daß es im ganzen Kriege nichts vergleichbares gegeben hat. Die Nemmersdorfer Morde sind an Blutdurst, Bestialität und Sadismus nicht zu übertreffen. Über die Ortschaften, die nicht zurückerobert werden konnten, hat sich ein Leichentuch gelegt. Es gibt keine Informationen. Man kann nur vermuten und unterstellen, daß es dort nicht anders zugegangen ist.

Solche Nemmersdorfs gab es noch mehr auf deutschem Boden, in Ostpreußen, in Westpreußen, in Pommern, in Schlesien und im Sudetenland. Dieses Nemmersdorf im Kreise Gumbinnen aber mag für alle anderen stehen.

Bei den gefallenen russischen Soldaten im Oktober 1944 wurden blaßbläuliche Handzettel in der Größe etwa eines Briefumschlages gefunden. Die Texte waren in kyrillischer Schrift gedruckt. Diese Zettel, die eine Mitteilung oder einen Aufruf zu enthalten schienen, trugen die Zeichen einer eiligen Anfertigung. Die meisten deutschen Soldaten warfen die Blätter, die sie doch nicht lesen konnten, wieder fort. Lediglich die Einheitsführer schickten routinemäßig einige Exemplare auf dem Dienstwege an die höheren Stäbe. Erst als die Dolmetscher der Sachbearbeiter für die Feindlage sie übersetzt hatten, wurde klar, daß diese Zettel in einem Zusammenhang mit den Ereignissen in Nemmersdorf standen.

Sie enthielten einen vor Fanatismus schäumenden Aufruf zum Mord. Verfasser war der sowjetische Schriftsteller Ilja Ehrenburg. Der Text lautete:

„Tötet, Tötet! Es gibt nichts, was an den Deutschen unschuldig ist, die Lebenden nicht und die Ungeborenen nicht! Folgt der Weisung des Genossen Stalin und zerstampft für immer das faschistische Tier in seiner Höhle. Brecht mit Gewalt den Rassenhochmut der germanischen Frauen. Nehmt sie als rechtmäßige Beute. Tötet, ihr tapferen, vorwärtsstürmenden Rotarmisten!"

Nun wurde klar, daß Nemmersdorf nicht die unkontrollierte Tat entfesselter Unmenschen war, sondern einer vorbedachten Richtlinie entsprach.

Keine Armee der Welt ist sicher davor, in ihren Reihen auch Verbrecher zu haben, die in der Ausnahmesituation eines Krieges ihre kriminellen Eigenschaften ungehemmt entwickeln. Solange es aber Unteroffiziere und Offiziere gibt, die diese Bezeichnung verdienen, bleiben solche verbrecherischen Handlungen auf Einzeltaten beschränkt. In Nemmersdorf fand nicht ein einfaches stupides Niederknallen von ganzen Zivilistengruppen statt, sondern eine sadistische, sexuelle Schlachtorgie, die sich über einen längeren Zeitraum erstreckte.

Die aufgefundenen Texte wurden sofort an die obersten Dienststellen weitergegeben. Dort waren sie jedoch schon seit einigen Tagen bekannt. Man hatte sie aus den Sendungen von Radio Wilna aufgenommen. Die deutsche Propaganda hatte sie allerdings aus zwei Gründen nicht ausgewertet. Einmal war bekannt, daß Ilja Ehrenburg seit 1941 laufend solche Haßtiraden produzierte. Die Gesamtzahl wurde nach dem Kriege auf etwa 3 000 geschätzt. Darunter befanden sich Aufrufe wie „Es gibt jetzt nicht Bücher, nicht Liebe, nicht Sterne, nichts als den einzigen Gedanken: die Deutschen zu töten. Sie alle zu töten. Sie zu vergraben" oder „Es gibt nichts Schöneres für uns als deutsche Leichen. Töte den Deutschen! — bittet dich die alte Mutter. Töte den Deutschen! — fleht dich das Kind an." Die deutsche Propaganda verschwieg diese Aufrufe zum anderen, weil sie keine Panikstimmung hervorrufen und die Menschen zur überstürzten Flucht veranlassen wollte. Denn eine ungeregelte Flucht (man hing damals noch dem Irrglauben an, daß es im Notfalle eine gut organisierte Evakuierung geben könnte) würde die Straßen verstopfen und die eigenen Truppenbewegungen beeinträchtigen. Dieses militärische Kalkül einerseits und diese Fehleinschätzung Ehrenburgs andererseits, den Lenin einmal die „literarische Hure für jedermann" genannt haben soll, wurde zum Verhängnis für diejenigen, die in die Gewalt der Rotarmisten gerieten.

Nun aber, da offenkundig geworden war, daß es sich bei Ehrenburgs Aufrufen nicht nur um den Geifer eines kranken Gehirns, wie es bisher abgetan wurde, handelte, sondern um den Teil eines vorbedachten Planes, gab die politische Aufklärung in Deutschland ihre bisherige Zurückhaltung auf. Die deutsche und die ausländische Öffentlichkeit wurde in größtem Umfange, soweit das damals möglich war, über Nemmersdorf mit allen Mitteln, die der Publizistik zur Verfügung standen, unterrichtet.

Nach dem gegenwärtigen Stand der Erkenntnisse wurde dieser Aufruf von Ehrenburg Mitte Oktober 1944 in Kowno entworfen, wo der Verfasser sich als Agitprop der 3. weißrussischen Front des Generalobersten Tschernjakowskij befand. Er sollte ursprünglich den sowjetischen Truppen mit dem Angriffsbefehl zusammen verlesen werden, wie es bisher Brauch war. Der militärische Aufmarsch war jedoch schon beendet, die Angriffsbefehle befanden sich bereits bei den Truppenführern. Deshalb wurde der Aufruf eiligst gedruckt und per Kurier nach vorn geschickt. Er traf in vielen Fällen erst nach Angriffsbeginn ein. Ferner wurde er über Radio Wilna ausgestrahlt, konnte damit aber die im Einsatz befindliche Truppe kaum erfassen.

Tschernjakowskij versprach sich davon eine bedeutende militärische Wirkung. Er hatte den Befehl, die deutsche Front in seinem Abschnitt zu zerschlagen, bis Königsberg vorzustoßen und die Hauptstadt Ostpreußens zu erobern. Er rechnete damit, daß die deutsche Zivilbevölkerung in panischer Angst ziellos flüchten und die rückwärtigen Verbindungen der deutschen Front in ein Verkehrschaos stürzen würde. Er wünschte das zu erreichen, was bei dem Einbruch in das Memelland nicht gelungen war, nämlich durch eine überstürzte Fluchtbewegung die militärische Mobilität des Gegners entscheidend und schlagartig zu lähmen.

Ehrenburg selber verband mit diesen Absichten auch andere Ziele. Abgesehen von der Aufpeitschung der Rotarmisten ging es ihm auch um das politische Endziel der sowjetischen Expansionspolitik, nämlich den deutschen Boden von deutschen Bewohnern noch vor Kriegsende zu „säubern". So wie es kurz zuvor schon Vertreter der sowjetpolnischen Regierung als Zusage Stalins unverhüllt geäußert hatten. Die Mittel dazu konnten nur Mord, Flucht, Vertreibung und Deportation sein.

Die Rechnung Tschernjakowskijs und Ehrenburgs ging in diesem Falle noch nicht auf, weil sie nur in den besetzten Orten blutig bezahlt wurde. Diejenigen aber, die schon vorher von Schrecken gejagt werden sollten, kannten weder die grausige Folge des Aufrufs noch den Aufruf selbst. Die technischen Verzögerungen bei der Verbreitung des Hetzbefehls hatten gerade noch die Verteilung bei den sowjetischen Truppen zugelassen, aber eine agitatorische deutschsprachige Wirkung konnte in der Kürze der Zeit nicht erreicht werden. Und die deutsche Propaganda schwieg dazu — bis Nemmersdorf.

*

Erst nach dem Kriege wurde offenbar, welche Rolle alle diese Aufrufe Ehrenburgs in der Sowjetunion gespielt hatten. So schrieb 1961 anläßlich der Ehrungen des Propagandisten und Literaten Ehrenburg zu seinem 70. Geburtstag die Moskauer Zeitung „Trud": „Man las sie in den Schützengräben, in Partisanenwäldern, in Verteidigungsanlagen, in den Industriewerken und Fabriken in der Heimat." „Man las die Artikel Ehrenburgs den Truppen vor Beginn des Angriffs vor", wußte die Zeitung „Snamja" zu berichten.

Diese Anerkennung fand Ehrenburg jedoch nicht überall. Vor allem in den Kreisen der höheren Truppenkommandeure gab es Ablehnung und Proteste. Es gab Beschwerden von Offizieren unterer Dienstgrade, die ihre soldatische und politische Ehre besudelt fühlten. Es gab Regimentskommandeure, die einen Angriffsbefehl nicht weiterführen konnten, weil die Bande der Disziplin gefährlich gelockert worden waren. Ganze Einheiten trafen zu spät ein, weil sich die Rotarmisten mit Mord, Vergewaltigung und Plünderung beschäftigt hatten. Wurden sie zur Verantwortung gezogen, zeigten sie zur Rechtfertigung den Aufruf Ehrenburgs vor.

Der schärfste Gegner Ehrenburgs war Marschall Schukow, der die demoralisierende Wirkung einer derartigen Beeinflussung der Truppe erkannt hatte. In einem späteren Vortrag vor Kadetten der „Frunse-Akademie" machte er Ehrenburg für die Greueltaten der sowjetischen Armee im Jahre 1945 in Deutschland verantwortlich. Sie stellten nach seiner Auffassung eine Sabotage der sozialistischen Erfolge dar und hätten deren Ansehen damit schwer geschädigt.

Der spätere westdeutsche Bundeskanzler Willy Brandt schrieb nach 1945 in einer norwegischen Publikation: „Ehrenburgs weitgehende Schreibereien wurden noch vor Kriegsende von führender Parteiseite desavouiert." Willy Brandt meinte dabei sicherlich die Einstellung Marschall Schukows. Dieser hatte nach seiner eigenen Darstellung damals einen kritischen Artikel in der „Prawda" verfaßt. Er erschien unter dem Titel „Genosse Ehrenburg übertreibt", als Verfasser zeichnete Sergej Alexandrow. In diesem kurz vor der Kapitulation Deutschlands erschienenen Aufsatz heißt es unter anderem: „Jeder, der seine (Ehrenburgs) Artikel liest, muß erkennen, daß sie falsch konzipiert und grundsätzlich verkehrt sind; Ehrenburgs Auffassungen stellen eine

Abart des mit dem Sowjetgeist nicht zu vereinbarenden Faschismus und Rassenhaß dar." Willy Brandt schätzt die unverhohlene Ablehnung durchaus gewichtiger Kreise zu hoch ein, wenn er darin eine Desavouierung von führender Parteiseite erblickt. Sicher war Ehrenburg in dieser Zeit, in der sich auch die Sowjetunion anschickte, am Nürnberger Tribunal als Richternation teilzunehmen, ein Zeitgenosse, den man nicht gerne vorzeigte. Man könnte daher die Desavouierung besser als ein Zurückpfeifen bezeichnen.

Immerhin wurde Ilja Ehrenburg 1946 in den Obersten Sowjet berufen, für seine Kriegspublizistik wurde er 1949 mit dem Lenin-Orden ausgezeichnet, 1953 erhielt er den Stalin-Friedenspreis.

Später hat Ehrenburg versucht, die Urheberschaft an dem Aufruf zu bestreiten. Er ging sogar so weit, zu behaupten, daß Dr. Goebbels ihn erfunden hätte. Es ist dieses eine reine Zweckbehauptung, weil es ihm um seine Reputation bei beabsichtigten Westeuropareisen ging. Es gibt aus seiner Feder Tausende von Haß- und Mordappellen, die vom gleichen Geist und gleicher Sprache sind.

Und Nemmersdorf war ja der Vollzug dieses Aufrufes, den der Rotarmist wie einen Befehl verstand.

Ilja Ehrenburg hat seinen Teil dazu beigetragen, daß der sowjetische Plan, die Erde Ostdeutschlands von Deutschen zu „säubern" weitgehend in Erfüllung ging. Auch seiner Tätigkeit war es zuzuschreiben, daß Stalin bei der Potsdamer Konferenz seinen Alliierten erklären konnte, der deutsche Osten sei fast ganz entvölkert, weil die ehemals dort Ansässigen vor der Roten Armee fortgelaufen seien.

Zeittafel I

30. 7. 41   Abschluß des polnisch-sowjetischen Bündnisvertrages. (SU: Die deutsch-sowjetischen Verträge von 1939 haben ihre Gültigkeit verloren.)

14. 8. 41   Verkündung der Atlantik-Charta (keine Annexionen).

26. 4. 43   Die Deutschen entdecken Massengräber bei Katyn.

28. 11. —   Konferenz von Teheran. Annexion Ostpolens be-
1. 12. 43   schlossen.

31. 12. 43   Gründung des „National-Rates" in Warschau. Bierut, Spychalski, Gomulka. Vorstufe zur sowjetpolnischen Satelliten-Regierung.

4. 1. 44   Rote Armee überschreitet bei Sarny die alte polnische Grenze.

22. 6. 44   Sowjetische Großoffensive gegen Heeresgruppe Mitte.

20. 7. 44   Rote Armee überschreitet die polnische Grenzlinie des deutsch-sowjetischen Paktes von 1939 und der Teheraner Vereinbarungen.

22. 7. 44   In einem Aufruf erklärt sich die sowjetpolnische Satelliten-Regierung in Chelm als alleinige Inhaberin der legalen Gewalt.

1. 8. —   Warschauer Aufstand. General Bor-Komarowski.

2. 10. 44   Stadt zu drei Viertel zerstört. 250 000 Tote.

5. 10. 44   Sowjet-Offensive Richtung Memel. Räumung der Stadt von Zivilisten (7. 10.).

9. 10. 44   Sowjetischer Einbruch ins Memelland.

16. 10. 44   Groß-Offensive der 3. Weißrussischen Front gegen Ostpreußen. Eydtkau, Wirballen, Ebenrode und die Rominter Heide gehen verloren. 11. Sowjetische Gardearmee stößt durch bis Nemmersdorf.

Der letzte Akt beginnt

Menschen in Landnot

Ü ber dem Lande lag in diesen Tagen eine seltsam anrührende, unwirkliche Stimmung, obwohl sich alle, die ich traf, zu bemühen schienen, den Eindruck von Unbesorgtheit hervorzurufen", erzählte ein Marineoffizier, der sich kurz vor Weihnachten 1944 bei einer Dienstreise für einen Tag in Rastenburg aufhielt. Er war bis dahin im Westen eingesetzt gewesen. Sein Wissen über den Krieg im Osten ging nur wenig über das hinaus, was in allgemeinen Publikationsmitteln und in den Truppeninformationen berichtet wurde.

„Die Verdunklung wurde lässiger eingehalten als in den Städten westlich von Berlin. Gegen Abend aß ich in einem Restaurant in der Stadtmitte. Ohne viel Überredung bekam ich Gänsebraten mit Rotkohl. Draußen über den Platz rollten unablässig vollbepackte Wagen, auf denen dicht vermummte Menschen unbeweglich saßen. Gleichmütig zogen die Pferde ihre Last.

Auf Befragen erfuhr ich, daß es Bewohner aus den bedrohten Grenzkreisen seien, die vorübergehend in mehr im Landinneren gelegene Landkreise evakuiert würden. Alle Antworten, die ich erhielt, waren in einer Art gehalten, wie man etwa kleine Unbequemlichkeiten behandelt. Ich konnte nicht beurteilen, ob diese lässige Sorglosigkeit echt oder nur gespielt war. Denn im Westen Deutschlands und Europas hatte ich mehr als genug Menschen gesehen, die ihr Heim verloren hatten oder auf der Flucht vor der Furie des Krieges waren, und da war die allgemeine Reaktion anders.

Unterkunft für die Nacht fand ich in der Kaserne einer SS-Panzerjäger-Abteilung. Mein Zimmergenosse war ein hochdekorierter Hauptsturmführer, der von Anbeginn an im Osten gestanden hatte. Als ich mich schlafen legen wollte, entdeckte ich plötzlich, was mich die ganze Zeit im Unterbewußtsein beunruhigt hatte, denn in den letzten vier Jahren hatte ich nur mit ausgespannten Antennen gelebt. Es war ein dumpfes Rumpeln und immerwährendes Wummern, das ich nun ganz deutlich hörte. Dieses Geräusch war mir nur zu gut von der Kanalküste her bekannt.

Um sicher zu gehen, fragte ich meinen Zimmernachbarn, der gerade im Begriffe war, einzuschlafen. ,Ach, das ist die Front bei Goldap und Gumbinnen, übrigens gar nicht sehr weit weg', sagte der Hauptsturmführer gleichmütig, ,aber das hat nichts weiter auf sich.'

Als ich am anderen Morgen auf dem Bahnsteig stand und auf den Zug nach Berlin wartete, sah ich viele Leute mit zahlreichen Gepäckstücken. Auch sie warteten auf Züge in den Westen. Es waren alles Menschen, die einmal aus den bombenbedrohten Gebieten in Mittel- und Westdeutschland in den Luftschutzkellern Deutschlands, Ostpreußen, evakuiert worden waren. Nun kehrten sie freiwillig in ihre Heimat zurück. Auch diese Menschen hatten in zahlreichen Bombennächten gelernt, mit angespannten Antennen zu leben. Sie hatten jetzt gewittert, daß die Sicherheit Ostpreußens eine dünne Oberfläche bekommen hatte."

Wenig später hob sich der Vorhang zum letzten Akt des Dramas, das 115 Tage dauern sollte. Ein Drama, in dem Millionen von Menschen in Landnot gerieten — ein Drama, bei dem das Wasser sicherere Balken hatte als die Erde.

In der ersten Januarhälfte des neuen Jahres war der sowjetische Aufmarsch beendet. Man wartete nur noch auf günstiges Wetter. Neuschnee war gefallen. Dann sank das Thermometer unaufhaltsam. Eine klirrende Kälte durchzog das Land. Die Stunde war gekommen. Der Sturm brach mit einem bisher nie gekannten Trommelfeuer los.

Am 13. Januar durchbrachen Truppen der 3. weißrussischen Front, 7 Armeen mit etwa 55 Divisionen, die deutschen Linien nördlich von Gumbinnen und stießen an Insterburg vorbei in Richtung Königsberg vor. Die Stoßrichtung war die gleiche wie bei der steckengebliebenen Oktoberoffensive.

Auf der linken Flanke dieser Angriffsbewegung begann am 15. Januar die 2. weißrussische Front, 6 Armeen und 5 Panzerkorps mit insgesamt 55 Divisionen, aus dem Brückenkopf Pultusk die Offensive mit der Stoßrichtung auf die Weichselmündung. Am 25. Januar erreichten die Truppen Elbing, am 27. Januar Tolkemit am Frischen Haff. Damit war für die deutschen Truppen die Verbindung nach Westen unterbrochen. Damit war aber auch der Landweg für die in westlicher Richtung hetzenden Flüchtlingsströme versperrt. Bei diesen großräumigen Angriffsoperationen fielen rund 500 000 Ostpreußen in sowjetische Hand.

Am 20. Januar begann die dritte Offensive von Norden her auf Ostpreußen. Die 43. Armee der 1. baltischen Front griff mit 13 Divisionen aus dem Raume Tilsit an. Ihr Stoß war auf die Halbinsel Samland gerichtet, um Königsberg nach Norden und Westen abzuschneiden.

Innerhalb von vierzehn Tagen war Ostpreußen eine Insel geworden, gegen die von allen Seiten eine gepanzerte Flut anbrandete.

Wie aber trafen die sich überstürzenden Ereignisse auf die Menschen in diesem Lande? Sie mußten sich plötzlich mit einer Situation auseinandersetzen, auf die der größte Teil innerlich nicht genug vorbereitet war, um den umwälzenden und endgültigen Charakter dieses Geschehens in vollem Umfange zu begreifen.

In Insterburg arbeitete im Krankenhaus noch immer als Arzt Graf von Lehndorff. In seinen Aufzeichnungen notierte er:

„Weihnachten kam und konnte von allen, die noch in ihren eigenen Häusern saßen, fast wie im Frieden gefeiert werden. Sogar Jagden wurden veranstaltet, und Menschen trafen sich, um noch einmal in altgewohnter Weise das Jahr miteinander zu beschließen.

Vierzehn Tage später war alles vorbei. Drei Monate hatte der Russe sich Zeit gelassen, den letzten Sturm vorzubereiten — nun brach er mit voller Gewalt herein.

13. Januar 1945. Morgens gegen 7 Uhr weckt mich ein gleichförmiges Rollen und Dröhnen. Die Fensterscheiben vibrieren. Es hört sich an, als stünden viele schwere Wagen mit unentwegt

laufenden Motoren um das Haus herum. Im Dämmerlicht ist noch nichts zu erkennen. Ich stehe am Fenster und sammele meine Gedanken. Dies kann nur das Ende bedeuten.

Gegen Mittag wird das Rollen so stark wie Lawinenfall. Luftstöße kommen, vor denen man den Atem anhält. Die Menschen sehen einander bedeutungsvoll an und versuchen, sich mit der Vorstellung zu trösten, das könne nur die Wirkung unserer neuen Wunderwaffe sein.

Später wird es ganz plötzlich still. In der Abenddämmerung kommen Flugzeuge. Drei, vier Jäger stoßen aus den grauen Winterwolken herab, nehmen den Bahnhof, den Flugplatz unter Feuer. Weitere folgen. Es entwickeln sich Luftkämpfe — nach wenigen Minuten ist der Spuk vorbei.

17. Januar. Die Russen sind an vielen Stellen durchgebrochen und rücken vor. Gumbinnen brennt. Nachts ist der ganze Osten ein Flammenmeer. Einzelne Flugzeuge kommen bis zu uns und werfen Leuchtschirme. Wir haben alle Patienten, die sich noch im Hause befinden, in die unterste Etage gebracht.

18. Januar. Man kann noch telephonieren. Ich sprach mit meiner Mutter und mit meinem ältesten Bruder, der vom südlichen Teil der Ostfront gerade auf Urlaub nach Hause gekommen ist. Sie sind dabei, einen Treck vorzubereiten. Daß muß heimlich geschehen, weil noch keine offizielle Genehmigung dazu vorliegt. Mein Vater spielt mit dem Gedanken, noch eine Wildjagd zu geben. Im Walde ist so viel Rotwild wie noch nie. Nur weiß er nicht, wie er die Schützen zusammenholen soll.

19. Januar. Unser Krankenhaus wird geräumt. Alle Patienten und die meisten Schwestern fahren nach Pommern ab, wo sie in einem Privathaus auf dem Lande unterkommen sollen. Wir bleiben ohne Arbeit. Ich packe ein paar Gegenstände, die mir wert sind, in eine der vielen tausend Kisten, die seit Monaten laufend fabriziert werden, um das ganze Inventar der Stadt nach Westen zu befördern. Mit dem Rodelschlitten bringe ich sie zum Güterbahnhof. Dort verschwindet sie unter Hunderten ihresgleichen.

Auf dem Rückweg fällt mir eine Dame auf, die, von Paketen umgeben, am Straßenrand steht. Als ich zögernd vorübergehe, spricht sie mich an: ‚Ach, würden Sie mir bitte eine Speditionsfirma nennen! Ich möchte meine antike Wohnungseinrichtung von hier weiterbefördern. Wir haben sie eben mit vieler Mühe aus Gumbinnen herausgeholt, aber die Soldaten, die mir dabei geholfen haben, konnten mich nicht weiter mitnehmen. Es sind alles wertvolle Stücke, die ich wegen der Bomben vor zwei Jahren aus Wuppertal zu Bekannten nach Gumbinnen gebracht habe. Dies hier sind nur die kleinen Sachen, die großen stehen dort drüben in einem Hof.‘

Wir gehen über die Straße, um sie in Augenschein zu nehmen. Es handelt sich um 8 riesige Stücke, darunter ein eichenes Büfett von mindestens 10 Zentnern Gewicht. Ich staune, wie sie das alles aus der brennenden und auf drei Seiten vom Feind umgebenen Stadt herausgeschafft hat. Und dann stellen wir uns wieder an die Straße, um den Versuch zu machen, eines der in wildem Tempo vorbeirasenden Militärfahrzeuge anzuhalten, denn eine aktionsfähige Speditionsfirma dürfte kaum mehr aufzutreiben sein. Inzwischen nehme ich einen schüchternen Anlauf, die Dame zur Abreise ohne ihre Möbel zu bewegen. Aber davon will sie nichts wissen. Ihr Mann ist gefallen. Kinder hat sie nicht, ihr Haus ist zerstört — dies ist das einzige, was ihr noch gehört und woran sie hängt.

Am Nachmittag bleibt alles still. Nur hoch am Himmel ziehen unsichtbare Flieger ihre kühnen Kondensstreifen. Ich gehe noch einmal über den Turnierplatz und an der Angerapp entlang, durch Sonne und tiefen Schnee. Die Seidenschwänze sind da und picken rote Beeren von den Sträuchern. Kein Mensch mehr auf dieser Seite. Sie haben alle schon Abschied genommen.

20. Januar. Gegen drei Uhr nachmittags ertönen Hornsignale — der Ersatz für die nicht mehr funktionierenden Sirenen —, zum Zeichen für die restlichen Einwohner, endgültig aus der Stadt herauszugehen. Wir begleiten die übriggebliebenen Schwestern zum Bahnhof, wo der letzte Zug unter Dampf steht, und winken ihnen erleichtert nach, als sie bei hereinbrechender Dunkelheit aus dem gefährdeten Bahnhofsgebiet heraus langsam nach Westen abrollen. Mit uns auf dem Bahnsteig zurückgeblieben ist die Dame aus dem Westen, die uns vorher schon im Kranken

haus aufgesucht und geholfen hat, die mit den Koffern der Schwestern beladenen Krankentragen zum Bahnhof zu schieben. Sie hat sich inzwischen innerlich und äußerlich von ihren Möbeln freigemacht und verspricht lachend, mit der nächsten Autogelegenheit das Weite zu suchen.

Spät abends kommt der Chef unseres Krankenhauses mit seinem Wagen, uns abzuholen. Ihm folgt ein Lastwagen vom Roten Kreuz, den wir mit den wertvollsten Gegenständen aus unserem Operationssaal beladen. Währenddessen kommen wieder einzelne Flugzeuge, um Leuchtschirme und Brandbomben abzuwerfen. Auf der Straße stehen Volkssturmmänner mit Schrotflinten und sehen uns zu. Als letztes werfe ich mein Fahrrad auf den Wagen, dann fahren wir langsam unter Vermeidung der Mauertrümmer und herunterhängenden Drähte aus der von Bränden erhellten Stadt hinaus. Gegen Mitternacht sind wir in Gerdauen. Wir wollen dem Flüchtlingsstrom und entgegenkommenden Militärfahrzeugen ausweichen, hatten aber doch nicht erwartet, die Straßen auf diesem Umweg derartig leer zu finden. Nicht ein Fahrzeug, nirgends auch nur das geringste Zeichen dafür, daß noch die Absicht besteht, Ostpreußen auf dieser Seite zu verteidigen. Man fährt schon wie durch Niemandsland."

Am Kai der Hoffnung

Als die Ärztegruppe von Insterburg nach Königsberg fuhr, verließen Königsberger Einwohner ihre Stadt bereits durch die nördlichen Vororte. Ihr Weg führte durch das Samland in Richtung Pillau.

Noch ehe Ostpreußen von seiner Landverbindung nach Westen abgeriegelt war, hatten die ersten Flüchtlingswellen die kleine. Seestadt am Frischen Haff erreicht. Die Menschen hofften, von hier aus auf dem Seewege der Vernichtung zu entkommen. Sie hatten sich nicht getäuscht, denn für Hunderttausende wurde Pillau das Tor zur Freiheit. Von nun an spielten sich fast hundert Tage lang unbeschreibliche Szenen ab. Täglich strömten von Osten, von Norden und später auch von Süden her neue Menschenmengen — Flüchtlinge, Verwundete, Soldaten — in einen Ort, der zur Aufnahme und Versorgung solcher Massen gar nicht eingerichtet war, in dem alles erst noch aus dem Boden gestampft werden mußte, um solche Anforderungen erfüllen zu können. Pillau zählte vor dem Kriege einschließlich Garnison 12 500 Köpfe, und nun ergossen sich täglich wie aus einer überdimensionalen Pumpe Zehntausende von Menschen über die engen Straßen, suchten Schutz in Schuppen und Ruinen, wollten verpflegt werden und hatten nur den einen Wunsch, eine Schiffskarte zu erhalten. Es gab Tage, an denen sich 300 000 Menschen in der Stadt zusammendrängten. Woher sie kamen? Wer fragte jetzt schon danach? Pillau war einfach ein Kai der Hoffnung für alle, die herbeiströmten. Und alles vollzog sich bei bitterer Kälte. Das Thermometer zeigte zwischen 20 und 25 Grad unter Null an.

Die erste Flüchtlingswelle größeren Ausmaßes erreichte Pillau am 22. Januar. Drei Tage später lief für einen Zeitraum von nahezu hundert Tagen die Rettungsaktion über See an. An diesem Tage steuerten die großen Fahrgastschiffe „Robert Ley", „Pretoria", „Ubena", „Duala" und von Königsberg her kommend „General San Martin" und „Der Deutsche" mit Flüchtlingen beladen mit Westkurs in die Ostsee.

Am gleichen Tage meldeten die Dienststellen des Raumes Danzig/Gotenhafen den Zustrom riesiger Flüchtlingsmengen, die hier ihren Kai der Hoffnung suchten. Die großen Fahrgastschiffe „Deutschland", „Hamburg" und „Iberia" lagen schon aufnahmebereit. Am 28. Januar liefen 8 Schiffe mit 21 300 Flüchtlingen aus, weitere 8 Schiffe wurden beladen. In der Zeit vom 25. bis 31. Januar gewannen von Pillau aus 96 Transporte die offene See, im Monat Februar wurden allein von Danzig aus 250 Schiffe mit Flüchtlingen abgefertigt.

Zahlen, Zahlen! Was aber steht hinter ihnen? Es gab hier keine langfristig vorbereitete und sorgfältig ausgeklügelte Organisation, bei der nur ein Knopfdruck genügte, um die Aktion abrollen zu lassen. Weder der Verlauf der militärischen Operation zu Lande noch die Möglichkeit einer Fluchtbewegung solchen Ausmaßes waren vorher eingeplant. Es war einfach der Zusammenklang von höchsten menschlichen Eigenschaften und Leistungen in einer Katastrophensituation. Konnte die Mutter wissen, die mit ihren Kindern am Kai der Hoffnung das rettende Schiff bestieg, daß sie hierher nur kommen konnte, weil weit vorne ein Haufen Landser mit ihren Handgranaten und Maschinengewehren dem Feind den Weg versperrte, weil der Richtschütze an der Pak den Panzerangriff zurückschlug? Konnte sie wissen, daß ein feldgrauer Schild ihren Fluchtweg schützte? Konnte sie wissen, daß draußen weit hinter dem Horizont Kreuzer und Zerstörer die deutsche Seeherrschaft über die Ostsee sicherten, hinter deren Schirm die Transportschiffe nach Westen liefen? Konnte sie wissen, daß der Weg, den ihr Schiff nehmen würde, erst von Minensuchbooten freigeräumt werden mußte? Konnte sie wissen, daß die Organisation, die ihr Schiff hierher beordert und ihr einen Platz darauf angewiesen hatte, geradezu aus dem Boden gestampft worden war?

Die weiträumigen Operationen der Sowjets waren darauf angelegt, die deutschen Ostseeprovinzen vom Reich abzuschneiden und damit auch der Zivilbevölkerung den Weg in den Westen zu verlegen. Die Menschen konnten daher nur, wenn sie nicht rechtzeitig herausgekommen waren, über See entkommen.

Je mehr die Frontlinien unter feindlichem Druck zusammenschrumpften, um so lebenswichtiger wurden die Seebrückenköpfe, über die der Transport ablief. In Ostpreußen war es Pillau, das sich bis Ende April hielt, in Westpreußen die Einschiffungsstellen von Danzig/Gotenhafen, die Ende März fielen, und der kleine Hafen von Hela, der bis zur Kapitulation gehalten wurde. In Pommern, wo die Sowjets im März den Westweg abschnitten, waren es Kolberg und Swinemünde. Hinzu kamen noch kurzlebig Stolpmünde und Dievenow.

Mit dem Einbruch in Pommern wurden Fluchtbewegungen von Westen nach Osten umgedreht, und manche Ostpreußen, die sich nach langer Irrfahrt schon in Sicherheit wähnten, zogen im Treck nach Westpreußen zurück. Der plötzliche Aufbruch beim Herannahen des Feindes hatte verhindert, daß sich die Zivilbevölkerung nach einem ordentlichen Plan absetzen konnte, vielmehr waren die Menschen einzeln auf sich selbst gestellt oder in kleinen Gruppen gezwungen, sich ihren Weg selbst zu suchen. Sie zogen meist eben dahin, wohin die Masse auch ging. Ein Beispiel ist dafür der Fluchtweg von Frau Scheerans, der in diesem Band geschildert wird. Sie nennt 14 Orte, die sie auf ihrem Wege berührte. Dabei zog sie erst nach Südwest, dann nach Nordwest, wieder nach Südwest und West, dann aber nach Nord und Nordost bis Pillau, in südwestlicher Richtung über See nach Danzig, mit der Bahn in westlicher Richtung nach Stolp in Pommern, dann wieder zurück nach Osten bis Danzig und zum Schluß erst mit der „Ubena" über See nach Westen.

Fast überall vermittelt die Fluchtbewegung zu Lande ab Januar ein verwirrendes Bild, es gleicht einem ziellosen Dahintreiben. Nur diejenigen, die ihre eingewurzelte Scheu vor dem Meere überwanden und sich zielstrebig einem der Seebrückenköpfe zuwandten, hatten die bestmögliche Chance zum Entkommen.

Der Seetransport wurde in den Häfen von den Kriegsmarine-Dienststellen organisiert. Hinter dieser unscheinbaren Bezeichnung stand die Leistung einer Handvoll Männer, die einmalig in der Seegeschichte ist. Es waren vorwiegend Handelsschiffskapitäne, die unbürokratisch und mit kantiger Energie an ihre Aufgabe herangingen. Sie packten alle Dinge mit perfektem Sachverstand an und mußten manche unzweckmäßigen Eingriffe mit Härte abweisen. Aber sie setzten sich durch. Die

zentrale Steuerungsstelle für die Bewegungen der Flüchtlings-
schiffe lag beim Seetransportoffizier im Marine-Oberkomman-
do-Ost, Korvettenkapitän Eschricht. An der Spitze der Kriegs-
marine-Dienststelle Danzig mit den Zweigstellen Gotenhafen,
Hela und Pillau stand Fregattenkapitän Bartels. Den Seetransport in Pillau leitete Kapitänleutnant Krüger, in Danzig-Neu-
fahrwasser Kapitän Schuldt und in Gotenhafen Korvettenkapitän Piening. In den pommerschen Brückenköpfen lag die
Verantwortung bei Fregattenkapitän Kolbe in Kolberg, bei
Fregattenkapitän Koch in Saßnitz und bei Fregattenkapitän
Nicol in Stettin.

Die Autorität dieser Offiziere, die sie für die Durchsetzung
ihrer Aufgaben benötigten, lag nicht im militärischen Dienstgrad, er war nicht sehr hoch, sondern war in der Persönlichkeit
des einzelnen begründet. Deshalb konnten Reibungen, die in
einer solchen Ausnahmesituation unvermeidbar waren, schnell
ausgeglichen werden. Meist aber fand ihre Arbeit sofort eine un-
bestrittene Anerkennung auch bei den höchsten Dienstgraden.
Sie wurden eben als unübertreffliche Fachleute respektiert.

Auf den zivilen Schiffen, die den Hauptanteil an der Rettungsaktion hatten, waren viele nichtdeutsche Seeleute eingesetzt. Anfängliche Befürchtungen, daß angesichts der bevorste-
henden Niederlage Deutschlands Schwierigkeiten mit ihnen entstehen würden, haben sich als unbegründet erwiesen. Sie taten
bis zuletzt ihre seemännische Pflicht wie jeder andere auch. Es
hätte durchaus nahegelegen, daß sie etwa in einem sichereren
Hafen durch einen Sabotageakt das weitere Auslaufen zurück
in die gefährlichen Gewässer verhindert hätten. Es muß festgestellt werden, daß nicht ein einziger Sabotagefall, durch einen
Ausländer verübt, gemeldet worden ist. Unter den Schiffsfüh-
rern war allerdings ein Fall von Fahnenflucht zu verzeichnen.
Der fast 3 000 BRT große Dampfer „Haussa" hatte im April
in Swinemünde Munition für Hela geladen. Er lief jedoch nicht
den Bestimmungshafen an, sondern steuerte in den schwedischen
Hafen Karlskrona. Das Schiff, seine Besatzung sowie die an
Bord befindlichen 150 Flaksoldaten wurden interniert. Als die
schwedische Regierung zum Jahresende 1945 deutsche Inter-
nierte an die Sowjetunion gegen jeden Einspruch auslieferte,
befanden sich darunter auch die von der „Haussa".

Dornenweg der Mütter

Millionen von Menschen aus Ostpreußen, aus Westpreußen und aus Pommern wurden wochenlang wie Treibholz durch die Brandung des großen Aufbruchs geworfen, ehe sie das rettende Schiff nach Westen fanden. Vor allem aber waren es Mütter, die ihre Kinder aus der Falle der Vernichtung retten wollten. Was sie — oft am Rande ihrer Kräfte — in diesen schrecklichen 115 Tagen an Größe offenbarten, ist kaum darstellbar. Auch selbst nach langer Zeit sind sie kaum in der Lage, mehr als nur schmucklose, mitunter zusammenhanglose Berichte zu geben. Es sind nicht wenige, die versucht haben, alles das für ihre Kinder und Kindeskinder aufzuschreiben, meist aber mußten sie schon bei der Schilderung von Belanglosigkeiten, die damals sich plötzlich in lebenswichtige Dinge verwandelten, ihre Absicht aufgeben.

Stellvertretend für sie mag hier der Bericht von Frau Ruth Scheerans stehen, die im Oktober 1944 bei dem ersten Russeneinbruch mit zwei kleinen Kindern und einem Kinde unter dem Herzen das heimatliche Insterburg verließ und im Hause ihres Vaters in Bartenstein Zuflucht suchte. Ihre Mutter war im Kriege gestorben, und der Vater war schwerkrank und bereits vom Tode gezeichnet.

Im Januar griff der Krieg nach Bartenstein. Wieder stand die Flucht bevor. Der Vater war zu einem Aufbruch nicht zu bewegen, er wußte, daß seine Lebensuhr bald abgelaufen war, und er beschloß, dort zu bleiben, wo er einmal sein Lebenswerk aufgebaut hatte. Am Sonnabend, dem 27. Januar, klopfte der Krieg unerbittlich und unüberhörbar an die Tür. Hier beginnt der Bericht der Odyssee von Frau Scheerans:

„Am Abend rollte und grollte es aus der Ferne. Die Erschütterung wurde immer größer, die Gläser klirrten im Schrank. Alles, was nicht fest stand, fiel in die Stube. Wir fanden keinen Schlaf. Die Haustür stand nicht still. Pausenlos kamen und gingen Flüchtlinge ein und aus. Wären wir gesund gewesen, vielleicht, und ich glaube ganz sicher, wir wären auch mit dem Flüchtlingsstrom fortgewandert.

Sonntag, der 28. Januar, brach an. Es war eine Kälte, ein Frost, wie kaum zuvor, über 20° minus. Im stillen hatte ich die Hoffnung, daß es meinem Mann, der in Peyse mit der Truppe lag, möglich wäre, uns weiterzubefördern. Das war aber ein Trugschluß.

Ein Oberst, der in unserem Haus kurz Rast machte, sagte: „Ich gebe Ihnen den Rat, verschwinden Sie so schnell wie möglich, es wird furchtbar, — mehr darf ich nicht sagen. Es ist genau zwölf." Er kam von der nahegelegenen Front und wußte, daß Bartenstein nicht mehr zu halten war. Plötzlich horchten alle auf. Jetzt war es so weit! Zwar hatten wir stündlich mit der Räumung gerechnet, — aber die Tatsache, als sie Wirklichkeit wurde, ließ uns doch erzittern. Lautsprecher verkündeten: „Einwohner von Bartenstein, packt eure Kinder auf Schlitten, unnötigen Ballast laßt hier, nehmt für 2 Tage Verpflegung mit und begebt euch schleunigst auf den Weg Richtung Landsberg. Bartenstein ist von den anderen Seiten vom Feind umstellt."

Nun schlug also für uns zum zweiten Male die Abschiedsstunde. Vater saß an seinem Platz im Laden, allein, verzweifelt, ernst, ohne Hoffnung. Tränen liefen uns übers Gesicht, ich wußte, es war ein Abschied für immer, ich würde Vater niemals wiedersehen. Was würde ihm, was meiner Schwester passieren? Alle Wege, die wir einschlagen würden, hatten kein Ziel. Gab es überhaupt noch einen Ausweg? Dieses letzte Bild von Vater hatte sich so in meinem Gedächtnis festgesetzt, es verfolgte mich in den schweren Wochen, Monaten und Jahren. Ich sah ihn vor mir, ein schwerkranker, gezeichneter Mann inmitten seines Lebenswerks, ohne Hoffnung, voller Ergebenheit, — zerbrochen. Es war ein Abschied für immer. Sein Tod? Wir wissen es nicht. Vielleicht starb er in dem Chausseegraben vor Bartenstein, wohin die Russen ihn gehetzt, ihm seine warmen Kleider vom Leibe gerissen hatten und ihn kraftlos, todkrank und lebensmüde der Eiseskälte überließen. Meine Schwester wurde von den Russen nicht verschont. Eingesperrt, gemartert wurde sie nach Sibirien geschleppt. Zwei Jahre lang mußte sie für die Russen schwer arbeiten unter den niedrigsten Umständen, dann kam sie krank zurück nach Deutschland.

Mit einer Nierenbeckenentzündung und Fieber, meine Tochter mit schmerzhaftem Blasenkatarrh, bestiegen wir das Lastauto. Mein Sohn war fünf Jahre alt. Wir konnten nur noch ganz wenig Platz finden, das Auto war vollbesetzt. Mir fiel das Sitzen sehr schwer, denn in zwei Monaten sollte mein Kind geboren werden. Meine Tochter litt unter wahnsinnigen Schmerzen. Ich hatte sie warm eingepackt, aber die Schmerzen ließen nicht nach. Es dauerte Stunden, ehe wir erst aus Bartenstein fahren konnten, denn eingezwängt zwischen Treckwagen, die gleich uns das eine Ziel vor Augen hatten, war ein Fortkommen unmöglich. Als wir außerhalb der Stadt waren, versuchte der Fahrer, über Landwege im Dunkel der Nacht dem Feinde zu entkommen. Niemand wagte zu sprechen, nur ein Wimmern, aus Schmerz und Angst, gedämpft und leise, unterbrach das Schweigen. Ab und zu blitzte es am Himmel auf, der Lichtschein machte die Nacht zum Tag, der Motorenlärm der Feindflugzeuge zerriß die Stille. Auf den Straßen schlichen gespenstisch auf knirschendem Schnee mit dampfendem Atem Flüchtlinge, Flüchtlinge, Flüchtlinge. Der starke Frost hatte ihre Münder und Augen verschlossen. In endlosen Zügen taumelten vermummte Gestalten vorwärts, soweit sie ihre Füße tragen konnten, ohne Hoffnung, allen Denkens bar, in die Ungewißheit.

Als der Morgen anbrach, bot sich uns ein Bild des Grauens, erfrorene Menschen, Kinder noch auf Schlitten angeschnallt oder in Wagen an den Rand der Straße gestellt, steif und beschneit — sie waren den Strapazen dieser Nacht nicht gewachsen. Für sie war alles schon zu Ende, ehe es kaum begonnen. Uns stand noch das Schwere bevor. Wie lange waren wir unterwegs? Ich vermochte es nicht zu sagen. Wir waren in Heiligenbeil. Auch hier Trecks, verstopfte Straßen, hin- und herhastende Flüchtlinge und keine Quartiere. Wir gingen in das nächstliegende Haus, auf den Fußböden lagen die Menschen aneinandergedrängt. Sie wollten, gleich uns, nur eine kurze Rast halten und dann die Stadt verlassen. Um uns einmal ausstrecken zu können, legten wir uns da hin, wo wir gerade standen. An Schlaf war nicht zu denken. Später fanden wir ein Zimmer, das von seinen Bewohnern gerade geräumt war. Es standen zwei Betten mit bezogenen Federbetten darin; die letzten, die wir in der folgenden Zeit benutzten.

Wieviele Flüchtlinge hier schon geschlafen hatten, zeigte uns das schmutzige Grau der Bettwäsche. Uns störte das aber nicht mehr, wir legten uns hinein. Die Kinder schliefen sofort ein.

Ich hatte gehört, daß Flugzeuge für Kranke und werdende Mütter mit Kindern bereitgestellt seien, um sie beizeiten aus der Gefahrenzone zu bringen. Meine Bemühungen jedoch waren vergebens. Zwar flogen tatsächlich Flugzeuge mit Flüchtlingen raus, aber ohne uns. Das Lastauto, mit dem ich bis hierhin gekommen war, konnte sich der Kontrolle entziehen, darum fuhren wir weiter nach Braunsberg, Frauenburg und Rosenberg. Überall der gleiche Zustand: Aufbruch, Beschuß, Bombenangriffe am Tage und in der Nacht, trotzdem überfüllte Häuser, Angst und Elend. In Rosenberg trennte ich mich von den Mitfahrenden. Sie wagten es, in der Nacht über das zugefrorene Haff zu gehen. Die Kraft hatte ich nicht mehr. Meine Kinder hätten es auch nicht geschafft. Der Fahrer nahm mich mit zurück nach Heiligenbeil, wo er sich dem Volkssturm stellen mußte.

Ich meldete mich wieder auf dem Amt für Flüchtlingsbetreuung, doch die Hoffnung, ausgeflogen zu werden, wurde immer geringer. Die Stadt hatte sich geleert, das war ein schlechtes Zeichen. Nach drei Tagen Aussichtslosigkeit wurden wir mit ein paar anderen Flüchtlingen in einem Kastenwagen aus der Stadt gefahren. Auf freiem Feld an dem Wege, wo die Trecks ohne Pause dem Haff zufuhren, wurden wir abgesetzt. Nun sollten wir warten, bis uns ein Barmherziger mitfahren ließ. Aber die Wagen waren überladen und versanken bis über die Achsen im Schlamm. Ein Anhalten hätte zur Folge gehabt, daß die erschöpften Pferde die Wagen nicht mehr aus dem Morast ziehen konnten. Daher hielt niemand an. Schließlich gelang es ein paar Männern in Uniform, die als Retter in der Not aufkreuzten, mit Gewalt einige Wagen aufzuhalten. Nun saßen wir, meine Kinder und ich, eingeklemmt zwischen Kisten und Truhen auf einem Leiterwagen. Nur einen kleinen Koffer hatte ich bei mir, das größte Gut — meine Kinder versuchte man von mir zu trennen, und sie verteilt auf fremde Wagen zu packen. Wahrscheinlich hätte ich sie dann nie wieder gesehen. Ich wehrte mich dagegen und nahm lieber noch mehr Unbequemlichkeit in Kauf.

Wir hörten schon die Kommandos zur Weiterfahrt und Einweisung, als wir das Haff erreichten. Der Fahrweg war auf dem Eis markiert, zwischen den Fahrzeugen mußte genügend Abstand gehalten werden, und es durfte nur langsam gefahren werden. Links und rechts vom Weg war das Eis geborsten, fußhoch stand Wasser, das durch die Risse quoll. Wie ein Trauerzug mit verhängtem Zügel bewegte sich unsere Kolonne auf dem verdächtig knackenden Eis vorwärts. Links und rechts in unserem Blickfeld nahmen wir die grausamen Zeichen dieses Krieges wahr: aufgerissene Pferdeleiber, halbversunkene Wagen, verstreute Gepäckstücke umgaben die Toten in ihrem Blut — die Tiefflieger hatten ganze Arbeit geleistet.

Die Nacht brach an. Der Bauer, in dessen Wagen wir mitfuhren, fuhr zur Seite aus der Reihe heraus, er wollte die Nacht mitten auf dem Haff verbringen. Die Kinder waren zwischen Truhen und Kästen fest eingeschlafen. Beinahe zu spät bemerkte ich, daß ihre bloßen Hände durch die Sprossen hingen und so dem starken Nachtfrost preisgegeben waren. Ich mußte die Kinder wecken, sie schrien auf vor Schmerz. Ich knetete und rieb ihre Hände, endlich schien wieder Blut zu den Fingerspitzen zu laufen. Am frühen Morgen trieb der Bauer seine Pferde wieder an, es ging weiter in der langen Reihe des Trecks. Bald erreichten wir Narmeln. Wir stiegen aus dem Wagen, wateten durch knöchelhohes Wasser an Land. Wie es weitergehen sollte, wußte niemand. Mir wurde schwarz vor Augen, ich erbrach teerigen Schleim und Blut. Ich fühlte mich so elend. Der Gedanke, die Fahrt im Leiterwagen fortsetzen zu müssen, machte mich völlig mutlos.

Die Bahnstation Narmeln lag ganz in der Nähe. Von dorther brachten Soldaten den Flüchtlingen aus dem Verpflegungslager Brot und Milch, aus einer Gulaschkanone gab es Suppe. Wie gefährlich der Aufenthalt am Ufer war, zeigten uns die Granaten, die von der Haffseite auf die Nehrung schlugen. Die Soldaten gingen in Deckung — die Flüchtlinge begriffen die Gefahr kaum. Mir gelang es, mit dem Fahrer des Milchwagens, einem Soldaten vom Verpflegungsamt, mit den Kindern zum Bahnhofsgebäude zu fahren. Hier waren auch viele Flüchtlinge untergebracht. Ein Raum war sogar geheizt, einige kochten sich ihr

Essen auf dem Kanonenofen, andere saßen abgestumpft zum Umfallen müde und schwach auf Holzbänken. Wenigstens hatten sie ein Dach über dem Kopf, und der Gedanke gab mir ein wenig Mut. Ich klemmte mich auch auf die Bank. Ich war so müde. Die Hitze und die schlechte Luft im Raum erledigten mich vollkommen. Den Kampf zwischen Wachhalten und Schlaf hatte ein Soldat beobachtet, der zum Verpflegungsamt gehörte. Er holte mich mit den Kindern aus dem Raum, führte uns über die Treppe auf den Boden, zu dem er einen Schlüssel hatte. Er sagte: „Ich habe selbst Frau und Kinder in der Ungewißheit zurücklassen müssen. Sie erinnern mich so an sie. Hoffentlich wird ihnen auch geholfen, wenn sie so erschöpft sind wie Sie. Ich tue etwas Verbotenes, aber hier im Lager können Sie sich ausstrecken und versuchen zu schlafen." Wir tasteten uns im Dunkeln vorwärts. Der Soldat schob uns Pelzdecken zu, dann ging er. Er versprach, uns am anderen Morgen von hier herauszuholen, denn er mußte das Lager doch wieder zuschließen. Ich bepackte die Kinder mit Decken, und sie schliefen auch sehr schnell ein. Ich konnte jedoch keinen Schlaf finden. Ich fror furchtbar. Nachdenken durfte ich gar nicht, da wanderte ich in dem kalten Bodenraum herum. Gegen Morgen erkannte ich die Fleischvorräte und Lebensmittel in Kübeln auf den Regalen, mir wurde übel bei dem Anblick des Fleisches. Von draußen drang Stimmengewirr an mein Ohr, es holte uns aber niemand raus.

Ich wartete und wartete, es wurde im Haus merklich still, da bekam ich es mit der Angst zu tun, und ich klopfte und hämmerte an die Tür. Endlich Schritte! Die Tür wurde aufgeschlossen, und ein Soldat stand ganz erstaunt vor uns. Er konnte es nicht begreifen, wie wir hier hineingekommen waren. Der freundliche Soldat vom Vorabend nämlich war zur Wache abkommandiert worden, daher konnte er uns nicht herauslassen. Das Haus war von den Flüchtlingen geräumt. Sie sollten von unserem Militär nach Neutief gefahren werden. Meine Kinder und ich wurden nach einem warmen Frühstück zum Sammelplatz gebracht.

Die Militärlaster fuhren mit der Menschenfracht los. Unterwegs begegneten wir vielen Flüchtlingen, die Schritt für Schritt müde und abgekämpft in die gleiche Richtung zogen. Sie hatten sich von ihrem Gepäck schon getrennt, denn Koffer, Betten, Kisten, Wagen lagen abgeworfen, Fahrzeuge waren abgestellt am Wegrand. Einige versuchten sich an unsere Wagen zu klammern, hinein konnten sie nicht, denn die Menschentrauben hingen schon weit über die Ladefläche hinaus. Von Neutief kamen wir auf einer Fähre in Pillau an. Das gleiche trostlose Bild. Wohin sollten wir, wohin konnten wir noch gehen? Jeder war sich selbst der Nächste.

Schreckliche Gedanken suchten mich heim. Ich wollte nicht mehr weiterleben. Es war alles aussichtslos, ich war am Ende. Ich hielt die Kinder fest an den Händen und näherte mich Schritt für Schritt der Uferkante. Unentwegt starrte ich ins Wasser, als erwartete ich ein Zeichen. Plötzlich packte mich eine Hand und riß mich zurück. Ein Landser schrie mich an: „Was tun Sie? Machen Sie keine Dummheit, denken Sie gar nicht an die Kinder?" Er ergriff die Kinder und die abgestellten Taschen und achtete darauf, daß ich ihm folgte. Nachdem er durch etliche Häuser gegangen war, wo wirklich kein Platz mehr war, um uns ein bescheidenes Lager anzuweisen, schob der Mann in einem Raum die Gepäckstücke auseinander und bekam tatsächlich Platz für uns drei.

Das Schicksal hatte eingegriffen. Die Kinder und ich hatten ein Dach über dem Kopf und eine Stelle auf dem Fußboden zum Liegen. Durch die Unterkühlung hatten sie starke Schmerzen, sie wimmerten vor sich hin. Man gab mir den Rat, einen Arzt holen zu lassen, der noch ganz in der Nähe Praxis abhielt. Mit Tabletten und Salbe linderte er etwas die Schmerzen. Unser Aufenthalt in Pillau war nur von kurzer Dauer. Die Stadt wurde stark bombardiert, sie brannte an vielen Ecken, niemand war mehr sicher in den Häusern. Wieder ging es weiter ins Ungewisse. Frachtschiffe brachten uns Flüchtlinge nach Danzig. Mir ging es sehr schlecht auf dieser Fahrt, laufend mußte ich mich übergeben, in meinem Kopf drehte sich alles, ich konnte nicht mehr denken.

Am späten Abend landeten wir im Hafen von Danzig, Neufahrwasser oder Langfuhr, ich weiß es heute nicht mehr. In einem Bahnhofsgebäude wurden wir von RK-Helfern betreut. Die Kinder bekamen neue Verbände und wurden verpflegt, auch ich fand nach dem Essen wieder zu mir. Dann hieß es: Kranke und werdende Mütter sollten sich bereithalten, ein Zug sei gemeldet, ein Lazarettzug, der noch einige Menschen aufnehmen könnte. Da der Zug nur ganz kurz halten werde, sei Eile geboten. Zu den „Auserwählten" gehörten auch wir. Der Zug sollte in Richtung Stettin fahren.

Tatsächlich lief ein langer Zug ein. In Windeseile wurden wir mit den anderen in einen Waggon geschoben, der am Zugende hing. Draußen und drinnen war es dunkel. Im Schein einer Taschenlampe sah ich fauliges Stroh auf dem Boden, die Fensterscheiben fehlten, es hingen Säcke vor den Löchern, die Kälte pfiff ungehindert in den Viehwagen. Als jeder einen Platz gefunden hatte, erlosch die Taschenlampe. In dieser grausamen Zeit war sie ein wertvolles Gut. Die Kälte wurde unerträglich, selten und nur ganz kurz hielt der Zug auf freier Strecke oder Bahnhöfen, zum Aussteigen war keine Zeit und Möglichkeit. Eine Frau in den mittleren Jahren, die ich auf dem Schiff schon beobachtet hatte, lag neben uns. Sie war allein, niemand kannte sie. Sie schien zu schlafen, doch plötzlich wurde sie unruhig, sie atmete laut, richtete sich auf und beugte sich über uns. Es war, als streifte uns ein eisiger Hauch. Dann fiel die Frau aufseufzend zurück und verschied. Die Totenstille wurde nur von dem Besitzer der Taschenlampe unterbrochen. Er leuchtete der Toten ins Gesicht, schloß ihre Augen, deckte ihren Schal übers Gesicht, legte ihre Hände zusammen und verharrte einen Augenblick. Ausgelitten! Wir fuhren mit der Toten neben uns viele Stunden lang durch die Nacht. Als der Zug am Nachmittag kurz hielt, konnte sich ein Insasse mit einem Bahnbeamten verständigen. Wir wußten allerdings nicht, ob dieser verstanden hatte. Der Zug fuhr wieder weiter, nichts geschah. Endlich nach einer langen Zeit hielt der Zug wieder, Sanitäter standen mit einer Bahre bereit und holten die Tote aus unserem Abteil. Nun hatten wir etwas mehr Platz zum Ausstrecken, ich deckte die Kinder mit einem Mantel, der da lag, zu, ich setzte mich zu ihnen und hoffte, so ein wenig Erleichterung zu bekommen, denn die Last in meinem Leib war fast unerträglich.

Plötzlich erschütterte ein Rucken und Stoßen unseren Wagen, Krachen, Schleifen, Quietschen, Splittern und Geschrei! „Bomben", dachten viele und sprachen es aus. Ich merkte noch, als mir so leicht wurde und ich zur Seite fiel durch einen Schlag auf den Kopf. Ich hatte die Besinnung verloren. Als ich wieder zu mir kam, konnte ich mich nicht bewegen, ich saß fest wie in einem Schraubstock. Nur die Beine schwebten in der Luft. Auf dem Oberkörper bis zur Brust ruhte eine Zentnerlast. Ich hörte neben mir meine Tochter weinen: „Mutti, Mutti, alles Blut!" Von weither drangen Stimmen an mein Ohr, ich konnte einen Lichtschein sehen, dann wurde meine Tochter von meiner Seite gezogen. Dabei fielen schwere harte Stücke auf mich. Luft zum Atmen konnte ich nur aus einem Mundwinkel holen. Meine Arme waren über dem Kopf nach hinten geschlagen und eingeklemmt. Ich war nur zeitweise bei Besinnung. War ich wach, hörte ich inbrünstige Gebete, Weinen, Wortfetzen, die immer leiser werdend verstummten.

Es lagen viele Menschen in den Trümmern des Zuges. Von draußen hörte ich: „Aushalten, die Rettung ist gleich da, es dauert nicht mehr lange, der Bergungszug ist unterwegs!" Wie lange es aber dauerte, mir und den noch Lebenden erschien es eine Ewigkeit. Endlich wurde das Stimmengewirr von draußen lauter, der Schneidbrenner wurde eingesetzt, und der erste Luftzug umschmeichelte wie eine Liebkosung mein zerschundenes Gesicht. Männer zogen mich vorsichtig aus den Trümmern, einer von ihnen riß meine Augenlider, die total verschwollen die Augen schlossen, hoch und sagte: „Sie ist auch hinüber, legen wir sie gleich zu den anderen!" Dieses Urteil nahm ich wahr, und ich versuchte, mich verständlich zu machen, indem ich die Beine bewegte und mit den blutigen verschwollenen Lippen Worte formte. Daraufhin packte man mich auf die Bahre und trug mich in den Wartesaal des Bahnhofs von Jeseritz/Pommern. Meine gefühllosen Arme schleiften am Boden, niemand bemerkte es. Mein Sohn, der aus dem Zug geschleudert war, hatte eine Beule am Kopf und schien sonst unversehrt. Er erkannte mich sofort: „Da ist meine Mutti!" Er stürzte zu mir und wich nicht mehr von meiner Seite. Er wußte auch, daß seine Schwester gerade im gleichen Raum behandelt wurde, sie hatte eine tiefe Wunde in der Braue und an der Stirn und bekam eine Spritze. Wir waren also wieder vereint und kamen zusammen ins Stolper Krankenhaus mit einem Krankenwagen.

Hier erfuhr ich, wie das Zugunglück geschehen war. Am 19. Februar muß es gewesen sein, als in den frühesten Morgenstunden ein Lazarettzug in unseren Zug mit hoher Geschwindigkeit hineingefahren war. In unserem Waggon, der zuletzt fuhr, waren die meisten Toten und Schwerverletzten. Allein in unserem Abteil gab es 15 Tote, der Rest schwer verletzt. Im Krankenhaus wurden meine Kinder in der Kinderabteilung untergebracht. Da meinem Sohn fast nichts fehlte, wollte man ihn gar nicht aufnehmen, aber auf meine Bitten hin ließ man ihn bei einer Krankenschwester, die für ihn sorgte. An mein Kind unter meinem Herzen dachte ich nicht, als ich in den Krankensaal getragen wurde. Patienten erzählten mir später, mein Anblick wäre so furchtbar gewesen, daß sie sich abwenden mußten, als ich ins Bett gebracht wurde. Man ließ mich auch die ersten Stunden ganz in Ruhe. Rühren konnte ich mich nicht, die Augen bekam ich nicht auf, das Gesicht schmerzte, der Rücken tat weh, sogar beim Atmen hatte ich Schmerzen, die Arme gehörten mir nicht, ich hatte keine Schmerzen, aber auch kein Gefühl, ich konnte sie nicht bewegen, sie fielen zur Seite.

Nach einer Nacht wurde ich den Ärzten vorgestellt. Diagnose: Totallähmung beider Arme durch Abquetschen des Hauptnervs, Brüche zweier Rippen, Schädel- und Gesichtsquetschungen, Gehirnerschütterung, Bluterguß im Rücken bis hinunter in die Beine, Gesichtsverletzungen. Aber ein Wunder war geschehen: Mein Kind, das in vier Wochen geboren werden sollte, lebte. Seine Herztöne wurden abgehört. Fast drei Wochen lagen wir im Stolper Krankenhaus, wurden gut gepflegt und betreut und erholten uns auch schnell wieder. Meine Kinder besuchten mich, meine Tochter trug einen dicken Verband über einer Gesichtshälfte. Ich versuchte mich auch schon kurz auf den Beinen zu halten, aber ohne Hilfe ging es nicht. Ich mußte wegen des Ausfalls beider Arme und Hände wie ein kleines Kind gefüttert werden. Meine Kinder halfen mir, sie fütterten mich und machten Handreichungen, so gut sie konnten. Sie waren meine große Stütze in dieser Zeit.

Dann hieß es wieder, der Feind steht vor Stolp, alle Krankenhäuser müssen geräumt werden. Ich war gerade soweit, daß ich auf den Beinen stehen konnte. Abseits vom Bahnhof Stolp stand ein Zug bereit, um Patienten, Schwestern und Ärzte des Krankenhauses aus Stolp heraus in Sicherheit zu bringen. Nur der Leiter des Krankenhauses, Professor Creyte, blieb zurück. Man erzählte später, er sei erschossen worden. Uns versorgten die Schwestern rührend. Sie gaben zum Teil ihre eigene Privatkleidung her, denn unsere Kleider waren nicht mehr zu gebrauchen. Ich besaß nur meine Handtasche, die mir eine Kommission mit Personalausweis ins Krankenhaus gebracht hatte. Als Liegepatient fuhr ich mit den Kindern wieder nach Danzig zurück.

Das „Haus des Handwerks" war unsere nächste Zuflucht. Infolge meiner Kopfverletzungen konnte ich nicht ohne Kissen liegen. Eine RK-Schwester schenkte mir ein Federkissen, einen warmen Morgenmantel und Bestecke für mich und die Kinder. Diese Sachen waren mein kostbarster Besitz, ich brachte sie auch nach Deutschland zurück.

Ein paar Tage später wurden wir aufgefordert, zum Hafen Neufahrwasser zu gehen, wo Schiffe anlegen würden, die die Flüchtlinge über die Ostsee in Sicherheit bringen sollten. Also hieß es wieder für uns: Weiter in die Ungewißheit! Wenigstens schaffte ich den Weg dorthin mit den anderen, wenn ich auch total erschöpft ankam. Es standen viele, viele Menschen am Kai. Wie sollten sie wohl alle auf ein Schiff gehen? Ihre Augen waren angespannt aufs Wasser gerichtet, um ein Schiff rechtzeitig zu erspähen. Es wurde schon später Nachmittag, nichts geschah. Die Menge stand wie eine Mauer, immer mehr Menschen kamen hinzu, — und kein Schiff wurde gesichtet. Da plötzlich kam Bewegung in die Menschenmenge, man hörte: „Da, es kommt, es kommt!" Die Hälse reckten sich, die Menschen drängten nach vorn. Ich konnte noch nichts sehen, ich hatte mich etwas abseits mit den Kindern an eine Wand gelehnt. Als die Brücke heruntergelassen wurde, sah ich die weiße Schiffswand und las „Ubena". Nun waren die Menschen nicht mehr zu halten. Sie schoben, drückten und stießen vorwärts. Kranke auf Bahren wurden, von Matrosen abgeschirmt, über die Brücke ins Schiff getragen. Ich sah nur noch ein Menschenknäuel, das sich in den Schiffsleib wälzte. Mir war es klar, wir würden nicht mehr hineinkommen und viele, viele andere auch nicht. Mutlos schloß ich mich dem Menschenhaufen an, aber schon wurden die Massen zurückgeschoben, das Schiff war voll.

Ein Matrose sah auf die Zurückbleibenden. Suchte er irgend jemand? Sein mitleidiger Blick fiel auf uns. Er zeigte auf mich: „Das Schiff ist überfüllt, nur noch diese Frau mit den Kindern kommt rauf, sie gehört zu der Frauenklinik, die schon verladen ist." Erschrocken und ungläubig schob ich mich Schritt für Schritt vorwärts, aber der Weg bis ans Schiff war zu weit, die Menschen gaben mir den Weg nicht frei. Wie ich die Kraft hatte, mich durchzustoßen, weiß ich nicht, die Hand des Matrosen zog uns die Brücke hoch in den Rumpf des Schiffes. Unmittelbar danach legte das Schiff ab. Für uns keine Minute zu früh — keine zu spät. Das Schicksal hatte wieder eingegriffen.

In den Räumen, die wir betreten durften, standen in Reihen Bettgestelle, mit Strohunterlagen und Decken ausgestattet. Wir legten uns sofort auf ein Lager. Von Husten gequält fand ich keine Ruhe. Die Versorgung auf dem Schiff war sehr gut. Es gab gutes Essen, die ärztliche Betreuung war ausreichend, denn die Ärzte und Schwestern und Patienten von der Frauenklinik Danzig waren auf dem Schiff. Sogar ein Operationsraum war vorhanden. Schwestern und Ärzte kümmerten sich um die Flüchtlinge, das war beruhigend für mich, denn ich stand kurz vor der Geburt meines Sohnes. Die „Ubena" war ein bewaffneter Verwundetentransporter. Im Oberdeck lagen die verwundeten Soldaten und ein Stab Ärzte. Kapitän Lankau hatte ganz allein die Verantwortung für die Übernahme der Flüchtlinge übernommen. Ihm haben wir und die anderen das Leben zu verdanken. Wohin das Schiff steuerte, wußten wir nicht, das war streng geheim. Wir wurden mehrere Male von Feindflugzeugen angegriffen, aber durch geschicktes Ausweichen und große Fahrgeschwindigkeit brachte uns der Kapitän sicher durch. Natürlich schlingerte das Schiff hin und her, und wir waren fast alle seekrank. In welcher Gefahr wir schwebten, konnten wir nicht wissen, und das war gut so. Eine Panik an Bord wäre gar nicht mehr zu verkraften gewesen.

Die Hustenanfälle durchschüttelten meinen Körper, und dabei passierte es, daß die Fruchtblase platzte, und die Geburt begann. Ein Arzt beauftragte die Schwester, mich in den OP-Raum zu begleiten. So stieg ich die Treppe hoch, über Flüchtlinge und Gepäck, die Wehen hatten noch nicht eingesetzt. Der Arzt vermutete eine Geburt in Steißlage, und er hatte recht. Nun sollten die Wehen künstlich eingeleitet werden. Ich bekam das Wehenschema in Spritzen. Aber ich wartete vergebens, die Wehen setzten nicht ein. Ich wurde sehr müde. Im Raum nebenan spielte Musik, und die Matrosen und jungen Mädchen lachten und sangen. Was soll's. Auch die jungen Schwestern feierten mit. Niemand wußte, ob oder wie und wo sie wieder zur Ruhe kommen würden. Auch die Schwester, die auf mich achten sollte, hatte mich wohl im Trubel vergessen. Dann war ich auf dem Operationstisch eingeschlafen. Am Morgen allerdings fand man mich auf der Erde, ich war vom Tisch gefallen, und niemand hatte mich gehört Die Geburt hatte wider Erwarten noch nicht eingesetzt.

Ich wurde wieder zu meinen Kindern auf mein Lager gebracht. Von Zeit zu Zeit kam eine Schwester, um die Herztöne des Kindes zu prüfen. Mittags erst setzten die Wehen ein, und zwar schnell und scharf. Ich konnte mich zwischen den einzelnen Wehen nicht erholen. Wieder kam ich in den OP-Raum. Das Schiff wurde gerade von Tieffliegern beschossen. An mehreren Stellen lagen Verwundete und Gebärende. Auf dem Operationstisch lag ein etwa 12jähriger Knabe, der auf Deck einen Bauchschuß bekommen hatte. Ihm war nicht mehr zu helfen, er starb bei der Operation. Ich lag auf dem Boden und krümmte mich, schließlich mußte ich schreien. Wegen der Lähmung in Armen und Händen konnte ich mich nirgends festklammern oder stützen, um mir Erleichterung zu schaffen. Der Kapitän, der gerade vorbeikam, stand in der Tür: „Was ist denn hier los?" Ich schluchzte hilflos: „Bitte werfen Sie mich ins Wasser, ich ertrage es nicht mehr!"

Nachdem der tote Junge den OP-Tisch freigemacht hatte, kam ich rauf. Eine junge Schwester sollte nicht von meiner Seite weichen. An ihrem Gesicht sah ich genau, was sie von mir hielt. Ihre Gedanken müssen ungefähr so gewesen sein: zimperlich, verstellt sich, läßt sich gehen. Sie zeigte mir ihre Abneigung. Sicherlich störte mein Geschrei sie beim Briefschreiben. Schließlich machte ich sie auf eine Veränderung bei mir aufmerksam. Da endlich packte sie ihr Schreibzeug weg und holte den Arzt.

Es kamen sofort zwei Ärzte von der Danziger Frauenklinik, Geburtshelfer. Spritzen, Bestecke und Instrumente waren verpackt, denn wir standen beinahe vor Kopenhagen. Also sollte mein Kind durch eigene Kraft das Licht erblicken. Es war schier unmöglich. Mir fehlte die Kraft, um zu pressen oder zu drängen. Ich hatte auch keinen Willen mehr. Immer wieder fiel ich zurück, die Ärzte stützten mich, sie massierten, schüttelten, klopften mich, um mich der Ohnmacht zu entreißen. Um 14.30 Uhr nach bürgerlicher Zeit auf 54 Grad 45 Minuten nördlicher Breite, 13 Grad 35 Minute östlicher Länge wurde am 23. März 1945 mein Sohn geboren. Unterschrieben hat dieses Dokument Kapitän Lankau, ein Marinestabsarzt und eine Hebamme. Mein Sohn wurde mir gewaschen und gewindelt in den Arm gelegt. „Nun haben Sie es überstanden, freuen Sie sich, Ihr Kind ist gesund!" Freuen? Ich konnte mich nicht freuen, ich hatte Angst. Wer sollte mein Kind betreuen? Die beiden anderen Kinder brauchten selbst Hilfe, die ich ihnen nicht geben konnte. Jeder hatte mit sich selbst zu tun, also erwartete ich von den anderen keine Hilfe.

Die „Ubena" steuerte Kopenhagen an. Land — aber es sollte noch lange dauern, noch viele Lagermonate, bis die schreckliche Reise beendet war.

Über Pillau auf die Nehrung

Vierzehn Tage nach Beginn der sowjetischen Großoffensive war nach dem Vorstoß der Roten Armee auf Elbing und Tolkemit der Landweg für die flüchtende Bevölkerung nach Westen versperrt. Nur über die Frische Nehrung war der Weg noch offen zur Weichselmündung. Ostpreußen selbst war eine Insel geworden. Als wichtigster Hafen blieb nur noch Pillau. Aus dem Gebiet von Königsberg, aus dem Samland und aus dem riesigen Heiligenbeiler Kessel, den das Frische Haff von der Küste trennte, strömten die Flüchtlingsmassen nach Pillau. Nach dem Fall Memels war diese Stadt der nördlichste Seebrückenkopf Deutschlands geworden. Die Stadt wurde, um den Seeweg offen zu halten, bis zum 25. April 1945 verteidigt und gegen schwerste Angriffe gehalten. Bis zu dieser Zeit waren 451 000 Flüchtlinge und 141 000 Verwundete über diesen Hafen von der Marine auf dem Seeweg herausgebracht worden.

Nach Pillau kam auch als Verwundeter der 19jährige Guy Sajer. Er war Franzose und hatte zwei Jahre lang in Rußland bei der Division Großdeutschland im Kampf gestanden. Dann verteidigte er Memel und gehörte zu den Letzten, die aus dieser Stadt herauskamen. Mit einigen Kameraden gelangte er nach Pillau. Er, der sich selbst als den „vergessenen Soldaten" bezeichnet, hatte gesagt, daß er, sollte er noch einmal nach Hause kommen, für den Rest seines Lebens in seiner französischen Heimat Zeugnis ablegen wolle von alledem, was er sah, erlebte und empfand. Dieses Wort hat Sajer gehalten. Er schrieb viele Jahre nach dem Kriege das Buch vom vergessenen Soldaten (deutscher Titel „Denn dieser Tage Qual war groß", Molden-Verlag), das in Frankreich großes Aufsehen erregte.

Mit Genehmigung des Verlages sei nachstehend beschrieben, wie Sajer als junger Soldat Pillau während einer Zeit von zwanzig Tagen erlebte. Er selbst und seine Kameraden waren verwundet und frontuntauglich geschrieben:

„Unser aufgeweichtes Gehirn hat Mühe, die Vorgänge um uns zu erfassen, zu begreifen, was von uns erwartet wurde. Denn obgleich wir auf Grund unserer körperlichen Verfassung nicht mehr für die Front taugen, sind wir noch immer im Dienst. Das erschütternde Schauspiel der Flüchtlingswelle, die Pillau überschwemmt, braucht jeden von uns, der noch gesunde Arme und Beine hat.

In aller Eile werden wir, und mit uns andere, etwas schwerer Verwundete, von einer sehr verdienstvoll wirkenden Hilfsorganisation eingespannt, die mit unglaublichem Mut und Einsatz versucht, der Zivilbevölkerung, die in diesem Kessel große Not leidet, Hilfe zu bringen. Diese Menschen haben durchwegs eine Flucht hinter sich, wie man sie sich grauenhafter kaum vorstellen kann. Der Schrecken der Ereignisse steht noch in ihren ausgemergelten Gesichtern geschrieben. Und dann gibt es hier noch das Heer der Verwundeten; Soldaten, die aus Königsberg und Cranz kommen. Überall hat man sie hingelegt, meist unter freien Himmel; sie liegen in der Kälte, wie sie zu Beginn dieses Januar 1945 herrscht, und diese Kälte verkürzt manchmal ihre furchtbaren Qualen. Noch laufen Schiffe in Pillau ein. Sie nehmen zu drei Viertel ihrer Ladung Zivilpersonen auf, den Rest Verwundete. Eine unbarmherzige Auslese findet hier statt, in dieser Welt der Stöhnenden, die sich an diese eine letzte Hoffnung klammern. Für die Schwerverwundeten, die nur begrenzte Überlebenschancen haben, und jene, die für immer schwerkriegsversehrt bleiben würden, für sie alle ist es zu Ende. Für sie gibt es auf diesen Schiffen keinen Platz. Die anderen, die noch reelle Überlebenschancen haben, schaffen es schließlich, das schwimmende Heil zu erreichen, und mit etwas Glück bringt es sie nach dem Westen, an Orte, die unsere gutgläubigen Gemüter noch mit der Vorstellung einer gewissen Ruhe und Sicherheit verbinden.

Auf tausend verschiffte Menschen kommen jedoch weitere dreitausend Flüchtlinge; sie drängen aus dem Osten nach, sie lassen diese stöhnende Menschenmasse ins Unermeßliche anwachsen. Sie alle bedürfen unserer Hilfe. Sollte sie der Krieg hier einholen, käme es zu einem zweiten Memel, und die Hölle von damals würde sich wiederholen, vielleicht sogar um ein Vielfaches grausamer. Hier ballen sich noch mehr Menschen zusammen, und ihre Zahl wächst stetig. Sie kommen auch vom Süden her. Sie haben das Frische Haff überquert, auf allen denkbaren Kähnen sind sie herübergelangt. Sie kommen aus Heiligenbeil, aus Pomehrendorf, aus Elbing und sogar aus Preußisch-Holland. Man hat ihnen gesagt, in Pillau bestünde noch die Möglichkeit, sich einzuschiffen.

Wir sprechen mit einigen dieser Unglücklichen, von denen die meisten im Zuge der Ereignisse mehrere Familienangehörige verloren haben. Sie berichten uns mit versagender Stimme von Dingen, die uns an das erinnern, was wir in Memel erlebt und gesehen haben. So erfahren wir auch, daß die Flucht in Richtung Danzig gestoppt wurde. Die Russen haben das Haff an mehreren Stellen erreicht. Daraus schließen wir, daß sich die Greuel von Memel in mehrfacher Hinsicht wiederholen werden und unsere Lage, die wir für einen Sonderfall hielten, die Lage aller preußischen Küstenstädte ist.

Auf unseren zittrigen Beinen schwankend, lassen wir unseren Blick über das unübersehbare Heer der Gepeinigten schweifen, langsam bewegt es sich vorwärts, der ihm versprochenen Rettung entgegen. Trotz aller übermenschlichen Bemühungen dürfte kein Zweifel bestehen, daß nur ein Bruchteil dessen, was sich diese Unglücklichen erhoffen, in Erfüllung gehen wird. Wenn der Himmel je Gebete erhört hat, dann müßte er sich jetzt dieser Elenden erbarmen und ihnen zu Hilfe kommen. Doch nichts geschieht, und nur für Augenblicke, am Tiefpunkt ihrer Verzweiflung, kommt ihr Leiden zur Ruhe, schlummert es ein, wie auf dem tränenüberströmten Gesicht jenes Kindes, das in einen kurzen Schlaf hinübergeglitten ist. Der Winter bricht nun in seiner ganzen Strenge herein, und das Thermometer sinkt unerbittlich auf minus 20 Grad. Für diese ausgehungerten Menschen, die hier im Freien lagern, bedeutet dieser Temperatursturz eine weitere Verschärfung ihrer Lage.

Vor dem großen, überfüllten Gebäude, aus dem der Duft einer Suppe hochsteigt, die in aller Hast in einem Dutzend großer Kessel gekocht wird, harrt eine unübersehbare Menge. Dicht aneinandergepreßt bilden diese Menschen eine einzige kompakte Masse. In regelmäßigem Rhythmus stampfen sie mit ihren Füßen einen schauerlichen Takt, sie würden sonst erfrieren. Ihr Stampfen klingt wie ein dumpfer Trommelwirbel.

Der Anblick der hier befindlichen Kinder liefert das wohl herzzerreißendste Schauspiel. Viele von ihnen haben im Gedränge ihre Eltern verloren, und erschöpft vom Rufen nach der Mutter schwimmen sie in einem Strom von Tränen, den nichts aufzuhalten vermag. Ich spreche natürlich hier von den Kleinkindern, die für keine Erklärung und Beschwichtigung, sei sie noch so einleuchtend, zugänglich sind. Ich sehe ihre Gesichter vor mir, ganz in Tränen gebadet, Tränen, die auf ihren Wangen zu Eis geworden sind. Und diese Gesichter haben sich meinem Gedächtnis eingeprägt als erschütterndstes Bild dieses Dramas aus der tiefsten Hölle Dantes. Wir gehen daran, diese Kinder zu sammeln und sie im Inneren des Hauses nahe den Kesseln unterzubringen, wo sie sich ein wenig aufwärmen können. Wir versuchen, etwas aus ihnen herauszubekommen, den Namen ihrer Eltern, damit er über Lautsprecher ausgerufen werden kann, doch alles umsonst. Nichts ist aus ihnen herauszubringen, nur schrille Schreie und Sturzbäche von Tränen.

Das Frische Haff ist zugefroren, und trotz der für die Schifffahrt fatalen Folgen hat diese Tatsache auch eine gute Seite, deren man sich zu bedienen weiß. Auf dem Eis des Haffs kommt es jetzt zu den unglaublichsten Gewaltmärschen, die man sich vorstellen kann. Hunderttausende versuchen, die schmale Landzunge der Nehrung, Kahlberg und dann Danzig zu erreichen. Sie kommen auch aus dem Kessel von Heiligenbeil. Zu allen übrigen Leiden und Entbehrungen kommen nun die Luftangriffe sowjetischer Jagdbomber, die versuchen, Bombenteppiche zu legen, die das Eis des Haffs brechen und damit den rettenden Weg versperren. An vielen Stellen gelingt ihnen das auch. Oft genug versinken Fuhrwerk und Fahrzeuge aller Art lautlos in den Spalten des geborstenen dünnen Eises, das sich sofort wieder schließt, solchermaßen die tödliche Falle vor den Augen der Nachkommenden verbergend.

Doch nichts vermag den rückflutenden Flüchtlingsstrom zu stoppen. Diese Menschen sind auf das Schlimmste gefaßt. Ein Großteil der Flüchtlinge verläßt Pillau über diesen schicksalhaften Fluchtweg. Es ist auch schon allerhöchste Zeit, denn die Russen beginnen in dieser Gegend wieder aktiv zu werden. Flugzeugverbände überfliegen Tag für Tag die Stadt, und der Widerstand in Königsberg scheint nachzulassen.

Da die Arbeit in Pillau etwas abnimmt, denkt man daran, alle, die nicht unbedingt notwendig sind, zu evakuieren. Von Königsberg bis Pillau sind es knappe zwanzig Kilometer. Auch die Frontlinie von Cranz gibt nach. Möglicherweise kommen wir bald zum Einsatz. Wir sind zwar eine sehr geschwächte Ersatztruppe, immerhin aber noch beschränkt einsatzfähig. Diese Reserve besteht größtenteils aus den Resten zersprengter oder aufgeriebener Einheiten. Keiner hier weiß, wo sich die Reste der Division Großdeutschland befinden, der Krieg hat uns hierher verschlagen, unsere Streifen sind noch am Ärmel unserer ausgeblichenen, schäbig gewordenen Uniformbluse zu sehen. Nur noch wenige bekannte Gesichter sind um mich. Da ist vor allem Leutnant Wollers. Seine linke Hand, an der zwei Finger fehlen, trägt einen schmutzigen Verband. Dann ist da Pferham, unser enttäuschter Pastor, dann Schlesser, Lindberg, der seine Furcht überlebt hat, ferner unser Küchenbulle Grandsk, der seine Kochtöpfe längst gegen ein MG vertauscht hat.

Und dann mein Freund Halls, der das alles nie vergessen wird, und schließlich ich selbst, der ich den Rest meines Lebens dazu benützen will, Zeugnis abzulegen. Dazu kommen noch etwa sieben oder acht andere Kameraden, die ich nicht kenne, die zusammen mit uns hier das Überbleibsel der Division Großdeutschland bilden. Hat man mittlerweile unsere Division endgültig abgeschrieben? Nein, brüllt uns ein Offizier an. Er läßt uns schäbigen Rest antreten und befiehlt uns„Stillgestanden!" Unsere Augen, die schon so viel gesehen haben, hängen an diesem Hauptmann. dessen blutloses Gesicht noch vom Wert der Disziplin spricht.

Allem zum Trotz versucht dieser Mann in den Fetzen einer Offiziersuniform Maßnahmen zu treffen, eine Sintflut einzudämmen, die ein ganzes Volk hinweggespült hat. Er tut das inmitten eines Rückzuges, wie er deprimierender nicht gedacht werden kann. Dieser Mann, der genau weiß, daß alles verloren ist, versucht das Jetzt und Heute zu retten. Er hämmert uns ein, ihr müßt euch zusammenreißen und über das Frische Haff hinüber, koste es, was es wolle, und dann weiter nach Danzig, wo sich noch größere Truppenteile unserer Division befinden. Es sagt es in einem Ton, der keinen Widerspruch zuläßt. Er macht uns klar, wir hätten nach wie vor Pflichten zu erfüllen als Angehörige einer Truppe, die seinen Angaben zufolge sich irgendwo befindet.

Also setzt sich unsere kleine Schar in Marsch. Über die kilometerlange Eisfläche fegt ein schneidender Wind den feinen Schnee daher. Von fern her hören wir das dumpfe Grollen des Meeres, hinter uns die Stimme des Krieges.

Abends erreichen wir die Frische Nehrung und den ersten Luftschutzbunker. Unter dem von den Schneemassen zusammengedrückten Gras ist er kaum auszunehmen. Zu allem Überfluß hole ich mir bei einem blöden Sturz eine Beinverletzung. Die Nehrung hat eine Länge von etwa 60 Kilometer. Ich werde es trotzdem schaffen! Wie immer es ausgeht, ich weiß ja längst, daß der Himmel nicht auf meiner Seite ist.

Ein abgebrochener Besen dient mir als Krücke. Auf diesem Weg hier haben so viele Menschen weitaus größere Schmerzen erduldet und sind elend zugrunde gegangen, daß mir meine Verletzung nicht der Rede wert scheint. Wir kommen nur langsam voran. Eine abgetakelte Barkasse gewährt uns Zuflucht für einen kurzen Schlaf. Wir sind hier nicht die einzigen. Frierende Zivilpersonen haben sich schon vor uns hier einquartiert, wir hören ihr Stöhnen, während sie versuchen, etwas Schlaf zu finden. Ich habe meinen Kopf an Halls' Schulter gelehnt, und trotz dieser wenig bequemen Lage versuche ich, an nichts mehr zu denken.

Erst spät am Vormittag des folgenden Tages erreichen wir Kahlberg. Das Städtchen ist schwarz von ausgehungerten Flüchtlingen. Menschen mit irrem Gesichtsausdruck verschlingen das Mehl, das man ihnen als einzige Nahrung ausgeteilt hat. Kondensmilch gibt es nur für Kinder. Wollen wir nicht an Entkräftung sterben, müssen wir uns gleichfalls in die endlose Schlange der Wartenden einreihen, um schließlich pro Mann zwei Schöpfer Mehl und einen Becher heißen Wassers zu erhalten, in dem ein paar Teeblätter schwimmen. Unser zermürbender Marsch geht weiter, umgeben von erbarmungswürdigen Flüchtlingsscharen, die unter ihrem schweren Los stöhnen. Zweimal greifen sowjetische Maschinen im Tiefflug den Treck an und überschütten ihn mit einem Geschoßhagel, der vor allem der Zerstörung der

Fahrzeuge gilt. Jeder Feuerstoß mäht blutige Furchen in die Menge, und für Augenblicke bringt der Wind den faden Geruch aufgerissener Leiber heran.

Ich zittere vor allem um die Kinder. Sie begreifen rein nichts mehr von dem, was um sie herum vorgeht, es ist für sie einfach nicht faßbar. Weder ein feindlicher Luftangriff noch Hunger und Kälte. Für sie ist alles hier ein einziges großes Leiden, und mit jedem Schritt, den sie tun, tappen sie in eine Falle. Das Leid kann von oben über sie hereinbrechen, die Erde bereitet ihnen Qualen, die Häuser sind bloß dunkle kalte Höhlen, die in sich zusammenstürzen. Ihre Hände verursachen ihnen Schmerzen, und ihre wunden Füße lassen sie bei jedem Schritt in die Lippen beißen. Diese Kinder sind hier verloren. Hilflos ausgeliefert einer großen Angst, die ihren Ursprung in einer Welt des Schreckens hat, die sie keinen Augenblick ihre armselige Ohnmacht vergessen läßt. Also schauen sie hinein in diese Welt, gleichsam blind, nichts wahrnehmend. Ihre glänzenden Augen bleiben an ihren aufgedunsenen Händen haften, die sie gerne losgeworden wären, ihre Blicke richten sich auf die Menschen ihrer Umgebung, die keinen Anspruch mehr auf Leben haben, fallen auf das vom Frost verbrannte Gras, das im Wind erzittert. Dieser Wind wird nie wieder ihr Spielgefährte sein."

Zeittafel II

13. 1. 45 Beginn des Angriffes auf Ostpreußen. 7 Armeen (ca. 55 Div. der 3. weißruss. Front durchbrechen bei Gumbinnen die Front der 3. Panzerarmee. Stoßrichtung: Königsberg.

15. 1. 45 An der linken Flanke Großangriff der 2. weißruss. Front mit 6 Armeen und 5 Panzerkorps (ca. 55 Div.) im Bereich der 2. Armee. Stoßrichtung: Elbing/Weichselmündung.

16. 1. 45 Schloßberg verloren. Beginn der Flucht aus frontnahen Kreisen. Der Aufbruch erreicht zwischen 20. und 30. 1. seinen Höhepunkt. Amtliche Räumungsanordnungen erfolgen meist zu spät. Allgemeine Fluchtrichtung: Weichselübergänge im Westen.

20. 1. 45 Die 43. Armee der 1. baltischen Front greift von Norden her mit 13 Divisionen an. Stoßrichtung: Samland. Tilsit, Gumbinnen und Hohensalza verloren.

22. 1. 45 Räumungsbefehl für Memel. Flüchtlingswelle erreicht Pillau. Insterburg, Angerapp, Neidenburg, Allenstein, Osterode, Mohrungen und Deutsch-Eylau verloren.

25. 1. 45 Beginn der Seetransporte aus Pillau. Starke Flüchtlingsballungen in Danzig/Gotenhafen. Labiau, Ortelsburg, Lötzen, Angerburg und Pr. Holland verloren.

27. 1. 45 Sowjetische Angriffsspitzen erreichen am hart umkämpften Elbing vorbei das Frische Haff bei Tolkemit. Ostpreußen abgeriegelt. Fluchtweg über die Weichsel versperrt, Westweg nur noch über die Nehrung. 500 000 Ostpreußen in sowjetischer Hand. Artilleriefeuer auf Königsberg. Erste größere Flucht aus Königsberg. Räumung Memels beendet. Rastenburg, Gerdauen und Bromberg verloren. Beginn der Seetransporte aus Danzig/Gotenhafen.

Kämpfen! Fahren! Retten!

Als der Endkampf um die deutschen Ostseeprovinzen begann, standen die Verbände des deutschen Heeres von Anfang an vor einer Lage, die mit den vorhandenen Kräften nicht zu meistern war. Personell und materiell waren sie dem Gegner unterlegen. Die sowjetischen Operationen waren großräumig angelegt, sie begannen überall fast gleichzeitig, in jedem Kampfabschnitt war der Feind in vielfacher Überzahl. Zu jedem Zeitpunkt lag das Gesetz des Handelns beim sowjetischen Oberkommando. Die beispiellose Tapferkeit des deutschen Soldaten, die auch in der Niederlage nichts an Größe eingebüßt hat, konnte das nicht ausgleichen.

Der Gegner besaß von Anfang an über dem Kampfraum unangefochten die Luftherrschaft. Die zahlenmäßig schwachen Kampfverbände der deutschen Luftwaffe, durch eine langjährige Überbeanspruchung ausgezehrt, konnten dem Gegner den Luftraum nicht mehr ernsthaft streitig machen. Es entstünde jedoch eine Lücke, wollte man sie überhaupt nicht erwähnen, denn sie taten alles, was im engen Rahmen ihrer Kräfte noch möglich war. Durch Abgaben an das Heer personell geschwächt und durch Treibstoffmangel weitgehend lahmgelegt, konzentrierte die Luftwaffe ihre Kräfte im Osten weitgehend auf die Transportfliegerei.

Nacht für Nacht flogen die Ju 52 der verbliebenen Gruppen und die eine Großraumtransportgruppe Tutow (bei Demmin/ Pommern) mit 23 Ju 352 Versorgungseinsätze für Ostpreußen, für die eingeschlossenen Festungen Posen, Breslau, Glogau, Schneidemühl, Arnswalde, für Budapest und schließlich für die Atlantikfestungen — ein übermenschliches Unterfangen.

Am 9. Februar vermerkt das Kriegstagebuch des Oberkommandos der Luftwaffe:

„In Anbetracht der Erdlage bei Heeresgruppe Nord beantragte Oberkommando des Heeres Abtransport von Verwundeten aus Ostpreußen in großem Umfang. Da hierfür erheblicher Betriebsstoffverbrauch anfallen würde, beabsichtigt Führungsstab, Angelegenheit bei OKW zu klären. Abtransport von Verwundeten erfolgt z. Z. laufend durch Luft-San.-Bereitschaften und durch jede Ju 52, die Versorgungsgüter nach Ostpreußen bringt."

Am 10. Februar wird der ostpreußische Generalmajor Fritz Morzik zum Lufttransportchef der Wehrmacht ernannt, um die Dinge in letzter Minute in den Griff zu bekommen.

Am 18. Februar heißt es: „Generalmajor Morzik meldet, daß Heeresgruppe Nord wegen Treibeis auf dem Haff für 10 bis 14 Tage Luftversorgung von ca. 160 Tonnen (davon 50 Tonnen Otto-Kraftstoff) gefordert hat. Chef Führungsstab lehnt ab, da trotz Treibeis Kriegsmarine in der Lage ist, mit Kleinfahrzeugen Versorgung über das Haff sicherzustellen."

Trotz gleichfalls schwerster Belastung war die Kriegsmarine in einer besseren Lage als die anderen Wehrmachtsteile. Sie behielt in den Gewässern vor den deutschen Ostseeküsten bis zuletzt die Seeherrschaft, obwohl ihr der notwendige Luftschirm fehlte. Die kräftemäßig beachtliche Baltische Flotte der Sowjets, die mindestens soviel Kriegsschiffe besaß wie die in der Ostsee eingesetzten Kampfgruppen der Kriegsmarine, machte keinen ernsthaften Versuch, sich den deutschen Schiffen zum Kampfe zu stellen. Auch die Erfolge der sowjetischen Unterseeboote waren gering, wenn berücksichtigt wird, daß sich im Kampfraum bis zu 20 Unterseeboote befanden.

Mehr Erfolge hatten die Flugzeuge der sowjetischen Marine, allerdings auch nur dort, wo sich größere deutsche Schiffsansammlungen befanden. Sonst gelang es der Flak auf den Kriegs- und Handelsschiffen stets, Luftangriffe vorzeitig abzuwehren.

Admiral Ruge urteilt über diesen letzten Abschnitt des Seekrieges: „Nach der unbefriedigenden Zeit der fehlenden Erfolge und der Mißerfolge im Polarmeer zeigte die Flotte noch einmal, was ein kleiner, aber gut geführter Verband unter sehr schwierigen Verhältnissen ohne eigene Luftwaffe, in engen Gewässern, gegen einen starken, aber seeungewohnten Gegner erreichen kann."

Die Evakuierung der Zivilbevölkerung aus den deutschen Ostseeprovinzen, die mit Recht als die größte Rettungsaktion der Geschichte bezeichnet wird, war nur möglich, solange es den Flottenstreitkräften gelang, die Herrschaft über die Operationsgewässer zu behaupten. Darüber hinaus aber wuchs den schweren Einheiten mit ihren Begleit-Zerstörern und -Torpedobooten eine Aufgabe zu, die von der Entwicklung der Landkriegslage bestimmt war und die eigentlich zum ersten Male in diesem Kriege in einem solchen Umfang zu einem Zusammenwirken von Heer und Marine führte, nämlich das Eingreifen als bewegliche schwere Artillerie in den Landkampf in Küstennähe.

Im Schutze der Flottenstreitkräfte konnten die Sicherungsverbände der Marine — es seien beim Endkampf in der Ostsee die 9. und 10. Sicherungsdivision besonders genannt — ihre Versorgungs- und Transportaufgaben und vor allem die für die Rettungsaktion lebenswichtigen Geleitdienste durchführen.

Die Sicherungsdivisionen arbeiteten eng mit den Seetransportstellen in den Einschiffungshäfen zusammen, denen die Beschaffung von Schiffsraum für die Rettungsaktion oblag. Zusätzlich waren diese Kriegsmarine-Dienststellen für die Beladung und Abfertigung dieser Fahrzeuge verantwortlich.

Den Transport über See selbst führten in erster Linie zivile Schiffe jeder Art und Größenordnung durch, teils unter der Flagge ihrer Reederei, teils in Charter der Marine. Ozeanische Fahrgastschiffe, große Frachter, Handelsschiffe jeder Größe, Ausflugsdampfer, Fischereifahrzeuge, Schlepper, Binnenschiffe, die kaum die offene See gesehen hatten, Barkassen und Fähren, alles befand sich in dieser großen Armada, die in den 115 Tagen Menschen in die Freiheit fuhr.

Das eherne Gesetz, nach dem die Marine — in diesen Begriff seien alle Fahrenden mit und ohne Soldbuch eingeschlossen — in den letzten 115 Tagen handelte, lautete: Kämpfen! Fahren! Retten!

Es gab für sie keine Dreiteilung in diesem Gesetz. Das Handelsschiff fuhr und kämpfte, die meisten waren im Laufe der Zeit bewaffnet worden, das Schnellboot rettete und fuhr, der Zerstörer kämpfte und rettete. Alle taten sie das im Augenblick

Wichtige und Richtige. Kriegsschiffe waren für Personentransporte nicht eingerichtet und holten doch so viele Menschen an Bord, daß die Geschütze gerade noch geschwenkt werden konnten. Handelsschiffer, denen jegliche militärische Vorbildung fehlte, manövrierten bei Angriffen wie alte Kriegsschiffsleute, während an Bord die Flakgeschütze bellten, für die der Koch die Granaten heranschleppte.

Es galt nur eins für sie alle: Kämpfen! Fahren! Retten! Sie wußten dabei nicht, daß sie handelnde Teilnehmer an einer Aktion waren, die es in der menschlichen Geschichte bisher nicht gegeben hat; sie wußten vermutlich noch nicht einmal, daß sie wertvolle Substanz unseres Volkes erhielten. Sie sahen nur, daß Menschen in Not waren und dieser Not nur mit ihrer Hilfe entrinnen konnten.

Und sie halfen. 115 Tage lang.

Ein Kapitän

In Briefen und Tagebüchern von Geretteten taucht immer wieder der Name eines Schiffes und der Name eines Kapitäns auf: Die „Ubena" und Kapitän Lankau. Der Chronist fragt sich, warum das so ist. An der großen Rettungsaktion waren doch so viele Schiffe beteiligt, die immer wieder in die Hölle hineinfuhren und verzweifelte Menschen herausholten. Und sie alle wurden von hervorragenden Seeleuten befehligt. Trotzdem aber gerät immer wieder gerade dieser Kapitän mit seinem Schiff ins Gespräch. Er sieht nicht aus, wie man sich gemeinhin einen Kriegshelden vorstellt, er ist ein freundlicher, gelassener Herr von fast zierlicher Figur und frischer Gesichtsfarbe. Aber? Dieses „Aber" liegt allein darin begründet, daß er ein Schiffsführer und Seemann ist, der sein Handwerk in klassischem Sinne beherrscht... und ein Mensch mit warmem Herzen. Jetzt, fünfundzwanzig Jahre danach, sprach mit ihm ein Mitautor des vorliegenden Buches:

„Sehen Sie sich das mal an", sagt der Hausherr lächelnd und weist mit der Hand auf den verschneiten Garten, in dem sich gerade eine Gruppe Fasanen an bereitgestellten Gefäßen ihre Mahlzeit abholt. Eine kräftige Henne fliegt sogar in ein Vogelhaus hinein und beginnt dort zu stöbern.

„Täglich sind es ungefähr fünfundzwanzig und außerdem noch sechs Rehe", fügt der Gastgeber hinzu. Unwillkürlich denke ich: Sie wissen, mit wem sie es zu tun haben — auf seiner ersten Flüchtlingsfahrt 1945 zwischen Pillau und Lübeck hatte seine für 28 Mann Besatzung eingerichtete Bordküche 3 000 Menschen mit warmem Essen zu versorgen — und es klappte.

Denn mir gegenüber sitzt niemand anderes als Arthur Lankau, in den düsteren Wochen zu Anfang des Jahres 1945 Kapitän der „Ubena", eines Schiffes, dessen Name unter den vertriebenen Ost- und Westpreußen mit besonderer Wärme genannt wird, wenn das Gespräch auf jene Zeit kommt. Und ungefähr zwanzig junge Menschen, die damals an Bord geboren wurden, heißen mit zweitem Vornamen „Ubena". Insgesamt hat dieses Schiff rund 25 000 Menschen in den Westen gebracht.

Wie kommt es, daß gerade dieser Name bis heute einen besonderen Klang behalten hat wie auch der seines Kapitäns? „Vielleicht liegt es daran, daß wir die Reise sechsmal gemacht haben", meint der nun 71jährige Kapitän, der aus dem ostpreußischen Zinten stammt und sich vor ein paar Jahren am Hamburger Stadtrand zur Ruhe gesetzt hat. Aber andere Schiffe sind häufiger gefahren, die Gründe liegen tiefer, wie das Gespräch bald erweist: Auf „Ubena" ging ein Mann mit heißem Herzen an seine Aufgabe im größten Rettungswerk der Geschichte, und er verstand es, einen kühlen Kopf in den Dienst dieses Herzens zu stellen. Auf diesem Schiff wurde um der Menschen willen vorausgedacht und auch die kleinste Nebensächlichkeit ins Auge gefaßt, die verhängnisvolle Folgen hätte haben können.

Das zeigte sich schon bei der ersten Fahrt, die Kapitän Lankau noch mit der „Mungo" unternahm, einem kleineren Schiff mit 3 500 Tonnen Tragfähigkeit. „Mungo" hatte Panzerjäger aus Libau nach Danzig gebracht, als sie kurz nach dem Losbrechen der sowjetischen Offensive den Befehl erhielt, sich auf Flüchtlingstransporte vorzubereiten. Als zusätzliche Ausrüstung dafür wurden nur eine größere Anzahl Strohballen und einige transportable Toiletten geliefert. Das Stroh wurde auf sämtliche Laderäume verteilt, um als Lagerstatt zu dienen, aber die Räume brauchten ja auch Licht und Wärme. Als zusätzliche Quelle für beides ließ der Kapitän die großen 500-Watt-Ladelampen hineinhängen. Das Hinuntersteigen sollte gefahrlos sein, also ließ er lange Holzleitern beschaffen. Die Menschen würden Durst haben, also wurden die Trinkwassertanks restlos aufgefüllt.

„Mungo" sollte eigentlich nach Königsberg laufen, wurde aber bei Fischhausen durch Artilleriefeuer zur Umkehr gezwungen. So legte sie sich in Pillau an die Pier, die im Handumdrehen ohne Vorankündigung schwarz von Menschen war, und brachte das Fallreep aus. Zwei Flaksoldaten zogen daneben als Posten auf, um für reibungslosen Zugang zu sorgen. Vom Fallreep bis zu den Laderäumen bildete die Besatzung eine Kette, um die an Bord kommenden Flüchtlinge möglichst schnell weiterzureichen. Nur den Schiffszimmermann, einen jungen Riesen mit gewaltiger Kraft und goldenem Humor, behielt Kapitän Lankau als

„Z. b. V.", bei sich. Mit seiner unverwüstlichen Laune brachte der junge Mann jede Stockung bald wieder in Fluß; gebrechliche ältere Menschen, denen der Abstieg über die Leitern schwerfiel, nahm er wie Kinder auf den Arm und trug sie nach unten, achtzehn Stunden lang. Arthur Lankau ließ immer nur einen Laderaum auffüllen, damit dessen Luken möglichst bald geschlossen werden konnten und die Menschen es warm hatten. Dann kamen die Kabinen dran, 28 Menschen in die Offiziersmesse, 18 in die Kapitänskabine. Selbst im Ruderhaus waren nur der Zugang zum Ruder und die vordere Fensterfront frei. Jede Treppenstufe war ausgenutzt.

Mit 3 000 Menschen war „Mungo" übervoll, Kapitän Lankau mußte Schluß machen. Aber er mußte auch eine Panik unter den Zurückbleibenden vermeiden. So rief er zum Kai hinunter, das Fallreep müsse zu einer dringenden Reparatur eingeschwenkt werden. Die beiden Posten liefen gleichzeitig nach vorn und kletterten über eine Lotsenleiter an Bord.

Auf dem Kai brach ein furchtbares Schreien los. Viele Familien waren im Gedränge getrennt worden. Sie aber wenigstens wollte Kapitän Lankau wieder zusammenbringen. Wer noch Angehörige an Land hatte, mußte neben ihn auf das hell beleuchtete Fallreep treten, um von Land aus gut erkannt zu werden. Die Zurückgebliebenen mußten sich dann einen Weg durch die Menge bahnen und durften über die Jakobsleiter an Bord kommen.

Das nächste Problem: Verpflegung. Als in den Laderäumen etwas Ruhe eingekehrt war, forderte der Kapitän die Flüchtlinge auf, Leute abzuteilen, die ihm bei der Betreuung behilflich sein konnten. Dieser kleinen Gruppe schenkte er reinen Wein ein: Der an Bord befindliche Proviant reichte für die Besatzung für drei Wochen, aber niemals für 3 000 Menschen. Es mußte also welcher aus dem Proviantamt beschafft werden. Sofort meldete sich eine Anzahl jüngerer Leute freiwillig. Als Transportmittel wurden 38 mit an Bord gekommene Flüchtlingsrodelschlitten zusammengezogen und dann ging es los unter Führung des 2. Offiziers und eines Flak-Unteroffiziers, begleitet von Flaksoldaten mit Maschinenpistolen — für alle Fälle. Am Spätnachmittag war das Kommando wieder zurück, und nun konnte endlich in der 28-Mann-Küche gekocht werden. Der organisatorischen folgte die seemännische Leistung: Auf der Höhe von Bornholm geriet das Geleit in einem schweren Sturm auseinander, allein setzte „Mungo" den Weg nach Rügen und dann mit einem anderen Geleit zum Zielhafen Lübeck fort.

Ein paar Tage später kam das Telegramm: „Sofort Bremerhaven ‚Ubena' übernehmen." Das 9 995 BRT große Fahrgastschiff der Deutschen Afrika-Linien hatte ursprünglich als Wohnschiff für U-Boots-Besatzungen in Pillau gelegen, war bei Beginn der Sowjetoffensive nach Westen verlegt worden und wurde nun beschleunigt zum bewaffneten Verwundetentransporter umgebaut. Mittels einer Holzwand teilten Handwerker den schönen Speiseraum I. Klasse in einen Operationssaal und ein Hospital für Schwerkranke und Frischoperierte, in alle Gesellschaftsräume und Laderäume kamen Kojen für insgesamt 1 300 Personen, an Deck wurde eine stattliche Anzahl Flakvierlinge und 7,5-cm-Geschütze installiert, Ärzte, Apotheker, Schwestern und Sanitätsdienstgrade stiegen an Bord.

Der Kapitän selbst dachte schon wieder voraus. Von Kollegen hatte er erfahren, wie es bei der Anbordnahme der Verwundeten vor Gotenhafen zuging. „Um das zu beschleunigen, muß man sie wie Ladung an Bord nehmen", sagte sich Arthur Lankau. Bohlen waren in genügender Zahl an Bord. Aus ihnen wurden Plattformen gezimmert und mit Drahtseilen versehen, die sich später ins Ladegeschirr haken ließen.

Um den 23. März erschien „Ubena" zum erstenmal vor Gotenhafen, das unter schwerem Artilleriefeuer lag. Als es dann abebbte, lief das Schiff ein, machte irgendwo fest und begann sofort mit der Übernahme von Verwundeten und Flüchtlingen. Eine ganze Weile ging alles gut, dann setzte auf „Ubena" gerichtetes Feuer ein. „Nur nicht das Schiff zusammenschießen lassen", dachte der Kapitän, ließ die Leinen loswerfen und lief ohne Leuchtfeuerhilfe zur Nachtzeit nach Neufahrwasser, um dort das Rettungswerk fortzusetzen. Als er das Schiff noch vor dem Festmachen mit dem Steven nach See drehen wollte, gab es Grundberührung, doch „Ubena" kam aus eigener Kraft wieder frei.

Wieder ist die Pier schwarz von Menschen und die Beladung in vollem Gange, als schwere Granaten in nächster Nähe einschlagen. Sofort werden die schweren Ladenetze über die Bordwand geworfen, an denen die Menschen wie Katzen hochklettern. An Deck steht die ganze Besatzung mit Ausnahme des diensttuenden Maschinenpersonals und dirigiert den Menschenstrom zum jeweils nächsterreichbaren Raum. Endlich kann der Kapitän mit gutem Gewissen ablegen lassen. Dabei kommen immer noch Menschen über die Netze an Deck. „Ubena" läuft noch einmal nach Gotenhafen Reede zurück, um weitere Verwundete zu übernehmen und sich dann dem nächsten Westgeleit anzuschließen.

Am nächsten Morgen sieht Kapitän Lankau, wie hinter den sowjetischen Linien Fesselballons aufgelassen werden. Das schmeckt ihm gar nicht. Sofort läßt er den Anker hieven. Er ist noch nicht hoch, als schon dicht beim Schiff die erste Salve einschlägt. Die zweite liegt noch dichter und verletzt einen zwölfjährigen Jungen tödlich, die dritte schlägt genau da ein, wo „Ubena" eben noch gelegen hat ... Doch jetzt schießen deutsche Kreuzer und Zerstörer heran und verschaffen den Rettungsschiffen Luft, indem sie mit ihren weittragenden Geschützen die roten Stellungen eindecken.

„Ubena" geht näher an die Spitze von Hela heran, Marinefährprähme mit Verwundeten kommen längsseit und nun bewähren sich die Plattformen, die unterwegs gebaut wurden: immer zwei Verwundete werden auf eine Plattform gelegt, ein Seemann setzt sich dazu, um ein Herunterfallen zu verhindern, und dann holt sie der Ladebaum an Bord. Manche Fähre bringt 300 Verwundete, aber im Handumdrehen sind sie übernommen. Die Gehfähigen kommen über Fallreeps an Deck, während die eigene Bordflak aus allen Rohren sich nähernde Schlachtflieger unter Beschuß nimmt. Am Spätnachmittag endlich sind 5 000 Menschen an Bord, das Geleit läuft aus nach Kopenhagen. Die Bordküche hat diesmal einen großen Kessel und kann größere Mengen Eintopf kochen, nur die sanitären Einrichtungen reichen nicht aus.

Viele der Flüchtlinge und Verwundeten haben unerhörte Strapazen hinter sich, denen ihre schwachen Kräfte nicht mehr gewachsen sind. Manches Leben verlischt wie eine Kerze, die „Ubena" hat auf dieser ersten Reise 80 Tote. Segeltuch und Gewichte reichen nicht, um sie für ein anständiges Begräbnis nach Seemannsart einzunähen, doch da es noch verhältnismäßig kühl ist, nimmt Kapitän Lankau sie mit nach Kopenhagen, um sie dort an Land beisetzen zu lassen.

In aller Eile wird das Schiff gründlich gesäubert, um das Entstehen von Seuchen zu verhindern, und neu ausgerüstet. Die nächsten Reisen werden noch härter. Schon auf See empfängt der russische Aufklärer vom Dienst „Ubena" und begleitet sie außerhalb der Flakschußweite. Und nach dem Einlaufen beginnt sofort bei Morgengrauen das Artilleriefeuer. Aber auch Kapitän Lankau hat wieder dazugelernt: sein Schiff ankert mit einem Minimum an Kette, und der 3. Offizier geht mit dem Schiffszimmermann Dauerwache am Ankerspill, um durch ständiges Aus- und Einhieven dafür zu sorgen, daß die Ankerwinde ständig klar ist. Sobald sich die Sowjetartillerie eingeschossen hat, wird der Anker hochgeholt und ein anderer Platz gesucht. Das geht oft so den ganzen Tag, aber es zahlt sich aus: an einem Tag müssen die Männer der „Ubena" zum Beispiel erleben, wie nacheinander drei andere deutsche Schiffe vernichtet werden, während dem eigenen Schiff nichts geschieht. Es hat den Anker auf und dreht ständig von einem auf den anderen Bug. Zudem hat „Ubena" einen hervorragenden Flak-Einsatzleiter mit Nerven wie Ankertrossen, der von seinem Leitstand auf dem Peildeck einen Granatenvorhang vor das Schiff legt.

Ein andermal soll „Ubena" außerhalb von Hela Flüchtlinge übernehmen, doch die See ist rauh, daß kein Fahrzeug längsseit kommen kann. Ein Marineoffizier macht den gewagten Vorschlag, auf die Binnenseite von Hela zu gehen. Dort ist es zwar ruhiger, aber die russische Artillerie kennt dort jeden Punkt, und die Nächte sind im April nicht mehr sehr lang. Es kann also eine Katastrophe geben. Trotzdem wird es gewagt. Mit Schleichfahrt geht „Ubena" nach Einbruch der Dunkelheit um die Landspitze heran. Als die Fährprähme anlegen, springen sofort ein paar von Kapitän Lankaus Seeleuten hinein und schubsen die dicht bei dicht stehenden Menschen rücksichtslos die schon ausgebrachten Fallreeps hinauf. In der Maschine hat Kapitän

Lankau sicherheitshalber auf der Hauptschalttafel die Schalter für die Decksbeleuchtung herausnehmen lassen, und überall passen Seeleute auf, daß keine Taschenlampen gebraucht werden — die Sowjets dürfen nicht das geringste merken. Manchmal verliert einer ein Gepäckstück, aber die Seeleute sind unerbittlich — Menschenleben gehen vor, und bei Tagesanbruch muß das Schiff wieder auf der Seeseite sein. Das gelingt auch glücklich.

Am Nachmittag soll das Geleit mit vier schnellen Handelsschiffen, zwei Minensuchern und einem Schnellboot in See gehen. Noch vor dem Eintreffen der Kriegsschiffe setzt ungewöhnlich dichter Nebel ein, aber die Kapitäne und Kommandanten sind sich einig: „Gefahren wird auf jeden Fall, dabei bleiben wir wenigstens unbelästigt..." Die Sichtweite beträgt nicht mehr als hundert Meter, aber sie wollen so dicht wie möglich aufgeschlossen und mit voller Kraft fahren — eine Fahrweise, die Konzentration und äußerste Geistesgegenwart erfordert. Jedes Schiff montiert am Heck zusätzlich eine genau nach achtern scheinende Lampe, und nicht größer als deren Sichtweite soll der Abstand des nächsten Schiffes sein. Die Verständigung erfolgt über UKW-Telefon. Auf „Ubena", die das schnellste Schiff ist und deshalb als letztes fährt, fällt das UKW-Gerät jedoch aus. Da legt sich das Schnellboot dicht neben die Bordwand und übermittelt per Megaphon die Befehle des vorauslaufenden Geleitführers. Das Verfahren funktioniert ausgezeichnet, auch die vorher abgesprochenen Kursänderungen, aber das Brückenpersonal ist anschließend fertig, raucht und raucht und trinkt starken schwarzen Kaffee.

Die Seeleute haben immerhin noch frische Luft — Ärzte und Sanitätspersonal müssen hinter geschlossenen Fenstern Stunde um Stunde operieren, oft genug amputieren und die seit langem nicht gewechselten Verbände erneuern. Sie leisten Übermenschliches, und dennoch hält der Tod reiche Ernte. Jeweils zu zweit werden die Toten in Segeltuch genäht, mit in Kopenhagen besorgten Pflastersteinen beschwert und nach Seemannsweise bestattet. So manche Mutter oder Schwester liegt auf den Knien vor Kapitän Lankau und fleht ihn an, den Toten doch mitzunehmen. Aber der Kapitän muß hart bleiben.

„So gut es mir möglich war, habe ich sie getröstet, obwohl mir selbst hundeelend war", erinnert er sich. „Man faltete nur kurz die Hände, nahm die Mütze ab und die Toten wurden der See übergeben. Es schüttelt mich noch heute, wenn ich nur daran denke..."

Es gibt aber auch erfreulichere Augenblicke an Bord der „Ubena". So etwa, wenn ein Kind geboren wird, und das sind zwanzig oder noch mehr auf diesen sechs Reisen. Als Standesbeamter hat der Kapitän jedesmal den Geburtsschein zu unterzeichnen, auf dem der Zahlmeister als zusätzlichen Vornamen „Ubena" eingefügt hat. Manchmal muß der Kapitän auch noch zusätzlich Geburtshelfer spielen wie bei jener Frau, die ihre Kinder bisher durch Kaiserschnitt bekommen hat und nun in ihrer schweren Stunde hysterisch zu werden droht. Die Hebamme weiß sich keinen Rat mehr. Da probiert Arthur Lankau eine Radikalkur: Er brüllt die Frau an, daß die Wände wackeln. Und auf einmal geht alles ganz glatt...

Immer wieder schlägt dem Kapitän wie der Besatzung die rührende Dankbarkeit der Menschen entgegen, braucht doch hier dank der Vorausschau der Schiffsführung niemand Hunger und Not zu leiden, spüren sie doch überall menschliche Wärme. Ja, es ist sogar möglich, sich gründlich mit warmem Wasser zu waschen, wenn nicht gerade Fliegerangriff ist. Welcher unerhörter Luxus nach den vorangegangenen Wochen...

Am 8. Mai übernimmt das Schiff im Fahrwasser vor Kopenhagen von vier Zerstörern 3 000 Soldaten, die sie von Hela abgeholt haben, und bringt sie nach Kiel. Für Kapitän Arthur Lankau und die beiden bei ihm eingeschifften ranghöchsten Wehrmachtsoffiziere bringt diese Fahrt noch ein kriegsgerichtliches Nachspiel: Beim Umkreisen des Schiffes ist ein englisches Jagdflugzeug zu dicht ans Wasser gekommen und abgestürzt. Die Engländer hegen den Verdacht, die Flak der „Ubena" habe die Maschine abgeschossen. Einem englischen Gerichtsoffizier gelingt es die Unschuld der drei Männer nachzuweisen.

Im Juni 1945 fährt „Ubena" in einem großen Geleit zum schottischen Firth of Forth, um dort als Kriegsbeute übergeben zu werden.

Hölle von Kolberg

Den Menschen in Pommern war wohl eine etwas längere Atempause vergönnt als den Ostpreußen, aber seit Mitte Januar schon durchzogen Trecks aus Ostpreußen, die noch rechtzeitig über die Weichsel gekommen waren, und aus dem südlichen Westpreußen die stillen Ortschaften von Hinterpommern, die vom Kriege bisher noch völlig unberührt waren. Hier zeichnete sich wieder das gleiche Bild ab wie vorher in den weiter östlich gelegenen Gebieten. Man betrachtete alle diese Erscheinungen wie ein fremdes Schicksal, das einem selbst gar nicht widerfahren konnte. Es wurde für ausgeschlossen gehalten, daß der Krieg auch einmal in diese friedlichen Oasen hineinschlagen könnte.

Planungen für eine Evakuierung waren nur in Ansätzen vorhanden. Vorsichtige, die die richtige Witterung hatten, setzten sich nach Westen über die Oder ab, die Mehrzahl aber blieb und wartete auf die Weisung von oben und vertraute auf den neuen Oberbefehlshaber der Heeresgruppe Weichsel, Heinrich Himmler. Als es nachher ernst wurde, erwies sich, daß die Heeresgruppe zu schwach war, den Feind aufzuhalten. So geschah es wie vorher in den anderen Provinzen: Der Räumungsbefehl kam zu spät. Die Sowjets waren schneller an der Oder.

In der ersten Hälfte des Februar drangen Angriffsverbände der 2. Weißrussischen Front, die in Westpreußen operierte, in Hinterpommern ein. Sie wurden vorübergehend abgefangen, ein deutscher Gegenangriff jedoch, der den Gegner zurückwerfen sollte, scheiterte. Den Hauptangriff auf Pommern führte dann am 26. Februar die 1. Weißrussische Front aus dem Raum von Neustettin in nördlicher Richtung und zur Odermündung.

Und wieder begann der große Aufbruch der Zivilbevölkerung, überhastet und zu spät. Der Weg nach Westen zur Oder war bald versperrt. Es blieb nur die Möglichkeit, an die Küste zu gelangen und auf dem Seewege zu entkommen oder die Flucht nach Osten in den Raum Danzig-Gotenhafen anzutreten und dort ein rettendes Schiff zu finden. Unter den letzteren befanden sich viele Ostpreußen, die geglaubt hatten, in Pommern in Sicherheit zu sein. Auch sie wanderten den Weg zurück.

Der Teil der pommerschen Bevölkerung, der in sowjetische Hand fiel, erfuhr das gleiche Leid wie vorher die Deutschen in den anderen Ostprovinzen. Mord, Plünderung, Schändung und Verschleppung markierten auch hier den Weg der Roten Armee. Den pommerschen Frauen blieb nichts von dem erspart, was andere vor ihnen schon erduldet hatten. Die Zahl der Selbstmorde war sehr hoch. Ganze Familien gaben sich angesichts des Wütens der sowjetischen Soldateska, zu der sich auch polnische Einheiten gesellt hatten, lieber selbst den Tod, als Mißhandlungen und Erniedrigungen zu erleiden.

An der pommerschen Küste gab es östlich der Oder, abgesehen von Kolberg, nur kleine Fischereihäfen, die von größeren Schiffen nicht angelaufen werden konnten. Aber auch hier wurde der Seetransport mit kleinen und kleinsten Fahrzeugen, die noch eben seegängig waren, durchgeführt. Fischerboote, Ausflugsdampfer, Flugsicherungsboote und Schnellboote der 10. Sicherungsdivision räumten die kleinen Häfen von Flüchtlingen. Mitunter standen ihnen dafür nur wenige Stunden zur Verfügung.

In letzter Minute verließ auch der kleine Dampfer „Martha Geiß", ganze 531 Tonnen Wasserverdrängung, den Hafen von Stolpmünde. Auf ihm befand sich Superintendent Otto Gehrke aus Stolp mit seiner Familie. Die Inhaberin der Reederei Geiß hatte ihn zur Flucht über See aufgefordert, denn sie wollte gleichzeitig die ihr anvertrauten Menschen in den Westen retten. Otto Gehrke erzählt:

„Frau Geiß hatte einen ihrer kleinen Dampfer mit den Angehörigen ihrer Reederei beladen lassen, und ein zweiter kleiner Dampfer ‚Martha' wurde mit Flüchtlingen besetzt in solcher Fülle, daß jeder auf seinem Flecken stehen mußte. Eine meiner Töchter und unsere Hausgehilfin hatten in einem Rettungsboot Platz gefunden, das der Dampfer mit sich führte. Frauen mit kleinen Kindern wurden in den Laderaum gebracht, wo Stroh aufgeschüttet war. Wir bekamen an Deck Stehplätze. Da es sehr stürmisch geworden war und ein starker Frost herrschte, zögerte der Kapitän, mit seinem mit etwa 700 Menschen beladenen Schiff den Hafen zu verlassen. Als es dunkel geworden war und wir ringsum die Feuerscheine von brennenden Dörfern sahen und die

Schüsse der Panzer immer näher kamen aus Richtung Schlawe, entschloß sich der Kapitän doch, auszulaufen.

Es wurde eine grausige Fahrt! Sobald wir in die offene See gekommen waren, kamen die Brecher über das Vorderschiff, die Mäntel und Decken, welche die Menschen schützen sollten, waren schnell mit einer dicken Eiskruste versehen. Natürlich war alles seekrank. Der Kapitän hielt Kurs in der Nähe der Küste auf Swinemünde zu. Unsere Fahrt längs der pommerschen Ostseeküste in dunkler Nacht bei abgeblendeten Lichtern werden wir nie vergessen. U-Boot- und Minengefahr auf der einen Seite, den Blick auf die Küste hin, vorbei an brennenden Ostseedörfern, vorbei an dem lichterloh brennenden Kolberg, und auf der anderen Seite ein Spielball der stürmischen See, waren wir alle dennoch ruhig und gefaßt. Ich habe keinen Laut der Klage gehört. Wir spürten es: Wir sind ganz in Gottes Hand. Wir wußten aber auch: ‚Weiß ich den Weg auch nicht, Du weißt ihn wohl.'

Ohne einen Unfall fuhren wir am 8. März 1945 nachmittags gegen 14 Uhr in den Hafen von Swinemünde ein. Das Schiff legte an, aber es durfte nicht ausgeladen werden. Swinemünde war übervoll von Flüchtlingen, der Kapitän sollte weiter nach Stralsund fahren. Er konnte sich nicht entschließen, wegen der Minen- und U-Boot-Gefahr auf offener See weiterzufahren, vielmehr steuerte er das Haff hinauf bis Ückermünde, und von dort wurden wir durch die Peene nach Stralsund gelotst. Hier kamen wir am 9. März abends bei Dunkelheit an. Erst am nächsten Morgen konnte das Schiff verlassen werden."

Am längsten tobte der Kampf um die Stadt Kolberg. Seit Anfang Februar war die Bevölkerungszahl durch den Flüchtlingszustrom von 35 000 auf 85 000 Einwohner gestiegen. Trotz Abwanderung nach Westen über die Strandstraße über Gribow blieb die Zahl durch neue Zuzüge aus Süden und Osten konstant. Am 7. März stießen sowjetische Truppen westlich und ostwärts Kolberg bis an die Küste durch. Kolberg war damit eingeschlossen.

Dem Festungskommandanten, Oberst Fullriede, stand zur Verteidigung der Stadt eine schwache Streitmacht zur Verfügung. Insgesamt etwa 3300 Mann, die Hälfte davon alte Männer und

Sowjetische Jagdbomber vernichteten einen kleinen Treck, der über das Eis des Haffes zur rettenden Küste wollte.

Auf der Reede von Hela. Rettungsschiffe warten auf die Zubringerboote, die Flüchtlinge von Land holen.

Rettungsschiff UBENA (9 996 BRT)

Rettungsschiff WALTER RAU (13 752 BRT)

Rettungsschiff PRETORIA (16 662 BRT)

1970: Das Blumenkreuz von Laboe

1970: Ein Kranz für die Toten der GOYA

Totenehrung auf See. Junge Ostpreußen werfen einen Kranz für die auf See Gebliebenen über Bord.

Knaben, unter den übrigen Soldaten hatte nur ein Teil Front-erfahrung. Zwölf Tage lang kämpften sie tapfer gegen drei feindliche Schützendivisionen, mehrere Panzerverbände und ein Panzer-Artillerieregiment. Ihrem Widerstand ist es zu danken, daß mehr als 75 000 Menschen aus dem brennenden und zer-trümmerten Kolberg auf dem Seewege gerettet werden konnten.

Große Schiffe konnten Kolberg nicht anlaufen, sie mußten auf Reede liegenbleiben. Von der Moleneinfahrt bis zu ihrem Liege-platz pendelten kleine Motorfahrzeuge mit ihren Menschen-frachten. Am Tage der Einschließung standen vor Kolberg die Transportschiffe „Winrich von Kniprode", „Nordenham", „Heinz Horn" und „Westpreußen". Sobald sie beladen waren, liefen sie nach Swinemünde ab, während andere Schiffe sie auf Reede ablösten. Den Seetransport leitete Fregattenkapitän Kolbe.

Für ihn wurde die Situation seit Beginn der Belagerung immer schwieriger. Es gab keinen Zweifel daran, daß die deutsche Ver-teidigung sich nicht lange gegen die feindliche Übermacht halten konnte. Daher mußten die Verschiffungen beschleunigt werden. Das bisherige Verfahren einer Beladung auf Reede war zu zeit-raubend. Kapitän Kolbe forderte kleine seefähige Fahrzeuge an, die an der Pier beladen werden und sofort auslaufen konnten. An den Anlegestellen spielten sich täglich unbeschreibliche Sze-nen ab. Hier drängten sich Zehntausende, die sowjetische Artil-lerie schoß in die Menge hinein. Ringsum brannten die Häuser.

Der Verteidigungsgürtel wurde immer mehr zusammenge-drückt. An die Truppe wurden außergewöhnlich hohe Anforde-rungen gestellt. Ein Eingraben war wegen des hohen Grundwas-serstandes unmöglich, so waren die Soldaten dem feindlichen Feuer fast deckungslos ausgesetzt. Aus diesen Tagen berichtete ein Offizier: „Panikstimmung in der Bevölkerung, hervorgerufen durch den pausenlosen Artilleriebeschuß, eine hohe Säuglings-und Kindersterblichkeit, hervorgerufen durch den Mangel an Milch und Trinkwasser, Kindermord durch die eigenen Mütter und Selbstmord sind häufige Erscheinungen. Davon hob sich auf der anderen Seite die tapfere Haltung der Frauen ab, die beim Löschen von Bränden, beim Bergen von Verwundeten unter Ein-satz ihres Lebens einem großen Teil der männlichen Zivilbevöl-kerung ein Vorbild sein konnten."

Auf der Feindseite waren die Sorgen nicht minder groß. Ihre Menschenverluste waren außerordentlich hoch. Nach vorsichtiger Schätzung nach Gefangenenaussagen hatten die Sowjets Verluste bis zu 50 Prozent der eingesetzten Truppen. Sie waren schließlich gezwungen, ihre Trosse in vorderster Linie einzusetzen. Sie mußten jede Häuserzeile in Brand schießen, um deren Trümmer dann in Besitz nehmen zu können. Kolberg glich einer Hölle.

Indessen lief im Hafen der Abtransport der Zivilbevölkerung im feindlichen Feuer weiter. Draußen auf Reede standen die Zerstörer Z 34 und Z 43, die mit ihrer Schiffsartillerie so wirksam in den Kampf eingriffen, daß nach einhelliger Meinung ohne sie Kolberg nicht so lange hätte gehalten werden können. Während sie mit ihren Geschützen Landziele bekämpften, stiegen in Feuerlee Flüchtlinge an Bord, die von den Zerstörern nach Swinemünde gebracht wurden, worauf die Kriegsschiffe nach neuer Munitionierung nach Kolberg zurückliefen.

Korvettenkapitän Hetz, der spätere Flottenchef der Bundesmarine, war in jenen Tagen Kommandant des Zerstörers Z 34. Die Odyssee eines einzigen Einsatzes im März 1945 zeigte die enge Verzahnung der militärischen mit der menschlichen Aufgabe. An diesem Tage zerschlugen die Zerstörer mit pausenlosen Salven einen Angriff auf Kolberg. Gleichzeitig wurden auf der landabgewandten Seite 800 Menschen an Bord genommen. Während der Rumpf des Schiffes alle paar Sekunden von der Gewalt der Abschüsse erzitterte, holten Seeleute auf der anderen Schiffsseite Frauen, Kinder und Greise an Bord und brachten sie ins Schiffsinnere. Als der sowjetische Angriff im Feuer der Schiffsgeschütze zusammengebrochen war, lief Z 34 nach Swinemünde. Zusätzlich zu der 320 Mann starken Besatzung befanden sich mit Verwundeten nahezu 1000 Menschen an Bord.

Die Fahrt verlief reibungslos bis zum Zielhafen. Als Z 34 gerade die Molenköpfe von Swinemünde passiert hatte, wurde Fliegeralarm gegeben. Alle Schiffe sollten sofort den Hafen verlassen. Ein Verband schwerer Bomber aus Westen war im Anflug. Z 34 hatte aber einlaufenden Kurs und konnte in dem engen Fahrwasser nicht drehen. Sollte das Schiff mit seiner großen Menschenfracht, gerade der Hölle von Kolberg entronnen, hier sein Ende finden?

Kapitän Hetz wagte das Äußerste. Er wußte, daß swineaufwärts eine Stelle war, für eine Wendung gerade breit genug. Z 34 lief den anfliegenden Bombern entgegen, erreichte noch rechtzeitig den Wendepunkt und rauschte dann mit Höchstfahrt aus dem Hafen wieder hinaus. Dann ging ein Bombenteppich gerade an der Stelle nieder, an der Z 34 gedreht hatte. Um Haaresbreite war der Zerstörer seiner Vernichtung entgangen. Kapitän Hetz schrieb damals nieder: „Allmählich nur löste sich die lähmende Spannung an Bord. Als wir die Molen wieder auslaufend passierten, erschienen auf dem Außendeck zwei Flüchtlingskinder, die sich an den Händen hielten und ahnungslos fröhlich lachten. Dieses Lachen war für uns wohl der glücklichste Augenblick seit langer Zeit. Es schien mir der unbewußte Dank für die Rettung aus höchster Gefahr, in der wir nur Werkzeuge einer höheren Macht waren."

In den Morgenstunden des 18. März verließen die letzten Verteidiger bis auf einige Nachhuten, die sich nicht mehr rechtzeitig vom Gegner lösen konnten, die völlig niedergebrannte und verwüstete Stadt. Der Zerstörer Z 43 und das Torpedoboot T 33 deckten mit ihren Geschützen das Ablegen der Zubringerboote. In den Abendstunden zuvor waren auf Reede die „Hestia" und die „Nautik" erschienen, die von den Seeschleppern „Charles Nungesser" und „C 72 S" begleitet wurden. Dann liefen auch noch vier Flugsicherungsboote an der Ostmole ein. Insgesamt wurden am letzten Tage noch einmal 5500 Mann abtransportiert.

Als der helle Tag anbrach, waren alle Schiffe wieder in See. Der Kampf um Kolberg war zu Ende. Aber 75 000 bis 80 000 Menschen erreichten über diesen Hafen den rettenden Westen.

Zeittafel III

30. 1. 45 „Gustloff" gesunken. Verbindung zwischen Königsberg und Pillau unterbrochen, im Februar wieder freigekämpft. General Lasch Festungskommandant Königsberg. 29.—31. 1. Kampfgruppe Thiele greift von See her in die Kämpfe im Samland ein. Erster sowjetischer Einbruch in Ostpommern.

1. 2. 45 Heiligenbeiler Kessel, Frontverlauf Frauenburg-Wormditt - Guttstadt - Heilsberg - Bartenstein - Friedland-Brandenburg. 4. 2. Bartenstein verloren.

6. 2. 45 Schwere Kreuzer „Lützow" und „Scheer" beschießen zwei Tage den Kampfraum Frauenburg. 8. 2. Frauenburg verloren. 9. 2. Kriegsschiffe beschießen Kampfraum Elbing.

10. 2. 45 „Steuben" gesunken. Elbing verloren. Sowjet. Angriff in Hinterpommern zum Stehen gebracht.

11. 2. 45 Wormditt verloren. Aus Heiligenbeiler Kessel Massenflucht über das Eis des Haffes.

12. 2. 45 Großangriff der 2. weißruss. Front mit 5 Armeen in Nordrichtung in Westpreußen. Ziel: Danzig.

16. 2. 45 In Pommern deutscher Gegenangriff bei Stargard nach zwei Tagen gescheitert.

19. 2. 45 Deutsche Seestreitkräfte greifen wirkungsvoll in die Samland-Kämpfe ein. Verbindung mit Königsberg wiederhergestellt.

24. 2. 45 Sowjetischer Durchbruch in Hinterpommern.

26. 2. 45 Angriff der 1. weißruss. Front in Pommern von Neustettin nach Norden. Ziel: Ostseeküste. Fluchtweg nach Westen unterbrochen. Rückstrom der Flucht nach Danzig/Gotenhafen.

3. 3. 45 Sowjet. Angriffsspitzen erreichen Odermündung bei Stettin.

5. 3. 45 Graudenz und Köslin gefallen.

Eine Barkasse nur . . .

B arkasse (spanisch von lateinisch barca): 1. kleines Dampf-
  boot, 2. größter Beibootstyp von Kriegsschiffen, meist mit
Motorantrieb (bis 120 Personen). So viel verzeichnet das Lexikon über diese Schiffsart.

Die Barkasse „Hilgendorf" gehörte zum ersteren Typ. Einer
Hamburger Stauerei gehörend, hatte sie ursprünglich „Gerd
Buss VI" geheißen und war eine der vielen hundert Barkassen
gewesen, die mit schaulustigen Touristen auf Rundfahrten den
Hamburger Hafen durchpflügten oder den Verkehr zwischen
dem eigenen Betrieb und den an den Dalben vertäuten großen
Schiffen aufrecht erhielten, einmal Gäste oder Seeleute an Bord
brachten, ein andermal Stückgut in kleinen Mengen. Als sie dann
am 2. Oktober 1939 mitsamt ihrem Schiffsführer Hermann
Meckelmann zur Kriegsmarine eingezogen und nacheinander
verschiedenen U-Boot-Flottillen zugeteilt wurde, änderte sich
zunächst nicht viel außer dem Umstand, daß die Barkasse nun
statt eines angesehenen Hamburger Kaufmannsnamens den eines
berühmten Segelschiffskapitäns führte, daß die Fahrgäste jetzt
Uniform trugen und das Stückgut die Form von Torpedos an-
nahm, wobei einmal eine Höchstlast von 35 Tonnen (700 Zent-
ner) erreicht wurde. In Pillau, Memel, in einem norwegischen
Fjord bei Trondheim und schließlich wieder in Memel bei der
24. U-Flottille verlief „Hilgendorfs" Leben weiter nach des
Dienstes ewig gleich gestellter Uhr — bis zum August 1944. Da
hatte der Chef der 24. U-Flottille, Fregattenkapitän Merten, die
Räumung der nordöstlichsten deutschen Stadt durchgesetzt.

Jäh hörte das beschauliche Dasein als Torpedotransporter und
Routineboot auf. Tag und Nacht pendelten „Hilgendorf" und
ihre Schwesterboote zwischen Kaianlagen und auf Reede liegenden Schiffen hin und her, um den Inhalt von Kühlhaus, Lager-
schuppen und Ausrüstungshallen an Bord zu nehmen und zu
den größeren Schiffen zu bringen. Und als die U-Flottille Anfang Oktober nach Gotenhafen verlegte, blieben „Hilgendorf",
einige andere Barkassen und Schlepper mit Sonderauftrag zurück: Sie hatten unter Artilleriebeschuß und Fliegerangriffen

133

Flüchtlinge und deutsche Soldaten von Memel auf die Kurische Nehrung überzusetzen.

Das waren keine harmlosen Routinefahrten: In einer stockdunklen Nacht zum Beispiel riß das kleine Geleit auf der Fahrt nach Nidden auseinander und ausgerechnet im verengten Fahrwasser vor Schwarzort gerieten „Hilgendorf" und das Schwesterboot „Steinhöft" auf Grund — an einer Stelle, die bei Tageslicht von den Sowjets eingesehen werden konnte. „Steinhöft" kam nach einer halben Stunde wieder frei, aber „Hilgendorf" brauchte weitere zwei Stunden, bis sie wieder Wasser unter dem Kiel hatte. „Steinhöft" blieb als guter Kamerad solange in der Nähe liegen, doch dann ging es mit Höchstfahrt dem Geleit hinterher. Bei Morgengrauen lief es vollzählig in Nidden ein, wo schon neue Befehle warteten: Bei Hindenburg und Heydekrug waren Heerestruppen über Minge und Rußstrom zu setzen. Quer übers Haff ging es zurück nach Nidden.

Neuer Auftrag: Abtransport von Flüchtlingen. Nachdenklich besah sich Schiffsführer Meckelmann seine Barkasse: Nicht nur die Nächte, auch die Tage waren schon kühl. Mit seinen paar Männern ging er ans Werk, begann das offene kleine Schiff mit Segeln abzudichten und den Fußboden mit Stroh auszulegen, um wenigstens einen kleinen Schutz vor der Kälte bieten zu können. 52 Menschen stiegen an Bord, für die ein Mann ständig Milchsuppe und Kaffee kochte. Labiau und Königsberg waren vorläufige Endpunkte der Flüchtlinge, für „Hilgendorf" ging die Fahrt weiter übers Frische Haff, durch Nogat und Weichsel zur 24. Flottille nach Gotenhafen. Als Mitte Januar die Flottille nach Westen verlegte, blieb „Hilgendorf" wiederum zurück, brachte Ausrüstung zu Front-U-Booten und übermittelte Befehle. Und ausgerechnet jetzt mußte der Kolben versagen und das Boot lahmlegen. Ersatzteile gab es nicht außer dem Kolben einer ganz anderen Maschine. Mit Bordmitteln wurde er zurechtgeschnitten, Kolben und Pleuel eingebaut, und nach acht Tagen fuhr „Hilgendorf" wieder unter Bomben und Granaten Verbindungsdienst, jetzt dem Tender „Saar" zugeteilt. Doch eines Tages fuhr „Saar" nach Westen und ließ den kleinen Bruder ohne Anweisungen zurück. Was tun? Meckelmann fuhr nach Danzig und meldete sich beim Marinestab im Bunker II. „Sehen Sie zu, ob Sie ein Dampfer an Deck setzt oder versuchen Sie, mit eigener Kraft herauszukommen", sagte ihm ein Marineoffizier.

Meckelmann entschied sich für die eigene Kraft. An ein Auslaufen bei Tage war des starken Artilleriefeuers wegen nicht zu denken, doch in der Nacht zum 25. März nahm Schlepper „Wogram" die „Hilgendorf" und eine Reihe anderer Barkassen an die Trosse und rauschte mit zwölf Meilen durch die Ausfahrt von Neufahrwasser. Es war eine glückliche Fahrt, denn die See war spiegelglatt: Normalerweise steht schon bei Windstärke 3 in der Danziger Bucht eine für offene Fahrzeuge gefährliche kurze und schwere See.

Hela war die nächste Station, aber „Hilgendorf" sah sie in den nächsten vier Tagen nur selten: Die Barkasse war ständig unterwegs nach Gotenhafen, um Flüchtlinge und Verwundete abzuholen und zur „Deutschland" zu bringen. Am 28. März mittags kam ein Sonderbefehl: „Sie müssen im Hafenbecken 10 in Gotenhafen 12 000 Liter Destillatwasser für die U-Boote abholen, die sonst nicht auslaufen können."

Schiffer Meckelmann war kein Dichter, er hatte es lieber mit dem Ruder seiner Barkasse zu tun als mit dem Federhalter. So hat er in seinen Aufzeichnungen nur vermerkt: „Das war wohl unsere schwerste Fahrt in schwerstem Artilleriefeuer, unter Bomben und Bordwaffenbeschuß. Nachdem 60 Flaschen Destillat übernommen waren, wurden noch 90 Flüchtlinge eingeladen und um 0.30 Uhr kehrten wir unversehrt nach Hela zurück, wo uns verschiedene Leute schon aufgegeben hatten." Was hinter diesen dürren Worten steht, kann nur ermessen, wer dabeigewesen ist.

Am anderen Morgen nahm ein mit eigener Kraft auslaufender 350-Tonnen-Kran „Hilgendorf" und andere Barkassen an Bord. Mit fünfeinhalb Seemeilen (zehn Kilometer) Stundengeschwindigkeit ging es in vierzigstündiger Fahrt bis Saßnitz, wo der Kran die Boote wieder aussetzte. „Hilgendorf" sollte sich bei der 26. U-Flottille in Warnemünde melden. Von der seemännischen Leistung dieser Fahrt spricht Meckelmann nicht: Ohne Karten, ohne Kompaß und Fernglas boxte sich das tapfere kleine Schiff durch schwere See nach Westen, nur „auf Verdacht" zehn Seemeilen Sicherheitsabstand zur Küste einhaltend.

In Warnemünde gab es noch einmal Routinedienst — bis am 1. Mai plötzlich Sowjetpanzer am Hafen standen. Sofort legte sich die Barkasse mit dem Steven nach See und nahm Kurs auf die Einfahrt, aber nur langsam. Erstens ist die Ausfahrt schmal und Dutzende von Fahrzeugen bis zum 5 000-Tonner versuchten sie zu erreichen, und zweitens ließen sich überall Flüchtlinge und Soldaten von der Uferböschung ins Wasser fallen. „Hilgendorf" nahm sie auf und hatte am Ende an die 170 Personen an Bord. „Erst mal die Leute loswerden", dachte Hermann Meckelmann. Er konnte sie bei den Dampfern „Duala" und „Dragoner" absetzen, ehe er wieder Kurs auf die Mole nahm: Es waren nämlich noch ein paar Seemannsfrauen und sein eigener Bootsgast abzuholen. Nun aber nichts als weg. Torpedoboote nahmen draußen „Hilgendorf" und den alten Freund „Steinhöft" in Schlepp und brachten sie bis in die Nähe von Laboe.

Ein paar Wochen „Garnisondienst" in Flensburg folgten noch, doch schon am 11. Mai war aus „Hilgendorf" wieder der Zivilist „Gerd Buss VI" geworden, der am 13. Juli wieder an seinem alten Liegeplatz am Hamburger Rödingsmarkt festmachte und sogleich die alte Tätigkeit wieder aufnahm, als sei nichts gewesen.

Nur eine Barkasse...

Retter mit dem Flügelanker

Sommer 1944. Von Kiel aus stampft ein Verband von zwölf kleinen, mit Tarnanstrich versehenen Fahrzeugen in östlicher Richtung durch die Ostsee. Sie ähneln den Schnell- und Räumbooten der Kriegsmarine. Aber sie sind weder das eine noch das andere, sondern Flugsicherungsboote der Seenotflottille 60 der Luftwaffe unter Hauptmann Schirmack. Ihre Besatzungen tragen die blaugraue Fliegeruniform mit den gelben Spiegeln und auf dem Ärmel den geflügelten Anker, der sie als seemännisches Luftwaffenpersonal kennzeichnet, das dem „Kommando Schiffe und Boote" der Luftwaffe untersteht. Vor kurzem hat die Flottille noch zu den „Kanalarbeitern" gehört, aber nachdem die anglo-amerikanischen Invasionstruppen in Frankreich festen Fuß gefaßt haben, hat sie im Ärmelkanal keine Aufgaben mehr zu erfüllen. Als neues Tätigkeitsgebiet ist ihr die Ostsee mit den Stützpunkten Pillau, Libau und Windau zugewiesen, und mancher der Männer an Bord der Boote glaubt sicherlich, nun in ein ruhigeres Klima zu kommen, aber solcher Glaube ist trügerisch . . .

Die Flottille 60 besteht aus B-Booten (die Luftwaffe klassifiziert ihre kleineren Fahrzeuge nach Buchstaben). Sie haben etwa 60 Tonnen Wasserverdrängung, laufen 24 Seemeilen und sind mit Flakvierlingen bestückt.

Es wird nichts mit der Ruhe in der Ostsee. Zum Flugsicherungsdienst gesellen sich bald andere Aufgaben, denn im Oktober hat der Kampf um Memel begonnen. Tag für Tag, Nacht für Nacht laufen die Boote unter der Samlandküste, an der Kurischen Nehrung entlang nach Memel, bis ins letzte Eckchen vollgepackt mit Proviant, Medikamenten und Munition für die Heeres- und Marinesoldaten, die um die nordöstlichste Stadt des Reiches kämpfen. Auf dem Rückweg sind sie wieder vollgeladen, diesmal mit Verwundeten. Manchmal sind die Boote auch auf dem Pregel zu sehen — dann sind sie zur Abkürzung übers Kurische Haff zurückgefahren.

Auch im Luftraum über der östlichen Ostsee tut sich in diesen Wochen etwas: Aus der Not der Stunde heraus entsteht, wenn auch in allerkleinstem Umfang und im wahrsten Sinne des Wortes „mit Bordmitteln", so etwas wie eine echte Marineluftwaffe, die Göring der Marine bislang verweigert hat. Nur einige wenige Aufklärungsgruppen und Bordflieger hat man seinerzeit der Marine belassen. Nun wird aus der Not eine Tugend.

Der Anfang wird gemacht, als der Kreuzer „Prinz Eugen" am 20. August 1944 in der Rigaer Bucht erscheint, um mit seiner schweren Artillerie das Panzerkorps des Grafen Strachwitz zu unterstützen, das zum Gegenstoß gegen die westlich Riga zur Ostsee durchgebrochenen Sowjettruppen angetreten ist. Ihr Sammelpunkt ist das fast 20 Kilometer landeinwärts liegende Tukkum, das der „Prinz" nach einem neuen indirekten Schießverfahren unter Feuer nimmt. Als Artilleriebeobachter werden alle drei Bordflugzeuge vom Typ „Arado 196" katapultiert. Die neue Methode klappt hervorragend — und sobald die Schiffsartillerie sich eingeschossen hat, werden die fliegenden Beobachter zur „freien Jagd" entlassen.

Mit Kanonen und MGs stürzen sich die drei langsamen Schwimmerflugzeuge auf Sowjetpanzer und Infanteriekolonnen, um den eigenen Heerestruppen mit Luft zu schaffen. Einmal sind sechs russische Jäger da und wollen die Deutschen in die Zange nehmen, aber die Bordflieger geben sich wie gelernte Jäger. Sie gehen so geschickt in gegenseitige Deckungsposition, daß sie ohne Verlust in den Bereich der eigenen Schiffsflak zurückkehren können, in den der doppelt so starke Gegner nicht nachzudringen wagt. Nur zu genau kennt er die tödliche Treffsicherheit der deutschen Marineflak.

Sieben Wochen später sind die Kämpfe um Memel in vollem Gang. Als Nothelfer erscheint die „Kampfgruppe Thiele" mit den Kreuzern „Prinz Eugen" und „Lützow", Zerstörern und Torpedobooten, um mit ihren weittragenden schweren Geschützen den hart kämpfenden Landtruppen Entlastung zu bringen. Die nahezu ausgeblutete deutsche Luftwaffe aber ist zu dieser Zeit nicht in der Lage, Jagdschutz für die kostbaren schweren Schiffe zu stellen, die angesichts der starken russischen Fliegerkräfte und der inzwischen mobil gewordenen roten U-Boot-Waffe doppelt gefährdet sind. So hilft sich die Marine selbst.

Seefernaufklärer übernehmen mit ihren Flugbooten die U-Bootssicherung — den ganzen Tag über steht jeweils eine drei-motorige BV 138 mit scharfen Wasserbomben auf der Seeseite des Verbandes, und den Jagdschutz nach der Landseite übernehmen die Bordflieger. Sie werden zu diesem Zweck durch die Flugzeuge des in Gotenhafen liegenden Kreuzers „Admiral Hipper" verstärkt. Da das Anbordnehmen der Flugzeuge für einen im Kampf stehenden Verband schwierig ist, fallen die sieben Arados („Lützow" hat nur ein Flugzeug) im Seefliegerhorst Pil-lau-Neutief ein. Von dort aus starten sie in überschlagendem Einsatz zum Schutz der vor Memel stehenden Kampfgruppe. Natürlich gehört für die winzig kleine Streitmacht Glück zu sol-chem Unterfangen, aber der Plan klappt glänzend.

Dann ist Memel eines Tages verloren, die Grenzen Ostpreu-ßens sind von der Roten Armee überflutet. Viel zu spät beginnt der große Treck. Und die „Schlipssoldaten" von der Seeluft-waffe, vor kurzem noch von Überheblichen oder Unwissenden als „Halbsoldaten" oder „bewaffnetes Wehrmachtsgefolge" be-spöttelt, sichern sich in der größten Rettungsaktion der Geschich-te einen ehrenvollen Platz. Mit ihren flinken Booten werden sie zur Feuerwehr der Danziger Bucht.

In Pillau werden die B-Boote mit Flüchtlingen vollgestopft, laufen mit Höchstfahrt nach Swinemünde, laden aus, kehren um. Neukuhren abgeschnitten? Die B-Boote fahren Versorgung. Hinzu kommen die normalen Aufgaben des Seenotdienstes, und sind ausnahmsweise weder Flüchtlinge abzutransportieren noch Stützpunkte zu versorgen, dann unterstützen die Luftwaffen-boote die Kriegsmarine und fahren in der Danziger Bucht U-Jagd.

Die Flüchtlingstransporte werden schließlich verkürzt, die Flüchtlinge in Hela an größere Schiffe abgegeben. Die Aufgaben werden damit jedoch nicht geringer, denn nun gilt es, den Solda-ten des Heeres zu Hilfe zu kommen, die von der sowjetischen Übermacht immer weiter an die Küste zurückgedrängt werden. Ist ein Stützpunkt zu räumen, so erscheint nachts der Seenot-dienst und holt die Grenadiere, Pioniere und Artilleristen ab.

Auch bei der Räumung von Heiligenbeil kommen die Luftwaffenboote als Retter in der Not.

Die Boote der Flottille 60 sind nicht die einzigen schwimmenden Einheiten der Luftwaffe in der Danziger Bucht. Außer ihnen sind noch zwei große Brüder ständig unterwegs, zwei „Flusis", die Flugsicherungsschiffe „Greif" und „Boelcke", beide etwa 1 000 BRT groß und fast ebenso schnell wie die B-Boote. Als Schnelläufer sind sie an kein Geleit gebunden und pendeln unermüdlich zwischen Pillau und Kiel. Manchmal laufen sie auch durch den Seekanal bis Königsberg. Nach Westen befördern sie auf jeder Reise durchschnittlich 1 500 Flüchtlinge und Verwundete, auf der Rückfahrt nach Osten 18 000 Granaten für die schwere Flak, 50 Tonnen Munition für 2-cm-Geschütze und 38 Tonnen Kraftstoff für Fahrzeuge.

Am 14. April 1945 läuft die Seenotflottille 60 zum letzten Male aus ihrem Stützpunkt Pillau aus. Die Flottille umfaßt noch acht Boote, und jedes nimmt 150 Verwundete mit auf den Weg nach Westen, denn Pillau ist verloren.

Die Aufgabe ist jedoch keineswegs beendet. Nach kurzer Überholung im Seefliegerhorst Parow bei Stralsund meldet sich die Flottille in Bug auf Rügen beim Kommandeur der Seenotgruppe 81, Hauptmann Born.

Die Gruppe 81 ist noch beinahe friedensmäßig ausgerüstet: sie besteht aus der Seenotstaffel 81 mit dreimotorigen Flugbooten vom Typ Do 24 in Bug, einer Begleit-Zerstörerstaffel in Parow und der schwimmenden Seenotflottille 81 mit 17 B-Booten in Swinemünde.

Die Seenotflieger von der Staffel 81 haben noch Treibstoff für ihre großen Flugboote. Auch sie sind fast Tag für Tag unterwegs, wenn auf untergehenden Schiffen Flüchtlinge und Seeleute vom nassen Tod bedroht sind. Wenn sie selbst infolge schweren Seegangs nicht wassern können, kreisen sie als Fühlungshalter solange über der Unglücksstelle, bis die Flugsicherungsboote oder die Kriegsmarine zur Stelle sind. Mit Ärzten und Medikamenten an Bord waren die Do 24 auch sofort bei Tagesanbruch nach dem Untergang der „Wilhelm Gustloff" gestartet, aber diesmal kamen sie zu spät.

Anfang März aber hat die Staffel ein wahres Husarenstück vollbracht: Sowjetpanzer stehen plötzlich vor dem Seefliegerhorst Nest an der pommerschen Küste, in der Nachbarschaft eines in Friedenszeiten idyllischen Erholungs- und Badeortes gelegen. Der Fliegerhorst bietet ein Bild des Elends — außer Erwachsenen drängen sich auf ihm ungezählte Kinder aus den Nester Erholungsheimen. Was werden die nächsten Stunden bringen...?

In die Gedanken der Verängstigten hinein wird auf einmal ein mächtiges Brummen in der Luft hörbar. Nacheinander kurven zwölf Do 24 ein, wassern auf dem Nester See und rollen an die Ablaufbahn des Horstes. Ein junger Leutnant springt aus der ersten Maschine und übernimmt das Kommando. Er teilt Transporte ein, redet hier einer Mutter gut zu, die unbedingt ihren Kinderwagen mitnehmen will, dort einem Flugzeugführer, der ein bedenkliches Gesicht ob der Belastung der Do zieht. Manchmal muß der Leutnant allerdings auch zur Pistole greifen, wenn wohlgenährte Männer unter Berufung auf einen Rasierkratzer am Kopf sich als „kampfunfähig" in eines der Flugboote drängen wollen.

Offiziell ist die ursprünglich für den Kolonialflugdienst in Niederländisch-Indien entwickelte Do 24 für vierzehn Personen berechnet, aber danach fragt jetzt kein Mensch. Hinein, was hineingeht! Als einer der Flugzeugführer nach der Landung im noch unbesetzten Teil Deutschlands beim Aussteigen die Häupter seiner Lieben zählt, werden dem Oberfeldwebel nachträglich die Knie weich: Er hat 17 Erwachsene und 99 Kinder in seiner Do gehabt...

Ähnlich ist es in fast jeder Maschine, und sie fliegen nicht einmal, sondern zehnmal am Tag mit Kindern in die Freiheit. Inzwischen haben sich auch die Seefernaufklärer eingeschaltet und rollen mit ihren schweren dreimotorigen BV 138-Flugbooten ebenfalls an die Rampen. So wird Nest von den Seefliegern mit Hilfe einer improvisierten Luftbrücke geräumt.

Die Seenotflottille 81, der schwimmende Verband, ist derweil vor der Pommernküste, was die Flottille 60 in der Danziger Bucht war. Eine ihrer großen Taten ist die Räumung von Kolberg. Schon tagelang hat die Flottille unentwegt Flüchtlinge aus der Stadt abgefahren, aber in der Nacht zum 18. März muß Kolberg aufgegeben werden. Doch 2 500 Soldaten und Zivilisten sind noch abzuholen. Aber wie? Die Kriegsmarine hat hier nur noch drei langsame Fährprähme zur Verfügung, die den Fährbetrieb zu den auf Kolberg-Reede liegenden Schiffen nicht bewältigen können. Wieder springen die Mädchen für alles vom Seenotdienst ein. Zerstörer der Kriegsmarine übernehmen von See her den Feuerschutz, und unter dem Schirm der 15-cm-Granaten prescht der Flottillenchef Oberleutnant von Asswegen mit vier B-Booten wieder und wieder an die Seebrücke von Kolberg-Bad und nimmt mit, was mitzunehmen ist, um die Menschen draußen bei den größeren Schiffen abzuliefern. Bis zum Morgengrauen ist das Werk geschafft. Bei Tagesanbruch will die Flottille ablaufen. Ein letzter Blick zurück zur Küste — und dann macht eines der Boote plötzlich kehrt und läuft noch einmat bis auf 200 Meter an die Mole heran: Die Besatzung hat zehn deutsche Landser entdeckt, die in Schlauchbooten ohne Paddel hilflos auf dem Wasser treiben. Kräftige Arme holen im sowjetischen Geschoßhagel die Feldgrauen an Bord, und dann geht es mit Höchstfahrt hinter dem eigenen Verband her.

Einen Einsatz fahren die 60. und die 81. Flottille noch gemeinsam. Er gilt der alten Hansestadt Stralsund, in der sich zahlreiche Lazarette befinden. Bevor die Sowjets die Stadt besetzen, laufen beide Flottillen in den Hafen ein und holen heraus, was sie an Verwundeten nur abtransportieren können.

Die letzten Kriegstage kommen heran. In Parow werden die Zerstörerflugzeuge der Begleitstaffel gesprengt, die Flottille 81 setzt sich nach Schleswig zum Sammelplatz der Seeflieger in Marsch. Die Staffel 81 aber verlegt noch einmal nach Dänemark. Zu Wasser folgt ihr die Ostpreußenflottille 60. In Dänemark wird der Verband nach wenigen Tagen interniert — der Krieg ist vorbei. Die Besatzungen sollen angeblich bald nach Deutschland zurückkehren können. Allerdings, wie die Gerüchte besagen, zu Fuß...

Zu Fuß? Flieger und Seeleute hatten schon immer eine heftige Abneigung gegen längere Fußwanderungen. So setzt sich Gruppenkommandeur Hauptmann Born mit den Engländern in Verbindung, die in Dänemark für die dort stationierten Einheiten der deutschen Wehrmacht zuständig sind. Es gibt ein ziemliches Hin und Her, aber schließlich wollen die deutschen Seenotflieger ja keinen englischen Treibstoff — sie haben selbst noch welchen. Am Ende setzt sich der deutsche Hauptmann durch.

Am Morgen des 26. Juni 1945, sieben Wochen nach Kriegsende, reiben sich die Menschen auf den dänischen Inseln wie im nördlichen Schleswig erstaunt die Augen, als es in der Luft brummt: Über ihren Köpfen fliegen in voller Ordnung, geleitet von britischen Jägern, fünfzehn deutsche Flugboote mit dem schwarzen Balkenkreuz auf den Flächen, in vier Ketten. Ein kleines Schwimmerflugzeug macht den Schluß. Und von See her steuern in ebenso geschlossener Ordnung die Boote der Ostpreußenflottille 60 Schleswig an. Die fliegenden Seeleute vom Seenotdienst der Ostsee kehren als geschlossener Verband heim, nachdem sie Zehntausende von ostdeutschen Menschen, wahrscheinlich insgesamt sogar weit mehr als hunderttausend, vor dem Zugriff der Sowjets gerettet haben.

Alltag im Mahlstrom

Einer von den blauen Jungs wollte U-Boot fahren und kam, um dieses gründlich zu erlernen, nach Ostpreußen. Es ging ihm wie vielen anderen in jenen Tagen. Mit einem Male wurde er in die Front derer hineingeschleudert, die als Mädchen für alles gebraucht wurden. Ein alltägliches Schicksal damals. Aber es gehört auch zu dem Bild der 115 Tage.

So erzählt der Ostfriese Anton Sonnenberg aus Leer:

„Von der ‚Schlagsahnefront' im friedlichen Kopenhagen kam ich im Sommer 1944 nach Pillau zur U-Boots-Ausbildung. Dort war es — wenn auch ohne Schlagsahne — zunächst genau so friedlich, und in der kargen Freizeit lernte ich Pillau näher kennen und lieben — Ostfriesen und Ostpreußen haben schließlich manches gemeinsam. Im November aber war es mit dem Frieden vorbei. Von heute auf morgen wurden wir zu einer Tätigkeit abkommandiert, die jedem Seemann aus tiefster Seele zuwider ist: In Tenkitten, Neuhäuser, Fischhausen und Lochstädt begannen wir Schützengräben und Bunker anzulegen. Kaum waren wir damit fertig, wurden wir auf die Frische Nehrung verlegt, um dort die gleiche Aufgabe zu erfüllen. Mit dem U-Boot-Fahren war es vorbei...

Es kam der Januar 1945 mit Temperaturen zwischen 20 und 25 Grad Frost. Zur Verstärkung erhielten wir Volkssturmeinheiten, betagte ostpreußische Männer, in deren Gesichtern die Strapazen schon ihre Spuren hinterlassen hatten. Das war das ‚Erste Bataillon Garde', von dem Gauleiter Koch überheblich gesprochen hatte.

Und dann, am 23. Januar, gab es Großalarm: ‚Die Russen sind bis Elbing vorgestoßen. Flüchtende und Verwundete vor dem Angreifer retten!' Im Handumdrehen waren wir auf Schlepper verteilt, die zum Teil noch Zivilbesatzung hatten.

In Elbing war die Hölle los. Sowjetpanzer standen schon auf der Pier und schossen auf alles, was sich bewegte. Angstgepeinigte Menschen sprangen an Deck, bevor wir überhaupt angelegt hatten. Viele sprangen daneben. Unter Panzerbeschuß verließen wir Elbing, um nach der Landung in Pillau feldgrau eingekleidet zu werden. Aha...

Wir kamen wieder auf die Nehrung, wurden zu Streifen eingeteilt und mußten Haff- und Ostseeküste bewachen. Wir sahen trostlose Bilder wie das einer jungen Frau, die mir weinend ihr Kind zu halten gab. Und dann stellten wir fest, daß der Säugling bereits tot war. Der Kamerad aus Braunsberg und ich beerdigten ihn in der Nacht und wagten erst am nächsten Morgen, es der Mutter zu sagen. Wir halfen einer anderen jungen Frau, deren schwere Stunde gekommen war. Und wir sprangen ins Wasser, um ein Mädchen und einen älteren Mann herauszuholen, deren Wagen kurz vor dem rettenden Strand in ein Bombenloch gefahren war. Und dann kam jener Abend, den ich mein Leben lang nicht vergessen werde, weil sich hier Menschen zu Menschen fanden.

Wir lagen auf einem alleinstehenden Gehöft, und ich war mit Posten dran. Kein Vergnügen: Ein eisiger Wind wehte und trieb ununterbrochen den Schnee vor sich her, ständig mir ins Gesicht. Es war wenige Minuten vor der Ablösung, als ich einen Treckwagen auf mich zuholpern sah, auf dessen Kutschbock ein altes Mütterchen saß. Ihr offensichtlich kranker Mann lag hinten im Wagen, wie ich später feststellte, und zitterte trotz der wärmenden Decken vor Kälte.

Der Wagen hielt dicht neben mir. Die alte Frau beugte sich zu mir herab. In ihren Augen lag das Leid vieler Tage und Nächte der Flucht. Bescheiden fragte sie, ob sie sich hier etwas aufwärmen dürften — und ob sie ihrem Mann ein paar Flinsen backen könne, damit er wieder zu Kräften komme...

‚Keinen in den Hof lassen‘, hatte der Zugführer gesagt, vielleicht im Hinblick darauf, daß dort einige Feldküchen standen.

‚Dem Posten ist, wenn nicht anders ausdrücklich erlaubt, verboten...‘ Aber in diesem Augenblick war die Wachvorschrift ausgelöscht.

‚Fahren Sie rein‘, sagte ich heiser, ‚aber bleiben Sie nicht zu lange.‘ Und dann beging ich das nächste Wachvergehen, indem ich mit ihnen ging und ihnen Feuer machte. Nun wußte ich, daß den alten Leutchen vorerst geholfen war.

Mein aus dem Rheinland stammender Wachablöser hatte Verständnis. So ging ich zurück und hockte mich für eine Weile neben die Alten. Nach einem Blick auf die Uhr, wollte ich schließlich gehen, aber die Frau hielt mich mit einer Handbewegung zurück.

‚Opa‘, sagte sie zu ihrem Mann, ‚jew dem Soldatche wat to ete!‘

Ehe ich wußte, wie mir geschah, hielt ich in meinen Händen ein großes Stück kräftig geräucherten ostpreußischen Schinkens und einen halben Laib Brot. Die Scham stieg in mir hoch und ich wollte beides zurückgeben, weil ich meinte, das nicht verdient zu haben. Aber die beiden Alten schüttelten nur die Köpfe: Ich hätte ihnen geholfen und ich dürfe nun ihr Geschenk nicht ablehnen...

Dabei hatte ich doch nur getan, was jeder andere Posten an meiner Stelle auch getan haben würde.

Sehr dankbar ging ich langsam zurück in mein Notquartier, nachdenkend über diese wundersame, bis zum letzten selbstverständliche Gastfreundschaft des Ostens und das, was nun kommen würde...

Wir kehrten zurück nach Pillau. Wir verfolgten die oft Grausen erregenden Blutspuren der Krankentransportwagen auf dem Eis des Haffs. Wir halfen Verwundete und Kinder in die Zitadelle und in die Kasematten tragen, um sie vor einem entsetzlichen Tod zu bewahren. Wir zogen schließlich mit Panzerfäusten nach Fischhausen und wieder zurück in das nun einer riesigen Fackel gleichende Pillau — und am 25. April ins Ungewisse der Gefangenschaft: Zu Fuß über Königsberg, Pr. Eylau und Bartenstein nach Insterburg — und von dort mit 55 Mann in einem Güterwagen in den Ural.“

Zeittafel IV

7. 3. 45 Sowjet. Truppen erreichen beiderseits Kolberg die Ostseeküste. Beginn der Belagerung.

8. 3. 45 Stolp und Stolpmünde verloren.

9. 3. 45 Marienburg, seit Januar umkämpft, verloren.

10. 3. 45 Kampfgruppe Rogge („Prinz Eugen", „Schlesien",
„Leipzig") und Kampfgruppe Thiele („Lützow" mit
Zerstörern und T-Booten) beschießen bis 9. 4. Kampf-
räume in Danziger Bucht. — Dievenow, letzter pom-
merscher Übergang zum Westen, verloren. Damit pom-
mersche Küste, ohne Kolberg, in Feindeshand.

13. 3. 45 Endkampf Heiligenbeiler Kessel. Braunsberg fällt am
20. 3., Heiligenbeil am 24. 3., Balga am 28. 3. — Angriff der 2. weißruss. Front mit 5 Armeen Richtung
Danzig-Gotenhafen. Frontverlauf am 19. 3.: Oxhöfter
Kämpe um Gotenhafen und Danzig herum bis zum
Frischen Haff. Flüchtlingstransporte laufen pausenlos
weiter.

18. 3. 45 Kolberg gefallen.

22. 3. 45 Sowjet. Durchbruch im Raum Zoppot. Dt. Front in 3
Brückenköpfe aufgespalten: Hela, Gotenhafen, Dan-
zig/Weichselmündung.

28. 3. 45 Gotenhafen verloren. Oxhöft hält sich bis 5. 4.

30. 3. 45 Danzig verloren. Flüchtlingseinschiffungen in Oxhöft,
Hela, Kahlberg (Fr. Nehrung) und Pillau laufen mit
Hochdruck weiter.

6. 4. 45 Großangriff auf Königsberg. 8. 4. letzte Verbindung
zum Samland abgeschnitten.

9. 4. 45 Königsberg kapituliert. Stadt zur Plünderung und
Brandschatzung freigegeben. Bevölkerung Freiwild der
Eroberer.

Feuerofen Gotenhafen

Mitte März verschlechterte sich die Lage in den westpreußischen Brückenköpfen mit großer Schnelligkeit. Im Westen rollten bereits die Panzerdivisionen Schukows durch Pommern, von Süden her setzte Marschall Rokossowski mit fünf Armeen zum Angriff auf den Raum Danzig-Gotenhafen an, von dem aus pausenlos Seetransporte nach dem Westen liefen. Außer diesen beiden Häfen an der Danziger Bucht waren nur noch Verschiffungen von Pillau und der Halbinsel Hela aus möglich. Auf den Anlegeplätzen drängten sich aber riesige Flüchtlingsmengen, immer noch in der Hoffnung, auf irgend einem der Schiffe den Platz in den Westen zu bekommen.

Der Oberbefehlshaber der 2. Armee, General von Saucken, ein gebürtiger Ostpreuße, raffte seine ausgebrannten Divisionen, die, völlig zusammengeschmolzen, den Namen Division gar nicht mehr verdienten, zusammen, und hielt in schweren Kämpfen den Feind vorerst auf. Aber die Tage dieses Brückenkopfes, der von der Oxhöfter Kämpe um Gotenhafen und Danzig herum bis an das Frische Haff führte, waren gezählt.

Vor der Küste standen die Kampfgruppe des Admirals Rogge auf „Prinz Eugen", mit dem alten Linienschiff „Schlesien" und dem leichten Kreuzer „Leipzig" und später auch die Kampfgruppe des Admirals Thiele mit dem schweren Kreuzer „Lützow" und seiner Zerstörergruppe. Wo immer die Landfront in Not war, wo immer feindliche Einbrüche gemeldet wurden, dorthin hämmerten die Salven der schweren Schiffsgeschütze.

Der junge Franzose Guy Sajer war zum Abtransport über See von Danzig nach Gotenhafen weitergeleitet worden. Als der schwere sowjetische Angriff begann, wurde er mit einer Alarmeinheit wieder in den Süden geworfen, um einen Panzereinbruch abzuschlagen. Aber diese neue Front hielt nicht lange, und die Truppen, die in aller Eile zur Abwehr zusammengestellt worden waren, wurden auf Gotenhafen zurückgedrückt.

Vor allem die Verwundeten sollten nach Hela hinübergebracht werden, um dort einen Transport zu finden:

„Wir sind unter den ersten, die Gotenhafen erreichen, wo in den angrenzenden Vorstädten schon ein erbitterter Kampf tobt. Innerhalb weniger Tage hat sich das Bild dieser Stadt geändert. Wohin man schaut — Ruinen. Die Luft ist erfüllt von Gas- und Brandgeruch. Die Hauptstraße, die schnurgerade zu den Anlegekais führt, ist kaum noch wiederzuerkennen. Die Häuser entlang dieser Straße sind jetzt Ruinen, deren Schutt bis zur Straßenmitte reicht und den Verkehr behindert.

Wir beginnen mit den Aufräumungsarbeiten, damit die mit Zivilisten vollgeladenen Lastwagen möglichst schnell zum Hafen gelangen. In Abständen zwischen fünf und zehn Minuten tauchen Flugzeuge auf, und wir dürfen uns praktisch nicht vom Fleck rühren.

Scheuende Pferde, die den Verpflegungsdienststellen entwischt sein müssen, ziehen, wild ausschlagend, schauerliche Gefährte, beladen mit Leichen, die man in Zeltplanen oder Papier gewickelt hat; sie müssen fortgeschafft und begraben werden in einem Tempo, das die Bordwaffen der Il 2 diktieren.

Völlig erschöpfte Menschen hocken bewegungslos und an nichts denkend auf den Trümmerbergen der Häuser, solchermaßen den russischen Bordschützen eine bequeme Zielscheibe bietend. Zur Vervollständigung dieses schauerlichen Bildes färbt sich der Himmel im Westen und Südwesten schwarz und blutrot. In den Vororten der Stadt toben bereits Straßenkämpfe von Haus zu Haus. Tausende und aber Tausende Zivilpersonen warten noch im Hafen und in den angrenzenden Straßenvierteln. Die Geschosse der schweren sowjetischen Artillerie schlagen bis hinunter zum Kai ein.

Wir suchen in einem Keller etwas Ruhe. Hier assistiert eben ein Arzt bei einer Entbindung. Wir befinden uns in einem von ein paar Notlampen erhellten Gewölbe. Überall sonst ist die Ankunft eines Kindes ein freudiges Ereignis. Hier, in diesem Augenblick, macht es die Lage nur noch tragischer. Mütterklagen verhallen ungehört in dieser Welt der Schmerzensschreie, und das wimmernde Neugeborene scheint seine Ankunft schon jetzt zu bereuen.

Wenig später sind wir wieder im Feuerofen. Noch einen letzten Blick haben wir auf das Neugeborene geworfen, dessen kleine dünne Schreie wie zerbrechliches Kristall klingen inmitten eines Dröhnens, das den Keller erzittern läßt. Möge es sterben, noch bevor es zwanzig wird. Zwanzig Jahre ist ein schlechtes Alter. Es ist so schwer, das Leben herzugeben gerade in dem Augenblick, da man darauf brennt, es zu beginnen.

Wir helfen alten Leuten, die von jüngeren bereits den Sowjets überlassen wurden. In der von den Feuern des Krieges taghell erleuchteten Nacht erfüllen wir noch einmal unsere Pflicht. Wir stützen und tragen Greise hinunter zum Hafen, wo sie ein Schiff erwartet. Die Flugzeuge greifen noch einmal an, sich nach den Bränden orientierend, die in den Straßen wüten. So bringen sie noch einmal Tod über unseren opferbereiten Einsatz. Etwa ein Dutzend Menschen fällt ihrem Feuer zum Opfer. Wir hatten nach Kräften versucht, sie mitzuziehen, wenn wir in Deckung gingen, aber die alten Leute waren nicht imstande, uns zu folgen. Was tut's! Wir haben trotzdem nicht wenige von ihnen gerettet. Meine Kameraden und ich, wir haben sie praktisch auf den Fischdampfer hochgehievt, sie hineingepfercht. Mittlerweile hat das Schiff seine Anker gelichtet, um den Luftangriffen zu entgehen.

Das Schiff entschwindet. Wir sind mit an Bord. Wollers lief zur Reling, um zu sehen, ob der Landesteg auch tatsächlich hochgezogen sei. Dann kommt er zu unserer kleinen Gruppe zurück, über die Flüchtlinge hinwegsteigend, die sich auf dem Vorderdeck aneinanderpressen. Alle schauen wir zurück auf das brennende Gotenhafen.

Noch vor Tagesanbruch erreichten wir ohne Zwischenfall Hela. Wir waren vielen Schiffen begegnet. Geisterschiffen. Sie alle fuhren dahin ohne Lichter. Entweder halten sie Kurs auf Hela oder aber in die entgegengesetzte Richtung, auf Gotenhafen und Danzig zu, wo noch zahllose Zivilpersonen auf ihre Befreiung warten. Hela, das ich für eine große Stadt gehalten habe, ist bloß ein Dorf mit einem Hafen zweitrangiger Bedeutung. Zahlreiche Schiffe liegen hier vor Anker, und kleine Zubringerboote beladen sie unablässig mit menschlicher Fracht. Bestimmungsort Westen. Inmitten von Dunkelheit und Frost herrscht hier fiebrige Spannung. Hier in Hela, der letzten Rettungsbrücke.

Es wird Tag, und zugleich packt uns eine monatelang aufgespeicherte Müdigkeit, die unsere Schultern rüttelt. Wir unterscheiden jetzt die grauen Umrisse zahlreicher Schiffe, die entlang der Halbinsel vor Anker gegangen sind. Darunter befinden sich auch viele Kriegsschiffe. Mitten in unsere Beobachtungen heulen die Sirenen. Bewegung geht durch die Menge. Noch wagen wir, unsere Blicke gegen den Himmel zu richten.

‚Keine Panik‘, ermahnen die Gendarmen, ‚unsere Luftabwehr hält dicht!‘

Wir wissen zu gut, was das heißt. Die Luftschutzbunker sind überfüllt mit Verwundeten, jeder möge auf eigene Faust im Freien Deckung suchen. Sollten hier Bomben fallen, gäbe das ein einziges großes Blutbad. Wir werfen uns unter ein altes Boot, das am Strand liegt. Seine geteerten Flanken werden vielleicht imstande sein, etliche Treffer abzufangen. Wir sind kaum in Deckung, da setzt unweit von uns die Flak mit ihrem Feuer ein, wie ich es den ganzen Krieg lang nicht gehört habe. Es kommt aus der Richtung, wo sich die Küstenbatterien befinden, und von den Kriegsschiffen her, die wir zuvor bemerkt hatten. Auch die Splitter der eigenen Flak können ziemliche Verheerungen anrichten.

Im Osten ist der Himmel von einer Myriade schwarzer Flokken übersät. Das Gebell der Flak ist so stark, daß wir darüber nicht einmal die anfliegenden Flugzeuge hören. Schließlich sehen wir drei Maschinen. Sie fliegen ziemlich tief, parallel zum Hafen. Ihnen nach folgen kleine schwarze Kugeln, die Projektile der Flak. Vom Süden her hören wir über dem Meer einen Knall. Ein Flugzeug dürfte einen Treffer abbekommen haben. Die Gendarmen haben nicht übertrieben. Nicht ein Russe überfliegt Hela. Ein Gefühl der Sicherheit überkommt uns. Diesmal haben die Brüder eine Abfuhr erhalten.

Und nun überprüfen die Gendarmen unsere Papiere.

‚Meldet euch hier am... März zur Verschiffung‘, erklärt ein Unteroffizier. ‚Bis dahin seht zu, ob sie euch nördlich von Hela brauchen können.‘

Schließlich erfahren wir, daß heute Sonntag ist, der 28. oder 29. März, und daß wir noch zwei Tage warten müssen. Die letzten zwei Tage des Rußlandfeldzuges, der unsere ganze Existenz bis aufs Letzte erschöpft hat.

Wir verbringen diese beiden Tage inmitten einer Menge verschreckter Flüchtlinge. Sie kampieren im Freien auf der schmalen Landzunge der Halbinsel Hela.

Wir erleben noch die Genugtuung, zu sehen, wie zwei weitere russische Luftangriffe von der Flak abgewehrt werden.

Am Abend des 1. April, bei einem Sauwetter, setzten wir unseren Fuß auf die Planken eines großen weißen Schiffes. Es mußte einst reichen Leuten für ihre Kreuzfahrten gedient haben. Trotz der bestehenden Nervosität, trotz der Tragbahren und der stöhnenden Verwundeten verschlingen meine Augen all die schönen Dinge, die dieses Schiff zu bieten hat. Es hat kaum von seinem Glanz eingebüßt. Mir ist, als schaute ich in die luxuriöse Pracht der Auslagen, die mir mein Vater in den Tagen vor dem Weihnachtsfest zu zeigen pflegte. Ich wage es nicht, mich zu freuen, ich weiß, daß solche Freude stets ein böses Ende nimmt.

In der Dunkelheit fährt unsere Arche bei hochgehender See in die Nacht hinein. Kurz vorher hatten wir von der anderen Seite der Danziger Bucht her ein Grollen gehört und Feuerschein gesehen. Dort kämpfen unsere Kameraden noch in der Feuerhölle. Kaum können wir unsere Bevorzugung fassen, wir schämen uns beinahe. Wir sind mehr als zwei Tage unterwegs. Wir halten Kurs nach Westen, und auch das können wir kaum glauben. Gegen Westen, wie wir es so lange heiß erhofften, zu einem Ort, von dem wir uns nicht vorstellen können, daß es auch dort Krieg geben könnte. Wir erfahren, daß wir auf der „Pretoria“ fahren, und wenngleich wir uns auf dem sturm- und regengepeitschten Deck sehr zusammendrängen müssen, läßt uns die Milde des Augenblicks Hunger und Durst vergessen.

Gewiß, ein Torpedo könnte uns auf den Grund des Meeres schicken, doch daran denken wir nicht. Ein Kriegsschiff gibt uns überdies Geleitschutz. Alles geht glatt."

Untergang der „Goya"

Unter den Verlusten, die bei der Rettung über See eintraten, sind die bei den Schiffsuntergängen von „Goya", „Wilhelm Gustloff" und „General von Steuben" verzeichneten Zahlen die höchsten. Fast zwei Drittel aller Verluste bei der Rettungsaktion sind beim Untergang dieser drei Schiffe eingetreten. Die meisten Augenzeugenberichte liegen über die Katastrophe der „Gustloff" vor. Das ist darauf zurückzuführen, daß bei diesem Schiff die Zahl der Geretteten am höchsten ist und mehr Augenzeugen zur Verfügung standen.

Die größte Katastrophe war der Untergang der „Goya". Hierbei wird die Zahl der Toten auf 7 000 geschätzt, nur 165 Menschen überlebten das Unglück. Auch bei der „Goya" wird wieder das Dilemma der zuverlässigen Zahlen deutlich. Nach dem Bericht des Leiters der Seeleitstelle Hela wurden 3 500 Flüchtlinge und 1 800 Soldaten eingeschifft, insgesamt also 5 300 Personen. Nach der Schiffsliste, die auch nicht vollständig geführt werden konnte, waren es jedoch schon 6 100 Menschen.

Die „Goya" wurde am 16. April 1945 auf der Höhe von Rixhöft von dem sowjetischen Minen-U-Boot L-3 unter dem Befehl des Kapitän 3. Ranges W. K. Konowalow angegriffen und durch zwei Torpedovolltreffer versenkt.

An Bord des deutschen Schiffes befand sich der Ostpreuße C. Adomeit aus Heilsberg, der als Angehöriger des VII. Panzerkorps dort eingeschifft war. Über den Untergang berichtet er:

„So gehören wir zum Restkommando, und es erfolgte unsere Einschiffung auf dem größten Transporter, der ‚Goya'. Ein schöner, warmer, klarer Apriltag! Nach Übernahme unseres Gepäcks und Geräts befinden wir uns an Bord, und sind nun bei dem Wetter eine schöne Zielscheibe für die angreifenden Bomberverbände. So erleben wir drei Angriffe, doch ist es für die Russen nicht einfach, durch den dichten Sperriegel ihren Bombensegen anzubringen. So wird die ‚Goya' von einer einzigen Bombe gestreift, dafür ist das Wasser um so mehr aufgewühlt und eine Fähre getroffen. In den Abendstunden ist die Beladung, besser Überladung, beendet, und mein Blick streift noch einmal die Steilküste von Gotenhafen, die gut zu erkennen ist. Weiter geht der Blick über Soldaten aller Formationen, Leicht- und Schwerverletzte. Frauen, Mütter und Kinder. Die Gesichter zeigen alle die Spuren der letzten Wochen und Monate.

Um ca. 20 Uhr setzt sich der Geleitzug in Richtung NW in Bewegung. Als zusätzlichen Begleitschutz erhalten wir nur zwei K.-Boote der Kriegsmarine. Um ca. 21 Uhr treffe ich noch verschiedene Kameraden meiner Einheit, und sind wir erstmals froh, der drohenden Gefangennahme eines siegesberauschten Gegners entgangen zu sein.

Längst ist es dunkel geworden, und wir haben eine sternklare Nacht. Langsam wird es kühl, und man merkt eine leichte Brise. Überall stehen und liegen in Mäntel und Decken gehüllt Soldaten, Frauen und Kinder, von der Müdigkeit übermannt.

Um ca. 22-23 Uhr mache ich einen Rundgang und werde wie von einer inneren Unruhe getrieben. In den Gängen, Kabinen, Laderäumen, überall sitzen, liegen Soldaten und Flüchtlinge. Die letzte Habe, ein Rucksack, ein Koffer, eine Tasche liegt daneben, und man kann sich kaum bewegen. Im Unterdeck liegen die Schwerverwundeten, und trotz aller Schmerzen liegt über allen eine gewisse Ruhe.

Langsam steige ich wieder ans Oberdeck und schaue in die Nacht hinein. Vom schweren Flakstand wird plötzlich das Feuer eröffnet. Lange hallt es über die dunkle See. In der Ferne wurde der Schatten eines Fahrzeuges gesichtet; da es keine Erkennungssignale gab, wurde das Feuer eröffnet. Überall herrscht Aufregung. Sind es feindliche Schnellboote oder Zerstörer? Jetzt ist unser Geleitzug sicher erkannt und an die russischen U-Boote gemeldet worden.

Langsam kommt die Müdigkeit, und so entschließe ich mich, im Schutze einiger Decken auf unseren Gerätekisten zu schlafen, da man sonst nicht einen Platz mehr vorfindet.

Kurz vor Mitternacht. Die ‚Goya' rauscht durch die Nacht. Die Zeiger klettern auf 11.50 Uhr. Plötzlich kurz hintereinander zwei dumpfe Einschläge. Das Schiff erbebt. Zwei gewaltige Wassersäulen steigen empor und klatschen aufs Deck hernieder.

Was ist geschehen? Sind es feindliche Schnellboote, sind wir auf Minen gelaufen oder torpediert worden? Diese Gedanken durchrasen mein Gehirn. Vor allem haben von den fast 7 000 Menschen nur 1 500 Schwimmwesten an.

Das Licht ist erloschen. Man vernimmt einzelne Rufe, Kommandos. Dann eine Totenstille. Plötzlich höre ich ein gewaltiges Rauschen. Das Wasser stürzt in die gewaltigen Löcher, die die Torpedotreffer gerissen hatten. Es hört sich unheimlich an. Auf dem Oberdeck laufen die Menschen hin und her. Alles schreit und fragt, was nun geschehen soll. Unten an den Treppen des ersten Decks müssen sich Szenen abspielen, die wohl fürchterlich gewesen sind, denn dort entspinnt sich ein Kampf auf Leben und Tod. Hunderte von Menschen versuchen, die Treppe zu stürmen, denn der Tod sitzt allen im Nacken. Das Ende durch Ertrinken nach all den Gefahren der ganzen Kriegsjahre. Menschen im wahnsinnigen Schrecken kämpfen dort um ihr Leben, drängen und schreien. Halb angezogen, mit wirren Augen wird jeder Kranke und Schwache unerbittlich niedergetreten.

In dieser Panik, in diesem Chaos hört man nur das Schreien von Menschen. Vom Tode gejagt, es gibt keinen Ausweg mehr, versuchen einzelne, den Weg nach oben zu finden, und selbst von diesen Menschen forderte der nasse Tod seine Opfer. Unter den 3-400 Menschen auf dem Deck ist eine Panik ausgebrochen. Die meisten haben keine Schwimmwesten, die Rettungsboote können in diesen kurzen Minuten nicht klar gemacht werden. So ist ein großer Teil ohne jede Rettungsmöglichkeit und sieht den Tod vor seinen Augen, manche versuchen, die Rettungsringe noch anzulegen, und in der Aufregung klappt es viel weniger.

Langsam neigt sich das Schiff. Flakmunition, Kisten, Gepäckstücke, alles schiebt sich über die Planken und klatscht ins Wasser. Überall halten sich verzweifelte Menschen an der Reling fest. Unheimlich dieses Gurgeln und Getöse der Wassermassen. Hunderte sind bereits von den Torpedotreffern getötet, vom Druck zerfetzt und zerrissen, Tausende sterben den qualvollen Tod durch Ertrinken in den hereinbrechenden Wassermassen.

Die ‚Goya' neigt sich von Minute zu Minute. Plötzlich ein Beben, ein Zittern geht durch das ganze Schiff, ein Aufbäumen des gewaltigen Schiffsrumpfes, es ist in zwei Hälften zerbrochen, und nun geht alles unheimlich schnell. Es neigt sich ganz, und plötzlich sind wir im Wasser. Wir werden von einer gewaltigen Druckwelle des in die Tiefe gehenden Schiffes weggedrückt, und das ist unsere Rettung.

Dunkle Nacht, das Wasser ist eisig, und darin treiben ca. 3—400 Menschen, Kisten, Planken usw. Entsetzliche, markerschütternde Hilferufe gellen durch die Nacht. Mütter rufen nach ihren Kindern. Männern nach ihren Frauen, alles rudert und versucht sich irgendwo zu klammern. Es beginnt ein schrecklicher Kampf auf Leben und Tod, der Kampf ums Dasein, und Wasser hat keine Balken, und der Ertrinkende greift nach dem Strohhalm. Wahre Wirklichkeit. Einer zieht den anderen in die Tiefe. Hier und dort flammt ein gelbes Licht auf, und dadurch wird die ganze Situation noch gräßlicher und gespenstischer. Es sind die Farblichter einzelner Schlauchboote, die sich selbst im Wasser entzünden. Um diese Schlauchboote und Flöße beginnt ein Kampf, und alle im Wasser Treibenden versuchen sich festzuhalten oder herauf zu gelangen. Die Hilferufe werden gellender, und gurgelnd versinkt so mancher vor unseren Augen. Einzelne Schüsse peitschen durch die Nacht. Viele sehen keinen Ausweg und, den nassen Tod vor den Augen, greifen sie zur Waffe.

Wir haben Glück gehabt und können ein leeres Rettungsfloß erreichen. Höchste Zeit! Die Kraft läßt nach, die Kälte kriecht herauf; das Wasser ist im April noch schön eisig, und man wird langsam steif und apathisch. Weit und breit kein Land. Keine Aussicht auf Rettung? Langsam versinkt jede Hoffnung. Wir haben jedes Gefühl für Zeit und Raum verloren. Krampfhaft halten wir uns fest. Die Beine sind bereits fast steif, und wir zittern wie Espenlaub. So treiben wir bereits über eine Stunde im Wasser. In der Zeit haben sich unauslöschliche Szenen abgespielt. Die Überlebenden schreien mit letzten Kräften um Hilfe, manche weinen, manche beten. Langsam treiben wir auseinander. Der Wellengang ist sehr schwach, und das ist unser Glück. Die Rufe werden weiter und verhaltener. Langsam verlieren wir die

Hoffnung auf Rettung. Neben uns treibt eine Königsbergerin im Rettungsring. Allmählich verlassen sie die Kräfte. Sie schreit entsetzlich nach ihrer Mutter und ihrer Schwester, die in den Fluten versunken sind. Mit letzter Aufbietung aller Kräfte fassen wir sie an und versuchen, sie zu halten.

Die Rettungsaussichten werden immer geringer, und jeder einzelne hat seine eigenen Gedanken.

Plötzlich in der Ferne ein schwacher Lichtschein. Die Hilferufe werden stärker, und wir schreien mit letzter Kraft, um uns bemerkbar zu machen. Wir rudern mit den Armen aus letzten Kräften. Langsam geht es nur vorwärts. Doch uns beseelt eine neue Hoffnung, ein Rettungsschimmer ist da, egal, ob Freund oder Feind. Wir wollen leben!

Aus weiter Ferne vernimmt man den Ruf: ,Schiffbrüchige anschwimmen.' Also eigene Schiffe. — Wir sind gerettet! Die Vermutung lag nahe, daß das feindliche U-Boot aufgetaucht war und uns vielleicht noch ein schlechteres Schicksal beschieden sein konnte.

Das Schiff war ein unseren Geleitzug begleitendes K.-Boot der Kriegsmarine. Dasselbe hatte kehrtgemacht, um, obwohl noch U-Bootgefahr bestand, mit kleinen Scheinwerfern die letzten Überlebenden aufzufischen.

So werden wir nach zwei Stunden aus dem Wasser gezogen. Halbsteif schleifen wir uns über Deck. Die blauen Jungs stellen uns ihre Drillichanzüge, Decken, Mäntel, Pullover usw. zur Verfügung, und sofort erhalten wir einen Bohnenkaffee, daß uns das Herz nur so bullert.

Am Morgen ist die See ruhig und spiegelglatt. Das Meer hat seine Opfer und schweigt. Unser K.-Boot gleitet flink durch die Ostsee in Richtung Swinemünde. Das ganze Drama zieht noch einmal wie ein Filmband an meinen Augen vorbei. 6-7 000 Menschen waren an Bord. 165 wurden nur gerettet. Eine traurige Zahl, und in 20 Minuten hat eine Kleinstadt aufgehört zu existieren.

Wer wird den ganzen Angehörigen eine Nachricht übermitteln? Niemand! Vermißt, für ewig verschollen!"

Ein Grab bei Mövenhaken

Als fünfundzwanzig Jahre nach den Endkämpfen um die deutschen Ostseeprovinzen junge Ostpreußen auf See der Opfer dieses Geschehens gedachten, warfen sie zusammen mit Kränzen und Blumensträußen auch eine Flaschenpost in das Meer. Sie war adressiert an ein Grab bei Mövenhaken auf der Frischen Nehrung. Dort wurde in den letzten Tagen des Krieges ein Offizier zur letzten Ruhe gebettet, dessen menschliche und soldatische Tugenden ihm schon zu Lebzeiten einen fast legendären Ruf eingetragen hatten. Sein Name ist eng mit der Rettung über See verbunden. Es war der Höhere Landungspionierführer Generalmajor Karl Henke. Die Flaschenpost schickten ihm ehemalige Pioniere, die einst unter seinem Kommando standen.

Auf diesem Grab war damals ein schlichtes, schnell zusammengezimmertes Holzkreuz aufgepflanzt. Niemand im freien Westen weiß, ob die Ruhestätte noch vorhanden ist, ob nicht der Seewind das Kreuz fortgeweht und der unruhige Dünensand die Spuren des Grabes verwischt hat. Mövenhaken liegt dicht bei Neutief, nur durch eine Wasserstraße von der alten deutschen Hafenstadt Pillau getrennt, und ist für Besucher aus dem Westen nicht zugänglich.

Daher hat der Gruß in der Flaschenpost in erster Linie symbolische Bedeutung. Aber dieser Pionierführer wurde selbst zu einem Symbol für den auf deutschem Boden in aussichtsloser Lage bis zur Hingabe des eigenen Lebens kämpfenden deutschen Soldaten des Jahres 1945. Des deutschen Soldaten, der dieses Leben opferte, damit andere gerettet werden konnten. Unsagbar groß war die Zahl solcher Männer im Jahre 1945. Meist gab es keine Zeugen mehr, die davon berichten konnten. Denn sie und ihre Kameraden standen in vorderster Linie, bei den sich oft überstürzenden militärischen Bewegungen nur allein auf sich gestellt, und kämpften bis zum letzten Mann. Generalmajor Henke mag als Beispiel für sie stehen.

So beschrieb ihn einer seiner Freunde: „Seine ausgeprägtesten Charakterzüge waren im besonderen Pflichttreue und Gewissenhaftigkeit. Dazu kam eine warmherzige, kameradschaftliche Fürsorge für jeden seiner Unterstellten, ob Mann oder Offizier. Sein ausgeprägtes Verantwortungsbewußtsein, mit dem er an jede Aufgabe heranging, strahlte auf seine Untergebenen aus und war wohl in Wirklichkeit der Schlüssel zum Geheimnis seiner Erfolge. Er konnte von ihnen verlangen, was er wollte, er wußte sich des Mitgehens seiner Männer von vornherein sicher, weil er sich selbst am wenigsten schonte."

Sein militärisches Betätigungsfeld war eine Spezialrichtung des Pionierwesens, die amphibische Kriegsführung, ein Kampf, der zu Wasser und zu Lande ausgefochten wurde. Daher war es gar nicht ungewöhnlich, daß er als Heeresangehöriger eine Zeitlang Pionieroffizier bei der Marinestation der Nordsee war. Seine Truppe, die Landungspioniere, war im Kriege an allen umkämpften Küsten und allen Frontabschnitten, die von breiten Flüssen durchzogen waren, zu finden. Sie brachte Sturmtruppen über das Wasser und holte sie in kritischer Lage zurück. Ihre Sturmboote und Landungsfähren waren ein wichtiger Teil der modernen Kriegsführung. Dieser Truppe stand Generalmajor Henke seit 1944 als Höherer Landungspionierführer des Heeres vor.

Als Henkes militärische Glanzleistung gilt die Rückführung der 17. Armee aus dem Kuban-Brückenkopf 1943 über die Straße von Kertsch zur Halbinsel Krim. Kaum ein Jahr später war er mit seinen Landungspionieren im Baltikum, wo er die Landeeinheiten von Kriegsmarine und Heer versorgte und ihre Bewegungsfreiheit sicherstellte. Die letzte Kraft aber forderte ihm und seinen Pionieren der Kampf um Ostpreußen ab. Ob auf dem Kurischen oder dem Frischen Haff oder in Küstennähe, überall waren seine Seeschlangen, wie er die Pionierfahrzeuge nannte, dabei, wenn es galt, Truppen, Waffen und Munition auf dem Wasserwege zur Front zu bringen und auf der Rückfahrt bis zur Grenze der Belastungsfähigkeit Flüchtlinge und Verwundete mitzunehmen. Hunderttausende von Menschen, vor allem Frauen und Kinder, verdanken ihre Rettung aus höchster Gefahr diesen Pionieren, die sie über das Haff oder über Wasserarme hinwegtransportierten, damit sie noch zu den Einschiffungshäfen gelangen konnten. Das traf besonders bei der Eva-

kuierung des Heiligenbeiler Kessels zu. Aus dieser Gefahrenzone holten Henkes Soldaten auch schließlich noch die Mehrzahl
der Truppen ab.

Darüber wird in der Geschichte der 21. Infanteriedivision
berichtet: „Dieser Strand ist ein einziges ,Dünkirchen'. Die
Verwundeten liegen stellenweise, besonders bei Rosenberg, zu
hunderten ohne jeden Schutz beisammen, während der Gegner
unerbittlich den Küstenstreifen zerstäubt. — Am 27. März ist
es schon etwas ruhiger in dem von Menschen brodelnden Kessel
geworden. Viele sind darin umgekommen oder an seinen Rän-
dern in Gefangenschaft geraten, ein Teil hat doch noch den Weg
über das Haff gefunden. Die seltsamsten Wasserfahrzeuge werden hier gebaut. Die ausgedehnten Fahrzeugfriedhöfe werden
nach allen Benzinkanistern abgesucht, von den zersplitterten
Scheunen der letzten Gehöfte werden alle größeren Stücke gerissen. In einer einzigen Sekunde ist oft die fieberhafte Arbeit
von Stunden zunichte gemacht, wenn neue Bombensplitter in die
Kanister fahren und die Flöße auseinanderreißen. Das Gewehr-
feuer kommt von Stunde zu Stunde näher. Viele Trupps finden
nicht mehr die Zeit, die Kanister auf ihre Dichte und die Flöße
auf Tragfähigkeit zu überprüfen; sie stoßen vom Ufer ab, um
möglichst noch bei Dunkelheit den acht bis zwölf Kilometer
weiten Weg über das Haff hinter sich zu bringen, denn mit An-
bruch des Tages sind die ersten Flieger zu erwarten, die sich ein
Vergnügen daraus machen, die hilflos Treibenden mit Bordwaffen unter Feuer zu nehmen. Den Motorbooten, die in der Nacht
und bei Morgengrauen noch viele Haffschiffer aufsammeln und
vor dem Untergang retten, gebührt hohe Anerkennung wie
überhaupt allen Landungspionieren, die unter dem Befehl von
General Henke bei diesen Absetzbewegungen eingesetzt sind."

Aus dem gleichen Kampfraum berichtete der Generalarzt Dr.
Fölsch über Henke: „In diesen wenigen Tagen, Mitte März 1945,
gelang es in engster Verbindung mit den Marinedienststellen in
Rosenberg und Pillau, durch straffe Zusammenfassung aller verfügbaren Transportmittel beim Feldstandortarzt Heiligenbeil
und durch Zusammenarbeit des Armeearztes mit dem Pioniergeneral Karl Henke, der seine ,Seeschlangen' auf dem Haff zum
Einsatz brachte, täglich etwa 600—700 Verwundete abzubeför-

dern auf die Nehrung (Pioniere) oder unmittelbar nach Pillau (Marine). Ich habe den General Henke namentlich erwähnt; er ist einer von den Männern, der in diesen schweren Wochen Hunderte und Aberhunderte unter persönlichem Einsatz mit seinen Pionieren rettete."

Als in den letzten Apriltagen das Schicksal für die Seestadt Pillau, aus der die Marine 450 000 Flüchtlinge über See nach Westen transportiert hatte, nachdem der Zusammenbruch des Riegels bei Tenkitten an der Samlandfront besiegelt war, stand auch hier Henke mit seinen Pionieren im Kampf. So schilderte es General Großmann: „Auf dem nur 30 Quadratkilometer großen Nehrungsteil drängten sich die Reste der Samland-Truppen, die dem Festungskommandanten von Pillau unterstellten Verbände und Tausende von Flüchtlingen zusammen. Die Hauptsorge blieb der Abtransport der zahllosen Verwundeten, deren Anfall an einem Tage bis auf 8 000 stieg. Was in diesen Tagen die Marine unter Fregattenkapitän Brauneis und die unter General Henke zusammengefaßten Pionierboote bei ständigem Bombenhagel und Fliegerbeschuß leisteten, bewies persönlichen Mut und eine Opferbereitschaft sondergleichen. Da der Marinehafen durch einen gesunkenen Frachter gesperrt war und unter dauerndem Feuer lag, erfolgte die Einschiffung im Tief selbst. An der Seeseite hatte man Laufstege bis hinauf nach Neuhäuser gebaut, um mit Zubringerbooten einen rascheren Verkehr zu den auf hoher See liegenden größeren Schiffen bewerkstelligen zu können. Dazu kam der laufende Pendelverkehr über das Tief nach der Frischen Nehrung mit allen nur verfügbaren Fahrzeugen. Denn alles, was zum Kampf um Pillau und sein Vorfeld nicht mehr benötigt wurde, sollte schleunigst übergesetzt werden."

Am 24. April drangen sowjetische Truppen in Pillau ein. Abends rafften die Verteidiger noch einmal alle Kräfte zusammen, um möglichst viele vor der Gefangenschaft zu bewahren. Und wieder gehörte Henke zu den Männern, die bis zur letzten Stunde standen. Der Oberbefehlshaber der deutschen Landstreitkräfte im ostpreußischen Raum, General der Panzertruppen von Saucken, berichtete: „Die aufopfernde Arbeit der Pionierlandeboote in den verschiedenen Phasen des Abwehrkampfes im

Danziger Raum und im Samland fand ihren Höhepunkt in der Leistung beim Übersetzen in der Nacht vom 24. zum 25. April über das Pillauer Tief. Die Pionierlandetruppe wetteiferte mit den Marinefährprähmen im Wegschaffen von Flüchtlingen, Verwundeten und von Truppen, unbekümmert um Feindeinwirkung aus der Luft oder von der Erde. Der Kommandeur der tapferen Pioniereinheiten, General Karl Henke, leitete das Übersetzen, so lange es irgendwie ging. Bei der Armee wurde ein Funkspruch von ihm aufgenommen, wonach er sich in der Flakbatterie Lehmberg in Neutief verteidigte. Der Versuch, ihn und die tapferen Verteidiger dieser Batterie nachts von See her durch seine Boote zu entsetzen, schlug leider fehl. Die Erkunder von See müssen sich getäuscht haben. Die Landung unterblieb, da man glaubte, auf Russen gestoßen zu sein."

Gleichzeitig mit dem Übersetzen der letzten Einheiten von Pillau nach Neutief hatten die Sowjets zwei Landungen auf der Frischen Nehrung durchgeführt. Die eine fand von der Haffseite bei Kaddighaken, die andere von Seeseite bei Mövenhaken statt. Die deutsche Gegenwehr war jedoch so heftig, daß die Landeunternehmen nicht, wie geplant, zur gleichen Zeit gelangen. So entstand ein Flaschenhals, durch den noch rechtzeitig eine Anzahl von Flüchtlingen, Verwundeten und Soldaten geschleust werden konnte. Das war die Lage, die der Pioniergeneral Henke vorfand, als er auf die Nehrung kam.

Aus Soldaten aller Wehrmachtteile bildete er sofort eine Kampfgruppe, um den Gegnern so lange wie möglich den Weg zu verlegen. In Anlehnung an die Batterie Lehmberg bei Neutief kämpfte diese bunt zusammengewürfelte Truppe, zusammengehalten von einem General, der sich selbst das Letzte abverlangte. Aber die russische Übermacht war zu groß. In wenigen Stunden war die Kampfgruppe von allen Seiten eingeschlossen, nur die Seeseite war noch frei. Die Deutschen waren dem kleinen Kessel Pillau entkommen, um in den noch kleineren Kessel Neutief zu geraten.

Auch die Kampfkraft der schweren Flakbatterie Lehmberg war geschwächt. Der Batteriechef und der Batterieoffizier waren gefallen. In der letzten Nacht war von Pillau Oberleutnant zur

See Knebel nach Neutief übergesetzt. Er übernahm jetzt die Batterie, die den Schwerpunkt der Abwehr bildete. Am 26. April wurde der Kessel, in dem sich nur 200 Verteidiger mit Handfeuerwaffen befanden, von allen Seiten angegriffen, unter anderem mit Panzern und Sturmgeschützen. Knebel berichtet über diesen Tag: „Nach dramatischen Stunden, in denen vergeblich versucht wurde, Nachrichtenverbindung mit den außerhalb der Einschließung liegenden Truppen zu bekommen, gelang eine Funkverbindung. Es wurde uns Entsatz für 24 Uhr dieses Tages versprochen. Angesichts der zu erwartenden Befreiung verweigerte unser Kampfkommandant die Übergabe, zu der er durch einen Parlamentär aufgefordert wurde, obwohl zu dieser Zeit nur noch eine schwere Flakkanone feuerklar war. Ich wehrte mit diesem Geschütz nur noch feindliche Pak und Panzer in direktem Schuß ab. Kurz nach meiner Verwundung am späten Nachmittag wurde das letzte Geschütz durch Volltreffer zerstört. Trotzdem gelang es Herrn Generalmajor Henke, der selbst wie ein Löwe focht, uns den Gegner bis zur Nacht und sogar bis in die Nachmittagsstunden des folgenden Tages vom Leibe zu halten.

Unsere für 24 Uhr angesetzte Befreiung mißglückte durch einen verhängnisvollen Irrtum, verursacht durch das Verbindungsboot der Fähren. Als der Irrtum aufgeklärt war, wurde dieselbe Aktion für die kommende Nacht angesetzt. Uns blieb nur eine schwache Hoffnung. Obwohl der Kampf von unserer Seite nur noch mit leichten Waffen geführt werden konnte und der Russe mit zahlreichen Panzern, Pak und Flugzeugen angriff, wurde er bis 15.30 abgewehrt."

Dann kam das Ende. Die Sowjets drangen in den kleinen Stützpunkt ein. Im Kampfe Mann gegen Mann fiel auch General Henke. Oberleutnant zur See Knebel berichtet darüber: „Ich wurde Augenzeuge, wie Generalmajor Henke sich selbst erschoß, als ihn mehrere Gegner im Handgemenge zu überwältigen suchten." Die Überlebenden wurden mit Peitschen zusammengetrieben. Die Russen wußten von General Henke, denn sie fragten sofort nach ihm. Offenbar hatten sie den Befehl, ihn lebend in die Hand zu bekommen. Vier Soldaten trugen in einer Decke den toten General heran. Gleich darauf kam ein sowjetischer General herangefahren und erkundigte sich nach den näheren Umständen des Todes. Dann geschah angesichts des üblichen Verhaltens der Sowjets etwas Überraschendes. Der russische General ließ die Gefangenen antreten und sprach ihnen seine Anerkennung für ihre Tapferkeit aus. Er gestattete sogar, General Henke sofort zu beerdigen.

Offiziere trugen den toten General auf die höchste Düne der Umgebung, gruben ein Grab und legten ihn mit dem Gesicht nach Osten hinein. Zum Schluß pflanzten sie ein Holzkreuz darauf.

Henke und seine Pioniere bahnten Hunderttausenden von Menschen mit ihren Seeschlangen den Weg zur Rettung. Ihnen steht ein Ehrenplatz zu, wenn von der großen Rettungsaktion über See gesprochen wird.

Die stillen Helfer
in schweren Stunden

Die gigantische Rettungsaktion, in deren Dienst sie vielfach über Nacht gestellt worden sind, hat die meisten Schiffe weitgehend unvorbereitet getroffen. Auf einigen wie auf „Mungo" haben Zeit und Möglichkeiten wenigstens noch gereicht, um Stroh und transportable Toiletten an Bord zu bringen und so das schwere Los der unfreiwilligen Passagiere geringfügig zu erleichtern. Auf anderen Schiffen mangelt es sogar daran — nicht aus bösem Willen oder Fahrlässigkeit, sondern weil einfach keine Zeit dafür vorhanden war. Ein Kapitel für sich aber ist die gesundheitliche Betreuung der Flüchtlinge.

Gewiß, die großen Lazarettschiffe und bewaffneten Verwundetentransporter haben Ärzte und Sanitätspersonal an Bord, aber sie sind ja nur ein Teil der Flotte, die zum Abtransport der Menschen aus den Ostseehäfen eingesetzt ist. Zu ihnen gesellen sich ungezählte kleine und mittlere Frachter, Küstenmotorschiffe, ja Vergnügungsdampfer, die früher nur Tagesfahrten gemacht haben und keinen Arzt an Bord brauchten. Ihre Kapitäne freuen sich über jede helfende Hand, denn wirklich gesund ist ja kaum noch einer unter den Menschen, die sie unermüdlich nach Westen bringen. Das macht sich besonders bei den Älteren bemerkbar, deren Kräfte sich häufig genug ihrem Ende nähern und deren Widerstandskraft in den vorangegangenen schweren Tagen und Wochen gebrochen wurde. Es sind aber auch kranke Kinder an Bord und Frauen, die ein Kind unter dem Herzen tragen und deren schwere Stunde nicht mehr weit ist. Aber immer wieder finden sich Menschen, die alles unter den Umständen Mögliche tun, um andere Leben zu retten oder einem kleinen Erdenbürger ans Licht der Welt helfen, das in diesen Wochen so trübe ist.

Der Kapitän des Walfangmutterschiffes „Walter Rau" ist direkt ein Glückspilz zu nennen, daß unter den fast 8 000 Flüchtlingen, die er auf einer Fahrt Ende Januar/Anfang Februar an Bord hat, eine Hebamme ist: Frau Hertha Reimer hat lange Jahre in Labiau als „Storchentante" gewirkt. Als sie überstürzt die

Heimat verlassen mußte, hat sie selbstverständlich ihre Hebammentasche mit auf den Weg genommen, aber wer weiß, wo sie jetzt ist — man hat sie ihr gestohlen. Was ihr zur Verfügung steht, ist gerade eine Schere und etwas Zellstoff. Trotzdem ist Frau Reimer unverdrossen zur Stelle, wenn sich ein Kind anmeldet. Der Kapitän hat mit ihr zusammen ein besonderes Nachrichtensystem entwickelt, denn jedesmal einen Läufer auf den Weg zu schicken, wenn die Hilfe der Hebamme benötigt wird, ist ein nahezu hoffnungsloses Unterfangen bei 8 000 Menschen an Bord, die alle Räume und Gänge bevölkern. Wenn also wieder einmal ein Baby sich angemeldet hat, stellt sich der Kapitän in die Brückennock, setzt die Trillerpfeife an und pfeift solange, bis Frau Reimer es hört. Durch Zuruf und Handzeichen eingewiesen, klettert sie dann über die Menschen hinweg zu der Schicksalsgenossin, die auf ihre helfenden Hände angewiesen ist. Fünf kleinen Menschlein verhilft sie so in die Welt. Bei der Ankunft in Eckernförde werden die Mütter mit den Neugeborenen dann als erste von Bord und umgehend ins Krankenhaus gebracht.

Nicht alle Kapitäne verfügen über solche Assistenten. Dann ist es oft genug an ihnen selbst, Hilfe zu leisten, denn vor dem Kapitänsexamen haben sie alle einen Lehrgang in ärztlicher Hilfe mitgemacht. Eigentlich werden sie auf ihren Brücken gebraucht, aber in der Stunde der Not ist der Kapitän oft genug nicht nur der „einzige Herr nach Gott" an Bord, wie es im Altfranzösischen heißt, sondern auch der einzige Helfer. Einer von ihnen ist Kapitän Heidberg vom Tanker „Adria" der Hamburger Reederei John T. Essberger. Unter seinen Passagieren sind eine Reihe Kranker, dazu 13 Frauen und vier Kinder, die bei der Einschiffung durch Fliegerbeschuß verwundet worden sind. So legt Kapitän Heidberg den Sextanten aus der Hand und beginnt die Verwundeten zu versorgen. Unter ihnen ist eine Frau mit einem Brustschuß, die aus Schamhaftigkeit ihre Verwundung zwei Tage lang verschweigt und sich nicht behandeln lassen will. Als sich jedoch die Wunde zu entzünden beginnt, kennt der Kapitän keine falschen Rücksichten mehr und greift zum Arztbesteck. Die Patientin kommt auch glücklich nach Kiel und wird dort im Krankenhaus sofort nachoperiert.

Damit sind die Aufgaben der Kapitäne noch längst nicht erschöpft. Als Standesbeamte haben sie auch die Geburten zu beurkunden. Auf der „Wadai" wird an den an Bord befindlichen Superintendenten Walsdorff die Bitte herangetragen, Gottesdienst abzuhalten. Natürlich ist er dazu bereit und läßt mitteilen, daß er bei dieser Gelegenheit auch Neugeborene taufen wolle. Auf die Paten, meint er, müßte ja wohl leider in dieser Situation verzichtet werden. Da macht ihn der Kapitän darauf aufmerksam, daß bei Bordtaufen stets der Kapitän Pate ist.

Übermenschliches leisten auf den großen Schiffen oft Ärzte und Sanitätspersonal. Je größer das Schiff, desto größer meist auch die Zahl der Verwundeten und Kranken. Viele unter ihnen bedürfen dringender Operation. Die Verhältnisse in den OP-Räumen sind mit denen in Krankenhäusern nicht zu vergleichen: Hinter verschalkten Bullaugen, ohne Frischluftzufuhr, wird Tag und Nacht bis zum Umfallen gearbeitet. Und jedesmal, wenn einer der Marineärzte zum Skalpell greift, muß er gewärtig sein, daß weit mehr als unter normalen Verhältnissen ein Menschenleben von der Geschicklichkeit seiner Hand abhängt, denn er arbeitet ja nicht auf festem Land, sondern auf schwankendem Schiff, und es kann jeden Augenblick geschehen, daß auf der Brücke hart Ruder gelegt wird, um Torpedos oder Fliegern auszuweichen — und dann? Da gibt es nur eins: Zähne zusammenbeißen, weitermachen, nicht dran denken. Oder wie es bei den Kameraden von der Seeoffizierslaufbahn an Deck heißt: Handeln nach Ermessen! Die Ärzte lassen sich nicht abschrecken. Zäh wird um jedes Leben gerungen, sogar Schlagadern werden genäht, und manchmal assistiert wegen Personalmangels wieder der Kapitän. Dabei würde er eigentlich auf der Brücke weit nötiger gebraucht, denn es wird mit Höchstfahrt gelaufen und der Abstand zum Vordermann im Geleit beträgt trotz Nebel nur knapp eine Schiffslänge.

Das Heldenlied der Ärzte, Sanitätsmaate und Schwestern auf den Schiffen der 115 Tage muß noch geschrieben werden — es würde den Rahmen dieses Buches sprengen.

Das Ende auf Hela

In der östlichen Ostsee befanden sich außer dem Brückenkopf in Kurland nur noch Hela und das Gebiet an der Weichselniederung bei Schiewenhorst in deutscher Hand, kleine Inseln im sowjetischen Meer. Der Krieg neigte sich seinem Ende zu. In Berlin wurde gekämpft.

Am 28. April landete Vizeadmiral Thiele, der neue Admiral Östliche Ostsee, in Hela. Die Lage war erschreckend. Sie spiegelt sich treffend in dem Funkspruch wider, den er am 3. Mai absetzen ließ: „Infolge fast gänzlichen Aufhörens des Ostgeleitverkehrs auf Hela in Kürze über 200 000 Menschen massiert. Heraufbeschwört zwangsläufig Zusammenbruchserscheinungen. Erbitte sofort großzügige Inmarschsetzung von Schiffsraum für Abtransport. 2. und 3. Mai nur je ein Dampfer nach Westen. Abhilfe dringend erforderlich."

Die Seekriegsleitung jagte sofort ihre Funksprüche an die einzelnen Verbände heraus. Der Führer der Zerstörer, Vizeadmiral Kreisch, setzte alle vor Kopenhagen liegenden Zerstörer und Torpedoboote in Marsch, dazu die Schiffe „Linz", „Ceuta", „Pompeji" und den Hilfskreuzer „Hansa". Gleichzeitig funkte der Chef der 9. Sicherungsdivision: „Alle M-Boote und Vp-Boote umgehend mit vollem Betriebsstoff Hela kommen. Möglichst unter Geleitausnutzung."

Am Abend des 5. Mai trafen sie vor Hela ein, dazu gesellten sich noch die „Nautik" und die „Isar". In der Nacht begannen die Einschiffungen, und am 6. Mai trafen alle Schiffe, in 4 Geleitzüge geordnet, schon wieder in Kopenhagen ein. Sie brachten auf dieser einen Fahrt 43 025 Menschen mit. Das war die Tageshöchstleistung aller Verschiffungen auf Hela. Noch immer aber hofften zahllose Menschen in den Brückenköpfen inbrünstig, daß auch sie noch herausgeholt werden würden.

Inzwischen bahnten sich allerdings politische und militärische Entscheidungen an, die die Aussichten auf völlige Räumung der Brückenköpfe mehr als fraglich erscheinen ließen. Die Kapitulationsverhandlungen waren in vollem Gange.

Am 5. Mai trat die Teilkapitulation vor den Engländern in Kraft. Zu den Bedingungen dieser Kapitulation gehörte auch die Übergabe des gesamten Schiffsraums. Damit aber wäre die Rettungsaktion sofort völlig zum Erliegen gekommen. Es sei zur Ehre des britischen Feldmarschalls Montgomery gesagt, daß er in Kenntnis der Ereignisse in der Ostsee andeutete, daß die in See befindlichen Schiffe nach Westen jedoch bis zum Inkrafttreten einer Gesamtkapitulation weiterlaufen könnten. In den darauffolgenden Tagen interpretierten die Engländer die Frage der Seetransporte so weitherzig, daß die Rettungsaktion tatsächlich bis zum 9. Mai weitergeführt werden konnte.

Die Schiffe mußten aber in See sein. Sobald sie einen Hafen des Kapitulationsbereiches anliefen, durften sie nicht mehr weiterfahren. Deshalb blieben alle Fahrzeuge, die von Hela gekommen waren, auf Kopenhagen-Reede liegen, sie waren also noch in See. In aller Eile wurden dort die Geretteten in Kleinfahrzeuge ausgeschifft, die sie an Land oder auf größere, bereits stilliegende Schiffe brachten.

Inzwischen war die Gesamtkapitulation erfolgt. Sie bestimmte, daß alle See- und Sicherungsstreitkräfte sowie alle Handelsschiffe die Häfen Kurlands und Hela bis zum 9. Mai 1.00 Uhr verlassen haben mußten.

Großadmiral Dönitz funkte an die Heeresgruppe Kurland und an das Armee-Oberkommando Ostpreußen:

„Alle bis zum 9. Mai 1945 01.00 h gegebenen Möglichkeiten zum Abtransport über See sind unter äußerster Anspannung aller Kräfte auszunutzen. Alle Schiffe müssen zu diesem Zeitpunkt ausgelaufen sein."

Jetzt begann das Rennen um Zeit. In einem letzten Einsatz mußten die Fahrzeuge, jetzt vorwiegend Kriegsschiffe, alles aus ihren Maschinen herausholen. Fieberhaft wurde auf Kopenhagen-Reede entladen. Hinzugekommen waren noch zwei Zerstörer, ein Torpedoboot und ein Tender, die inzwischen Swinemünde geräumt hatten.

Vizeadmiral Kreisch jagte am 8. Mai einen Funkspruch unter KR-Blitz — das bedeutet: höchster Vorrang, kriegswichtig — heraus: „An alle im Osttransport eingesetzten Einheiten: Im Sinne Aufgabe handeln: Beeilt Euch! — Führer der Zerstörer."

Noch einmal liefen sieben Zerstörer und fünf Torpedoboote unter rollenden Luftangriffen und heftigem Artilleriefeuer von Land her Hela an und holten 20 000 Menschen von der Halbinsel. Die letzten Kriegs- und Handelsschiffe, die kurz vorher auf Hela-Reede erschienen waren, traten nun auch ihre Fahrt in den Westen an. Unter ihnen die beiden Schiffe „Weserberg" und „Paloma" mit insgesamt 5 730 Personen. Ihnen schlossen sich als letzte die Fahrzeuge der 9. Sicherungsdivision an, die noch Menschen von der Weichselniederung abgeholt hatten.

Die Seeleute hatten getan, was sie konnten. Daß sie nicht alle hatten retten können, lag an den Kapitulationsbedingungen, die sie zur Einstellung der Fahrten zwangen.

Auf Hela gerieten etwa 60 000 und in der Weichselniederung 40 000 Flüchtlinge und Soldaten in russische Gefangenschaft.

Das letzte Gefecht

Nur noch wenige Stunden, dann tritt die Kapitulation in Kraft. Langsam löst sich die „Rugard", Führerschiff des Chefs der 9. Sicherungsdivision, von der Pier und nimmt Fahrt auf, gefolgt von einem Rudel Räumboote, die bis zur Oberkante Brücke vollgestopft sind mit Soldaten und Verwundeten, die noch in letzter Minute dem Zugriff der Sowjets entzogen werden sollen. Auf „Rugard" sieht es nicht anders aus: Jeder Winkel, jede Kabine ist bis auf den letzten Quadratzentimeter mit Soldaten ausgefüllt. Mehr als tausend sind an Bord. Das hätte sich das alte Schiff nie träumen lassen — es hat einmal bessere Tage gesehen, als es noch unter weißem Anstrich mit fröhlichen Menschen an Bord als Bäderdampfer zwischen Stettin und den zauberhaften Badeorten der Insel Rügen verkehrte. Als dann der Krieg kam, wurde es Führerschiff des Führers der Minensuchboote Ost, Begleitschiff einer Minensuchflotille und landete schließlich bei der „9. Sicherung", die sich schon 1942 beim Kanaldurchbruch der deutschen Schlachtschiffe einen Namen gemacht hat, und in diesen Wochen erst recht. Der Chef, Fregattenkapitän Adalbert von Blanc, ist nicht an Bord. Er ist für diese letzte Reise auf eines der Räumboote übergestiegen, um von dem schnelleren Fahrzeug aus besser führen zu können.

Noch einmal gehen die Blicke der Männer an Deck zur Halbinsel Hela, die in diesen Wochen so viel Blut und Tränen gesehen hat, zurück zu denen, die dort bleiben mußten.

Die ersten Stunden gehen ohne Zwischenfall dahin, die See ist glatt, die Sicht gut und die Hoffnung steigt. Dann häufen sich die Funksprüche, die größtenteils aus Flensburg kommen. Einer besagt: „Anlaufen nächsten feindlichen Hafen." Ein anderer: „Sofort Waffen und Munition unbrauchbar machen."

Der erste Spruch wird auf „Rugard" gewissermaßen überhört, der zweite nur bedingt ausgeführt: Zwar werden Geschützverschlüsse über Bord geworfen, nicht aber der der 8,8 cm an Oberdeck. Man kann ja nicht wissen. Mit hoher Fahrt, wenn man zwölf Seemeilen pro Stunde so nennen darf, läuft „Rugard" im Pulk der Räumboote auf Westkurs. Ruhig geht die Nacht dahin und auch der größere Teil des folgenden 9. Mai. In dessen Abendstunden meldet der achtere Ausguck plötzlich mehrere rasch sich nähernde Bugwellen achteraus. Alle Gläser werden in die angegebene Richtung gedreht, zur Brücke kommt eine Meldung: „Vier eigene Schnellboote im Kielwasser folgend."

So leicht aber gibt Hein Seemann sich nicht zufrieden. Einige mißtrauische Ausgucksgäste peilen weiter achteraus — und dann rasseln plötzlich die Alarmglocken auf „Rugard": Die Bugwellen stammen von sowjetischen Schnellbooten, die mit hoher Fahrt auflaufen. Keine 300 Meter entfernt jagen sie an „Rugard" vorbei und versuchen dem Schiff und den Räumbooten den Weg abzuschneiden. Auf zwei Räumbooten ist bereits der Groschen gefallen — mit „dreimal äußerste Kraft" brechen sie seitwärts aus, ohne daß die Russen sie beachten. Sie konzentrieren sich auf „Rugard" und das ihr folgende Boot. Auf „Rugard" aber haut bereits der diensthabende Funker auf die Taste: „Sowjetische Schnellboote kommen längsseits, was tun?"

Der Admiral Östliche Ostsee ist auch noch in See und auf Grund verschiedener russischer Fliegerangriffe auf eigene Fahrzeuge nach Inkrafttreten des Waffenstillstandes nicht davon überzeugt, daß es mit der Waffenruhe so sehr weit her ist. Für alle Fälle hat er noch einmal in Flensburg angefragt. Minuten später kommt seine Antwort: „Weiterlaufen auf Westkurs."

Mittlerweile ist eines der Sowjet-Schnellboote bei „Rugards" Begleit-Räumboot längsseits gegangen, die anderen konzentrieren sich auf „Rugard" selbst. Ein Boot legt neben der Bordwand an. Sein Kommandant ruft in gebrochenem Deutsch nach oben: „Schieff soforrt zurruck — sonst alle kapuut..."

Von Deck der „Rugard" blickt eine Mauer von deutschen Soldaten auf den ungebetenen Gast hinab, an dessen Heck die weiße Sowjet-Kriegsflagge mit rotem Hammer und roter Sichel flattert. Ein beinamputierter Oberstleutnant des Heeres zieht die Pistole und sagt halblaut zu dem neben ihm stehenden Marinefunker: „Mit mir nicht — ich hab' die Schweinerei von Gumbinnen erlebt..."

Aber es bedarf dieser Pistole nicht, und die Sowjets auf dem Schnellboot sehen und hören nicht, was hinter der Soldatenmauer an der Reling vor sich geht. Sie sind sogar wieder etwas abgefallen, weil die Germanskis womöglich unberechenbare Manöver machen. Sie machen sogar noch mehr. „Ist die 8,8 klar?" fragt der befehlsführende junge Leutnant zur See auf der Brücke. Die Klarmeldung kommt umgehend. Zugleich sieht man auf „Rugard", daß die Schnellboote die Fahrt verlangsamen — und daß drüben Torpedos über Bord klatschen . . .

Bei höchster Fahrtstufe legt „Rugard" Ruder. Die Heeressoldaten an Bord haben so etwas noch nie erlebt — sie kullern und rutschen über das schrägliegende Deck und die meisten sehen wahrscheinlich ihr letztes Stündlein gekommen. Hier und da greifen kräftige Seemannsfäuste zu, um diesen oder jenen „Fünfundachtziger" (wie die Marine die Kameraden vom Heer nach dem Kieler Hausregiment vor 1914 nennt) vor dem Überbordgehen zu bewahren. Während das Schiff sich langsam wieder aufrichtet, trommelt in der Funkbude der Funker seinen Spruch heraus: „An Chef 9. Sicherungsdivision. S-Boote greifen mit Torpedos an. Frage: Darf ich Feuer eröffnen?"

Der Spruch ist noch nicht beantwortet, als auch schon die Sowjet-Schnellboote das deutsche Schiff mit einem Geschoßhagel aus ihren Maschinenwaffen überschütten. Da reißt auch dem Leutnant auf der „Rugard" der Geduldsfaden. 18 Stunden nach der Kapitulation beginnt am 9. Mai 1945 gegen 18 Uhr das letzte Seegefecht des Zweiten Weltkrieges in der Ostsee. Es dauert nicht lange, da verschwindet das russische Führerboot in Qualm und Wasserfontänen — mutmaßlich Volltreffer der 8,8. Die anderen Boote nebeln sich ein und drehen auf Ostkurs ab . . .

Die Dämmerung bricht herein. Langsam entfernt sich „Rugard" aus dem Bereich der schwedischen Küste und fällt nach Südwesten ab. Am Rand der Dreimeilenzone steht ein schwedisches Küstenwachboot auf und ab, und am Horizont sehen die Landser in der nun schnell einfallenden Dunkelheit die strahlenden Lichter einer friedlichen schwedischen Stadt.

Ganz langsam nur legt sich die ungeheure Spannung.

Aber die Nacht bleibt ruhig. Als der Morgen des 10. Mai anbricht, läuft „Rugard" in die Strander Bucht vor Kiel ein.

Der Fall Koch

Einer kam auch übers Meer. Er kam allerdings nicht inmitten der Elendsgemeinschaft der Gejagten und Gedemütigten. Er kam nicht wie die anderen, zusammengepfercht auf engem Raum, er war nicht zwischen all den Ostpreußen, für deren erbärmlichen Zustand er ein Übermaß von Verantwortung trug. Er kam auf einem eigens für ihn reservierten Schiff; es war ein Eisbrecher, der — es klingt gespenstisch — den Namen „Ostpreußen" trug. Dieser Eine, der auch übers Meer kam, war der Gauleiter und Oberpräsident der Provinz Ostpreußen, Erich Koch. In seinem Gepäck führte er verschiedene Verkleidungen mit, deren er zwar nicht mehr für die Flucht vor den Sowjets, sondern für die Flucht vor der von ihm so gerne beschworenen Verantwortung bedurfte.

„Viele Köche verderben den Brei, ein Koch aber Ostpreußen", lautete ein zynisches Sprichwort, das einst in Parteikreisen, in denen die Zahl der Gegner dieses Gauleiters nicht gering war, wie auch in jenen Teilen der Bevölkerung, die das Wirken dieses Mannes mit ahnungsvoller Skepsis verfolgten, kolportiert wurde. Dieses Sprichwort war nun grausige Wirklichkeit geworden.

Koch hatte im Urteil seiner Zeitgenossen sein Leben vieltausendfach verwirkt, jedoch — seine Richter nahmen es ihm nicht, und er selber nahm es sich auch nicht. Er lebt noch, nach mehr als einem Vierteljahrhundert seit der Verjagung der ostpreußischen Bevölkerung aus ihrer angestammten Heimat. Nach dem Kriege verbarg sich Koch unter falschem Namen, wurde in der Nähe von Hamburg entdeckt und an die Volksrepublik Polen ausgeliefert. Dort wurde er nach einem großen Prozeß zum Tode verurteilt. Das Urteil wurde nicht vollstreckt. Über die Gründe für seine Aussetzung liegen ungenaue und einander widersprechende Nachrichten vor. Seitdem befindet sich Koch in einem Zuchthaus. Die letzten veröffentlichten Photos zeigen ihn als menschliches Wrack.

Nie aber kam Koch vor ein deutsches Gericht. Die Zeitverhältnisse ließen es nicht zu, und es gibt auch kein Gesetz, nach dem das von ihm angerichtete Unheil gesühnt werden könnte. Doch bleibt er in den Augen seiner Landsleute und vor seinen Zeitgenossen ein Gerichteter, auch ohne förmliches Urteil.

Die eindeutige Definition des politischen Verbrechens ist allen bisherigen, unzulänglichen Versuchen zum Trotz schwierig geblieben. So klar die Bestimmung einer kriminellen Tat möglich ist, die aus politischen Motiven begangen wurde, so wird es schon schwer bei der rechtlichen Erfassung solcher Personen, die als organisatorisch Handelnde oder Lenkende auf der Vorstufe dieser Tat stehen. Auch die Begriffsbestimmung des sogenannten Schreibtischmörders bleibt unbefriedigend oder sogar fragwürdig. Um noch viele, viele Grade schwieriger wird es aber, wenn die rechtliche Verantwortung jener Personen festgestellt werden soll, die eine Situation verursacht oder geduldet haben, in der als Endprodukt das politische Verbrechen steht. Eine derartige Situation entspringt in den seltensten Fällen einem Vorsatz, sondern eher den politischen Fehlern, die wiederum aus Falschbeurteilung, aus Feigheit, aus Borniertheit, aus Überheblichkeit, aus Phrasenhaftigkeit und ähnlichen negativen Eigenschaften geboren werden.

Folgerichtig muß bei dieser Betrachtung der politische Fehler eines Verantwortlichen noch über das politische Verbrechen gestellt werden. Dieses unterstreicht auch ein Wort, das abwechselnd Fouché oder Talleyrand zugeschrieben wird. Es fiel, als Napoleon den Herzog von Enghien erschießen ließ, und lautete: „Das ist mehr als Verbrechen, das ist ein Fehler."

Von dieser Seite her kann bei einer nachschauenden Beurteilung die verhängnisvolle Rolle dieses Gauleiters Koch in Ostpreußen angegangen werden. Aus den Fehlern seines Handelns, die fast alle ihre Ursachen in seinen negativen Eigenschaften hatten, wurden Situationen herbeigeführt, in denen unzählige Menschen unter gräßlichen Umständen getötet wurden, Menschen, für die Verantwortung zu tragen Koch immer großsprecherisch vorgab. Diese Fehler wurden vervielfältigtes Verbrechen.

Die größten Menschenverluste entstanden durch verspätete Räumung der in die Kampfhandlungen geratenen Gebiete. Gauleiter Koch war der Haupt- und Letztverantwortliche für diese verspäteten Räumungen oder — noch präziser ausgedrückt — für die Verhinderung der rechtzeitigen Räumung. Als der Krieg an die Grenzen Ostpreußens brandete, forderte diese bedrohliche Entwicklung für den Schutz der Zivilbevölkerung eine zeitlich und räumlich weitangelegte Planung der Evakuierung, eine nüchterne Lagebeurteilung und eine klare Delegierung von echten Vollmachten an Führungskräfte in Frontnähe. Nichts dergleichen geschah. Dieser Gauleiter wollte die Wirklichkeit nicht sehen, lieber gab er seine sich selbst vorgegaukelten Wunschträume als Tatsachen aus. Daher konzentrierte er die Befugnis für Räumungsanordnungen auf sich selbst und seinen Stab, der in der gleichen falschen Vorstellungswelt lebte. Er kaschierte seine Handlungsunfähigkeit hinter einem Schwall von hohlen Durchhalteparolen und versuchte, anderen zu suggerieren, daß seine Wunschvorstellungen eine Wirklichkeit seien. Er wollte einfach nicht zur Kenntnis nehmen, daß der so oft beschworene Glaube, der in übertragenem Sinne Berge versetzen soll, nicht einen einzigen Panzer zur Explosion bringen konnte. Schlimmer noch, die Hilferufe aus solchen Gebieten, an deren Grenzen bereits der Feind stand, wurden entweder als Defätismus ausgelegt oder mit den schlimmsten Drohungen beantwortet. Dieser verblendeten Großmannssucht charakterlich kleiner Figuren mit einem hohen Mangel an Führungsqualitäten war es zuzuschreiben, daß in sehr vielen Fällen die Räumung verspätet und überstürzt erfolgte.

Sicher standen der Evakuierung eine Reihe von Hemmnissen entgegen. Die Neigung vor allem des bäuerlichen Menschen, den ererbten Heimatboden, der sich teilweise seit vielen Jahrhunderten im Familienbesitz befand, nicht ohne weiteres aufzugeben und zu verlassen, ließ auch oft eine Fluchtunwilligkeit entstehen. So ist es zu erklären, daß sich nach Beendigung der Kampfhandlungen manche wieder auf den Weg nach Hause machten und nicht verstehen konnten, daß eine andere politische Gewalt sie für immer und ewig aus der Heimat verjagen wollte. Auch mochte die im großen und ganzen geglückte Räumung des Memeler Bezirkes zu dem Trugschluß verleitet haben, daß eine Rettung der Zivilbevölkerung sich noch in geordneten Bahnen vollziehen könnte. Seit Oktober 1944 aber, nach dem sowjetischen Einbruch in den Raum von Gumbinnen und Goldap, durfte ein nüchterner Beurteiler der Lage dieser Illusion nicht mehr erliegen. Es war geradezu Verblendung, wenn angenommen wurde, daß die Aushebung des Volkssturmes die Verteidigungskräfte so verstärken würde, daß eine militärische Wende herbeigeführt werden könnte. „Das I. Bataillon Garde steht" war die Phrase Kochs, als die erste Volkssturmeinheit aufgestellt wurde. Sehr viele Volkssturmverbände haben bei unzulänglicher Bewaffnung und Führung tapfer gekämpft und hohe Verluste erlitten. Schließlich wurden auch sie alle vom Strudel der Niederlage verschlungen.

Die Berichte über Kochs Verhalten in den letzten Wochen vor dem Untergang Ostpreußens zeigen einen Mann, der in allen Punkten versagte, der sich selbst in dem Augenblick, der ihm die Chance wenigstens zur rein persönlichen Bewährung bot, feige aus der Gefahr herausmogelte, der aus einem sicheren Bunker fern von Königsberg durch eifrige Funksprüche in der Berliner Reichszentrale den Eindruck hervorzurufen suchte, daß er die wahre Seele des Widerstandes an den Fronten und in der ostpreußischen Hauptstadt sei. Und schließlich dachte er dann nur noch an die Rettung der eigenen Haut.

Es wäre aber sicher nicht die ganze Wahrheit, wollte man dieses unselige Kapitel dadurch bewältigen, daß alle Verantwortung und alle Schuld diesem Gauleiter auf die Schultern geladen wird. Koch war nur möglich, weil ihn Menschen unterstützten, die ihm entweder gleich an Dummheit, Skrupellosigkeit und Aufgeblasenheit oder aber zu gutgläubig oder einfach zu feige waren. Die Geschichte der Tyrannen lehrt, daß sie ohne wohlfeile und bereitwillige Helfer nichts hätten an- oder ausrichten können. Das trifft auch auf den Fall Koch zu. Wie groß die Schuld und die Verantwortung der einzelnen Personen ist, läßt sich nachher nicht mehr ausmessen, und es soll auch hier keine Pauschalverurteilung erfolgen. Sie müssen, sofern sie noch am Leben sind, selbst damit fertig werden und sich dem Gericht des eigenen Gewissens und der anklagend fragenden Augen der Opfer stellen.

Der Fall Koch sollte auch nicht einfach zu den Akten gelegt werden. Er sollte wenigstens, wenn er noch einen Zweck erfüllen kann, als Lehre für Gegenwart und Zukunft gelten. An ihm zeigt sich, daß Tugenden, die immer gern als typisch deutsch ausgegeben werden, es aber nicht sind, weil andere Völker sie genauso besitzen, in ihrer letzten Ausprägung auch in ihr Gegenteil verkehrt werden können.

Da ist zuerst der gute Glaube an eine politische Idee. Wenn dieser Glaube so überstrapaziert wird, daß er den kritischen Verstand, wie er von Immanuel Kant definiert wurde, ausschaltet, dann hat er seinen guten Sinn verloren.

Da ist das Vertrauen in die Obrigkeit. Es ist ein Fehlschluß, daß die Obrigkeit an sich gut sei. Sie ist kein Denkmal, zu dem sie ein falsch verstandenes Preußentum gern erhob, sondern sie besteht immer aus Menschen. Ob aus guten oder aus bösen, kann an ihren Taten, nicht aber an ihren Worten abgelesen werden. Eine Obrigkeit, eine ernannte oder eine gewählte, die sich als Autorität gebärdet und nicht bereit ist, volle und ehrliche Rechenschaft über ihr Tun abzulegen, verdient Mißtrauen. Da darf Gefolgschaft nur gegen Kontrolle angeboten werden.

Da ist der gute Glaube an das gesprochene und geschriebene Wort. Es muß immer wieder darauf abgeklopft werden, ob es nicht in Wirklichkeit hohl ist. Eine Schuld Kochs waren auch seine großen Worte, aber sie erreichten nur ihre Wirkung, weil es andere gab, die daran glaubten und die daran glauben wollten.

Da ist der Gehorsam, der vorwiegend aus der Erziehung kommt. Er ist zweifellos eine militärische Tugend, auf die eine Armee nicht verzichten kann, wenn sie ihren Zweck erfüllen will. Im zivilen Bereich aber hat der Gehorsam engere Grenzen, sobald er auf die bessere Einsicht trifft. Die Bürgermeister, die Ortsgruppenleiter, die Bauernführer glaubten sich aus Erziehung und Tradition zum Gehorsam auch dann noch verpflichtet, als ihnen die Lage das Handeln auf eigene Faust gebot. Viele sind dabei ihrer besseren Einsicht gefolgt und konnten so schwereres Unheil verhüten. Andere aber versteckten ihre eigene Unsicherheit und ihre Handlungsunfähigkeit unter dem Mantel des Gehorsams.

Und da ist schließlich auch der Mut. Er hat nicht wenige gerade dann verlassen, als ihnen die bessere Einsicht die Nichtbefolgung eines Befehls vorschrieb. Von Koch und von seinem Stab wurden oft örtliche Verantwortliche sogar mit Erschießen bedroht — per Telefon — wenn sie die Evakuierungsbefehle nach eigener Kenntnis der Situation auslösen wollten. Grundsätzlich wäre dazu festzustellen, daß Angehörige einer Bewegung, die soldatische Vorstellungen als Maßstab für politische Tugenden betrachteten, auch der soldatischen Konsequenz des Sterbens nicht ausweichen dürfen, wenn sie dadurch das Leben der ihnen Anvertrauten retten können. Vielleicht hat Koch eine solche Drohung auch einmal in die Tat umgesetzt, aber der Autor muß bekennen, daß er trotz eifriger Umfrage keine Bestätigung auch nur für einen Fall finden konnte, in dem etwa jemand dafür, daß er die Räumung gegen den Befehl in Gang setzte, erschossen worden wäre. Wahrscheinlich waren diese Drohungen genau so leer wie die Durchhalteparolen. Es sind dagegen aber zahlreiche Fälle bekannt, in denen mutige Männer aus eigenem Entschluß handelten, ohne daß ihnen deshalb auch nur ein Haar gekrümmt worden wäre.

Der Mangel an Zivilcourage, wie man den Mut des nichtuniformierten Mitmenschen zu nennen pflegt, war damals und ist auch heute ein Grundübel. Damals hatte er schlimme Folgen, aber auch heute hat er oft genug Folgen, die empfindlich und unwürdig sind.

Man soll darauf bedacht sein, daß es solchen Menschen wie Koch, die es immer und überall geben wird, verwehrt wird, an verantwortliche Stellen zu gelangen. Das bedingt Wachsamkeit, denn diese Menschen pflegen sich durch Energie, Beredsamkeit und Organisationsfähigkeit anzubieten. Sie werden sich aber nie zum Bösen entfalten können, wenn das Ohr für hohle Worte geschärft bleibt, wenn der Mut wachsam ist, wenn der gute Glaube nicht aus der Eigenkontrolle ausbricht.

Dann — und nur dann hätte die Figur des Gauleiters Koch auch noch eine heilsame Wirkung gehabt. Deshalb soll die Akte Koch nicht zugeschlagen werden.

Zeittafel V

13. 4. 45 Sowjet. Offensive gegen das Samland, letzte dt. Bastion in Ostpreußen. Angriffsziel: Pillau. Fischhausen und Peyse am 17. 4. verloren.

16. 4. 45 „Goya" gesunken. — Einschiffungen in Hela und Pillau laufen weiter.

21. 4. 45 Die Riegelstellungen im Vorfeld Pillaus, Tenkitten, Lochstädt, Adalbertskreuz und Neuhäuser, deren Kernpunkte Marinebatterien sind, fallen bis 23. 4. nach schwerem Kampf. In ihrem Schutz können noch Zehntausende von Flüchtlingen auf Pillau Reede eingeschifft werden.

25. 4. 45 Pillau verloren. Noch am letzten Tage wurden 19 200 Menschen aus Pillau abtransportiert.

27. 4. 45 Endkämpfe um die Frische Nehrung. 30. 4. Narmeln, 3. 5. Kahlberg verloren.

8. 5. 45 In dt. Hand befinden sich noch Halbinsel Hela und Weichselniederung zwischen Bohnsack und Bodenwinkel. Mit Kleinfahrzeugen und Prähmen bis zuletzt Verschiffungen. In letzter Stunde Großeinsatz dt. Kriegs- und Handelsschiffe zur Rettung vor Hela.

9. 5. 45 Auf Befehl des Großadmirales Dönitz hat die Wehrmacht an allen Fronten den aussichtslos gewordenen Kampf eingestellt. Aus dem letzten Wehrmachtbericht: „In Ostpreußen haben deutsche Divisionen noch gestern die Weichselmündung und den Westteil der Frischen Nehrung tapfer verteidigt, wobei sich die 7. Division besonders auszeichnete." Dem Oberbefehlshaber, General der Panzertruppen von Saucken, wurden die Brillanten mit Schwertern zum Ritterkreuz verliehen."

Gedenken für die Toten auf See

Fünfundzwanzig Jahre sind seit diesen schicksalsschweren Geschehnissen der 115 Tage vergangen, in denen deutsche Seeleute nahezu drei Millionen Menschen dem sicheren Verderben entrissen. Ein solches Erinnerungsdatum wäre für jedes Volk dieser Erde ein Anlaß, vor den Lebenden und vor den Kommenden der übermenschlich großen Leistungen aller zu gedenken, die es kämpfend und rettend ermöglicht haben, daß wertvollste Substanz unseres Volkes nicht der Vernichtung und Versklavung preisgegeben wurde, und gleichzeitig der Leidenden, die alles dabei verloren. Das deutsche Volk von 1970 jedoch nahm kaum und seine Regierung überhaupt keine Notiz davon. Das Bewußtsein für Selbstbehauptung, zu dem auch die Wahrung der Erinnerung an tiefgreifende Ereignisse der eigenen Geschichte gehört, war durch den Oberflächlichkeitskult, der dieses Deutschland von 1970 kennzeichnet, weitgehend zerstört worden. Herzenskälte, Gleichgültigkeit und Egoismus prägten 1970 die Landschaft der deutschen Seele. So wurden alle Begebenheiten und Wahrheiten, die störend — weil mahnend — im Wege stehen konnten, bewußt in die Vergessenheit verdrängt. Auch die Flucht und die Vertreibung sollten nicht mehr wahr gewesen sein.

Aber — auch in dieser Zeit gab es noch Menschen jeden Alters und jeden Herkommens, die die Erinnerung und die Ehrfurcht in ihrem Denken nicht morden ließen. Am 23. und 24. Mai 1970 fanden sich auf Anregung der Landsmannschaft Ostpreußen Junge und Alte, Augenzeugen und Teilnehmer dieses gewaltigen Geschehens, Männer, Frauen und Nachgeborene aus den deutschen Ostseeprovinzen, Seeleute der Kriegs- und Handelsmarine in Kiel und Laboe ein, um der Opfer zu gedenken und den Rettern Dank zu sagen.

181

Am 23. Mai verließ das Seebäderschiff „Tom Kyle" seinen Anlegeplatz in Kiel. An Bord befanden sich Angehörige der Gemeinschaft „Junges Ostpreußen", Seeleute und Ostdeutsche, deren Angehörige bei der Rettungsaktion vor fünfundzwanzig Jahren ihr Leben verloren.

Für diese Fahrt hatte die „Tom Kyle" die Flagge der Stadt Königsberg gesetzt. Auf dem Boden des Speisesaales im Schiffsinneren lagen vier Kränze, die für die Toten der gesunkenen Schiffe bestimmt waren, ferner ein Kranz des Deutschen Marinebundes für die bei der Rettung gefallenen Seeleute und zahlreiche Blumensträuße, auf deren Bändern die Gedenkgrüße für die Toten aufgedruckt waren. Dieser Gedanke eines persönlichen Grußes hatte großen Widerhall gefunden. Als Beispiel sei die Blumenbestellung von Frau Ingrid E. aus Luxemburg genannt: „Meine Mutter und ich befanden uns auf der Flucht von Königsberg, Hela, Kolberg auf einem Handelsschiff ‚Consul Cords' aus Rostock, das am 19. Februar nordwestlich von Rügen auf eine Mine lief und unterging, wobei meine Mutter, einundvierzigjährig, ums Leben kam. Da ich selber an der Fahrt mit der ‚Tom Kyle' nicht teilnehmen kann, möchte ich Sie bitten, für mich einen Strauß Blumen abzuwerfen und auch einen Strauß mit Schleife am Ehrenmal der deutschen Marine, der ich meine Rettung aus dem Wasser verdanke, niederzulegen. Der Name meiner Mutter ist: Frau Ida Dabinus, geb. Eschment aus Insterburg."

Auf hoher See, bei strahlendem Sonnenschein, drehte das Schiff bei. Nach einem Hornsignal sanken die Flaggen des Schiffes auf Halbmast, und unter feierlicher Musik trugen junge Menschen die Kränze und Blumensträuße aus dem Innern des Schiffes hinauf auf das erhöhte Bootsdeck. Aus allen Lautsprechern ertönte die Stimme eines Sprechers der jungen Ostpreußen:

„Die Flaggen sanken auf Halbmast zum Gedenken an die ostdeutschen Landsleute und an die Männer der Kriegs- und Handelsmarine, die vor 25 Jahren bei der größten Rettungsaktion der Geschichte über See ihr Leben verloren und das rettende Ufer nicht mehr erreichten.

Wir Jungen halten hier die Trauerfeier ab, um zu bezeugen, daß wir die Erinnerung an die Opfer dieser Monate des Jahres 1945 weitertragen wollen. Wir haben jene Zeit bewußt nicht mehr erlebt, waren kleine Kinder damals oder noch gar nicht auf der Welt, aber es waren unsere Familien, die gerettet wurden Und alle die, die auf See bleiben mußten, gehören in engerem und in weiterem Sinne mit zu unseren Familien. Wir wissen, daß Völker erst dann sterben, wenn sie die Erinnerung an ihre Toten auslöschen. Und wir wollen nicht sterben, und wir werden nicht sterben.

Das Meer ist ruhelose Ewigkeit. Das Wasser, das hier die Wände der ,Tom Kyle' umspült, bleibt nicht an einem Ort. Es läuft weiter — hin an die Küsten der Provinzen, wo die Häuser unserer Familien stehen, — hin an die Küsten Pommerns, Westpreußens und Ostpreußens. Sie laufen hinweg über jene Plätze, an denen die Toten, die wir heute ehren werden, ihr Grab fanden.

Vor einem Vierteljahrhundert war diese Ostsee ein Meer der Hoffnung und für viele zugleich ein Meer der Tränen. Für die meisten Menschen, die damals aus ihrer Heimat gejagt wurden, wurde es ein Meer der erfüllten Hoffnung — denjenigen aber, denen es ein Meer der Tränen wurde, wollen wir heute sagen: Ihr seid nicht vergessen — nicht von euren Angehörigen, die davon kamen — nicht von uns, die nach Euch kamen."

Über die Lautsprecher in allen Decks erklang eine Fuge des Nürnberger Musikers Johann Pachelbel, eines der bedeutendsten Komponisten vor Joh. Seb. Bach. Dann kündigte ein Sprecher an:

„Jung wie wir heute, 21 Jahre alt, war Rudi Lange, als er sich an Bord der ,Wilhelm Gustloff' einschiffte. Das Schicksal übertrug ihm die Aufgabe, nach dem sofortigen Ausfall der Funkanlage mit einem Ersatzgerät Hilfe herbeizuholen. Was sagt er heute?"

Der junge Rudi Lange war 1945 Funk-Gefreiter in der Deutschen Kriegsmarine und wurde im Januar in Gotenhafen eingeschifft. Er gehörte nicht zum Funkpersonal der „Gustloff". Als am Abend des 30. Januar die Torpedos das Schiff trafen, wurden die Funkanlagen völlig zerstört. Rudi Lange ergriff ein defektes Behelfsgrät, setzte es mit einigen Handgriffen in Betrieb und jagte über diesen schwachen Sender die SOS-Rufe in den Äther. Das Geschehen in dieser Winternacht hat ihn nie mehr losgelassen. Heute sagte er dazu:

„25 Jahre... ist eine lange Zeit... ein Vierteljahrhundert. Und dennoch ist mir so, als sei erst gestern die Schiffskatastrophe der ‚Wilhelm Gustloff' am 30. Januar 1945 gewesen; so tief haben sich die Erinnerungen an dieses unmenschliche Geschehen in mir verwurzelt.

Alle vergangenen Jahre nach der Gustloff-Katastrophe war ich immer an jedem Jährungstag mit meinen Gedanken bei den Opfern der ‚Wilhelm Gustloff'.

Was in dieser Schreckensnacht alles geschehen ist, vermag ich mit Worten kaum zu beschreiben.

Es war schon immer mein innigster Wunsch, irgendwann einmal an der Untergangsstelle der ‚Gustloff' dabei zu sein, wenn ein paar Blumen oder ein Kranz in die See geworfen werden. — Wie ein Wunder ist dieses, mein inneres Bedürfnis, heute zur Wirklichkeit geworden.

Als in jener Nacht um 21.15 Uhr die drei russischen Torpedos den Schiffsleib der ‚Gustloff' aufrissen, lagen zirka 7 000 Flüchtlinge aus den Ostprovinzen in den Kammern, Sälen, Hallen und Gängen eng zusammen und wurden aus ihrem Schlaf oder Dahindämmern herausgerissen.

Ihre Hoffnung auf einen rettenden Hafen im Westen war nun vorbei. Nach einer kurzen Stille setzten die ersten Schreie ein.

Wir sinken!

Die Panik brach aus.

Nun kam es auf die Schiffsleitung und Besatzung des Schiffes an, alles zu tun, um zu retten, was zu retten war... 7 000 Flüchtlinge. Frauen, Kinder, Greise, verwundete Soldaten von der Ostfront und Marinehelferinnen.

In den Räumen, in denen die Torpedos explodiert waren, war nichts mehr zu retten ... aber die ‚Gustloff' war ein großes Schiff.

Überall verteilt waren die Männer der Handels- und Kriegsmarine, die ohne besondere Befehle zupackten, um die Frauen mit den Kindern zu den Rettungsbooten zu bringen.

An den Rettungsbooten selbst waren auch Männer der Marine dabei, diese klarzumachen. Auch diese Aufgabe war nicht einfach, denn durch die überkommende See und die Lufttemperatur von minus 19 Grad waren die Boote in ihrer Halterung vereist.

Da die Hauptfunkstation der ‚Gustloff‘ durch die Detonation total ausgefallen war, habe ich mit einem Batterie-UKW-Gerät die SOS-Rufe nach einer kleinen Reparatur des Gerätes hinaussenden können.

Durch die Wiederholung dieses Funkspruches durch das Torpedoboot ‚Löwe‘, mit einem stärkeren Sender, wurden mehrere Schiffseinheiten benachrichtigt, welche sofort Kurs zur Untergangsstelle der ‚Gustloff‘ nahmen.

Von den Offizieren der ‚Gustloff‘ wurden rote Leuchtraketen in den Himmel gefeuert, damit die Untergangsstelle aus der Ferne besser sichtbar war.

Während die zur Hilfe eilenden Schiffseinheiten zur ‚Gustloff‘-Untergangsstelle unterwegs waren, hatten an Bord der ‚Gustloff‘ die Männer der Handels- und Kriegsmarine alle Hände voll zu tun.

Die Schlagseite der ‚Gustloff‘ nahm sehr schnell zu. Dieses war sehr hinderlich und erschwerte, aus den einzelnen Decks nach oben zu kommen. Alle wollten nach oben zu den Rettungsbooten.

Es haben sich viele Rettungsversuche, unterstützt von den Männern und Frauen, abgespielt. Viele von den selbstlosen Rettern haben hierbei den Tod gefunden. Von den meisten werden wir es nie erfahren, wie sie in den letzten Sekunden von uns gegangen sind; ihre Gedanken werden sicherlich bei ihren nächsten Angehörigen und Lieben gewesen sein.

Als ich allein noch in der Brückennock hockte und das Funkgerät mir inzwischen entglitten war, glaubte ich auch, daß für mich nun die Stunde gekommen war. Ich saß auf einem verklemmten Floß, das ich nicht losbekam. Als das Schiff mehr und mehr versank, bekam das Floß vom Wasser Auftrieb. Dadurch wurde ich mit dem Floß von der ‚Gustloff‘ gerissen. Es rutschte unter mir weg. Ich habe mich in dem Massengrab zwischen all den Toten über Wasser halten können, bis das Torpedoboot ‚Löwe‘ mich in seinem Scheinwerferkegel hatte und zwei Matrosen mich an Bord zogen. Dann verließen mich meine Kräfte.

Nach einer heute mir unbekannten Zeit kam ich wieder zu mir und lag unter Deck in einer Koje der ‚Löwe‘. Meine Uniform war mir vom Leibe geschnitten worden, sie war vollkommen vereist. Mein jetziges Bekleidungsstück war eine Wolldecke. Als ich um mich schaute, sah ich einige Schiffbrüchige weinend und klagend in diesem Raum hocken. Mütter suchten ihre Kinder und Kinder ihre Mütter. Es war ein trauriger Rest, der hier anwesend war.

Durch den selbstlosen Einsatz aller Männer der Handels- und Kriegsmarine und der vielen unbekannten Helfer ist es dennoch gelungen, daß 904 Menschen diese unbeschreibliche Schiffskatastrophe überlebt haben.

Ihnen gehört unser Dank... und den zahllosen Rettern, die hierbei den Tod fanden, gilt unser Gedenken.

Ihr Tun mag für uns alle für alle Zeit ein Mahnmal sein.

Von ihnen wurde mehr als nur Pflichterfüllung geleistet.“

Als Rudi Lange seine Worte beendete, klang feierliche Musik auf. Hoch oben auf dem Bootsdeck waren am Niedergang ein junger Mann und ein junges Mädchen erschienen, die einen Kranz trugen. Auf der Schleife war der Name des Motorschiffes „Goya“ und das Datum seines Unterganges aufgezeichnet.

Langsam stiegen die Jungen den Niedergang herab auf das Hauptdeck. Sie gingen durch eine Menschengasse bis hin zur Reling. In dieser Zeit sagte ein Sprecher:

„Unter den schmerzlichsten Verlusten auf der Überfahrt steht der Untergang des Frachters Motorschiff ‚Goya‘ an der Spitze.

Das Schiff hatte eine Wasserverdrängung von 5 230 Bruttoregistertonnen.

Mit etwa 7 000 Menschen beladen verließ die ‚Goya' am 16. April 1945 die Reede von Hela um 20 Uhr, um die Flüchtenden und Bedrängten in den rettenden Westen zu bringen. Den ganzen Tag über schon war das Schiff das Ziel zahlreicher Luftangriffe gewesen.

Um 23.50 Uhr erhielt die ‚Goya' auf der Höhe von Rixhöft zwei Torpedotreffer eines sowjetischen Unterseebootes.

Das Schiff war todwund geschlagen. Es sank innerhalb von vier Minuten und riß seine Menschenfracht mit in die Tiefe. Herbeieilende Schiffe konnten nur 165 Überlebende bergen.

6 800 Menschen: Frauen, Kinder, Greise, Soldaten und Seeleute, fanden an dieser Stelle ihr Grab in der Ostsee.

Ihrem Andenken gilt dieser Kranz. Die Toten der ‚Goya' sind nicht vergessen."

An der Reling stand ein alter Fahrensmann mit seiner Bootsmannspfeife. Zu Ehren der Toten der „Goya" pfiff er die „Seite", das alte Signal, mit dem die Anbordkommenden und die Vonbordgehenden geehrt werden.

Die Menschen an Deck hatten ihr Haupt entblößt. Die Seeleute salutierten. Als das Signal beendet war, wurde der Kranz der See übergeben. Eine sanfte Dünung trug ihn davon.

Auf dem Bootsdeck war ein anderes junges Paar erschienen. Sie trugen den Kranz für die „Gustloff". Und als sie den Gang zur Reling antraten, beschrieb ein Sprecher mit kargen Worten den Untergang dieses Schiffes:

„Der Untergang des Fahrgastschiffes ‚Wilhelm Gustloff' war der erste große Verlust in der Geschichte der Rettung über See.

Das Schiff hatte eine Wasserverdrängung von 25 484 Bruttoregistertonnen. Es war fast fünfmal so groß wie die ‚Goya'.

An Bord befanden sich laut Schiffsliste 6 100 Personen, als die ‚Gustloff' am Mittag des 30. Januar 1945 in Gotenhafen ablegte. Vermutlich war die Zahl der Passagiere jedoch höher.

Am Abend des 30. Januar, um 21.15 Uhr, erhielt das Schiff 12 Seemeilen querab von Stolpemünde in der Nähe der Stolper Bank in schneller Folge drei Torpedotreffer eines sowjetischen

Unterseebootes. Der Todeskampf der ‚Gustloff‘ dauerte eine Stunde.

In der Dunkelheit und bei strenger Kälte kämpften die Schiffbrüchigen um ihr Leben. 904 Menschen konnten von hilfeleistenden Schiffen gerettet werden.

5 100 Menschen aber, oder vielleicht noch mehr, fanden an dieser Stelle — 55 Grad, 7,5 Minuten Nord und 17 Grad, 42 Minuten Ost — den Tod und ihr Grab.

Ihrem Andenken gilt dieser Kranz. Die Toten der ‚Wilhelm Gustloff‘ sind nicht vergessen.“

Mit dem gleichen Zeremoniell wurde dieser Kranz über die Reling gegeben. Es waren viele Menschen an Bord, die nächste Angehörige bei diesen Schiffsuntergängen verloren hatten. Für sie war es das erste Mal seit so langer Zeit, daß bei einer Totenfeier ausschließlich dieser Opfer auf See gedacht wurde. In tiefer Ergriffenheit schauten sie hinaus auf das Meer, in dem Kränze dahintrieben.

Der nächste Kranz war den Toten des Verwundeten-Transporters „General von Steuben“ gewidmet. Im Hintergrund erklang leise die Melodie vom Glauben an die Macht der Liebe, als eine junge Sprecherin sagte:

„Der Untergang des Motorschiffes ‚General Steuben‘ war nach ‚Gustloff‘ der drittgrößte Verlust bei der Rettungsaktion über See.

Die ‚General von Steuben‘ hatte eine Wasserverdrängung von 14 660 Bruttoregistertonnen. Das Schiff diente als Verwundeten-Transporter.

In Pillau hatte die ‚Steuben‘ 3 000 Verwundete und Flüchtlinge geladen. Sie lief am 9. Februar aus. In der darauf folgenden Nacht des 10. Februar 1945, um 1 Uhr, traf das Schiff ein Torpedo eines sowjetischen Unterseebootes.

Die ‚Steuben‘ befand sich an der Stolper Bank fast an der gleichen Stelle, an der die ‚Gustloff‘ gesunken war.
Das Schiff sank sehr schnell.

Seine Haupternte hielt der nasse Tod unter den hilflosen Verwundeten. Gerettet wurden 300 Menschen.

Mindestens 2 700 verwundete Soldaten und Flüchtlinge fanden bei diesem Untergang den Tod.

Ihrem Andenken gilt dieser Kranz. Die Toten der ‚General von Steuben' sind nicht vergessen."

Galten die drei bis jetzt der See übergebenen Kränze den Opfern der größten Schiffsuntergänge, die naturgemäß das Interesse des Betrachters mehr anregen, so war der nächste Kranz als Erinnerung an alle Menschen gedacht, die ihr Leben auf See bei kleineren Katastrophen verloren. Im Leiden und Sterben waren alle gleich.

Wieder wie zuvor erklangen getragene Weisen, als die Jungen den Kranz heruntertrugen und wieder ertönte als Gruß der „Seite"-Pfiff. Der Sprecher begleitete die Kranzübergabe mit den Worten:

„Neben diesen großen Verlusten bei den Schiffen ‚Goya', ‚Wilhelm Gustloff' und ‚General von Steuben' sind viele Menschenleben zu beklagen. Diesen Toten gilt heute unser Gedenken in gleichem Maße.

Es sind die, die bei den Untergängen kleiner und kleinster Schiffe in der See blieben. Es sind die, die durch Granaten und Bomben bei der Einschiffung oder bei Luftangriffen auf See getötet wurden, und es sind die, die während der Überfahrt den erlittenen Strapazen der Flucht erlagen und deren sterbliche Hülle dem Meere übergeben wurde.

Mindestens 5 400 Menschen sind es, die so während der Rettungsaktion starben und den rettenden Westen nicht mehr erreichen konnten.

Ihrem Andenken gilt dieser Kranz. Alle diese Toten sind nicht vergessen."

Nachdem auch dieser Kranz der See übergeben war, sprach der Präsident des Deutschen Marine-Bundes, Fregattenkapitän a. D. Rohlfing, Worte des Gedenkens für alle deutschen Seeleute und auch für die von der Feindseite, die in den Tagen von 1945 ihr Leben verloren. Auf dem Grunde des Meeres kann es weder Freund noch Feind geben, ihr Sterben hat sie vereint im großen Heer der Toten.

Junge Ostpreußen gaben den Kranz der Marine über die Reeling. Zum letzten Male erklang die „Seite".

Dann folgten die Blumensträuße mit den Grüßen der Überlebenden. Mit den Kränzen zusammen bildeten sie einen langen bunten Teppich, der in der Strömung ostwärts zog. In seiner Mitte trieb eine Flaschenpost, die ehemalige Pioniere für ihren General Karl Henke abwerfen ließen.

Den Kränzen und den Blumen rief der Sprecher der Jungen nach:

„Die Wasser der See sind frei, keine menschliche Grenze kann sie aufhalten. Ihr Wellen seid jetzt die einzigen, die frei zu den Küsten unserer Heimat gehen können. Saget den Küsten, daß wir sie nicht vergessen haben — und saget das gleiche den zwanzigtausend, die auf dem Grunde der Ostsee ruhen."

Nachdem das Lied vom guten Kameraden verklungen war, das diese Feier beendete, setzte die „Tom Kyle" vollen Flaggenschmuck und nahm langsam wieder Fahrt auf.

Lange noch schauten die Menschen den Blumen nach. Ihre Gedanken galten denen, die vor fünfundzwanzig Jahren die See zu sich nahm.

Das Blumenkreuz von Laboe

Am Tag nach der Totenfeier auf der „Tom Kyle" für die bei der Rettungsaktion 1945 auf See Gebliebenen versammelten sich die Geretteten zusammen mit Seeleuten der Handels- und Kriegsmarine am Ehrenmal der deutschen Marine in Laboe.

Sie kamen von überall her, sie kamen mit Förde-Schiffen, sie kamen mit Kraftwagen und Omnibussen aus ihren Heimatorten in Norddeutschland. Die Verkehrspolizei zählte allein 6 000 Menschen, die mit Autobussen nach Laboe gefahren waren.

In einer würdigen Feierstunde sagten die Geretteten den deutschen Seeleuten ihren Dank für die große Leistung vor fünfundzwanzig Jahren. Es hätte für diese Veranstaltung keinen würdigeren Rahmen geben können als das Marine-Ehrenmal. Dieses Bauwerk an der Kieler Außenförde findet an Größe und Ausgestaltung in der Welt kein Gegenstück. Vom 85 Meter hohen Turm hat der Besucher einen weiten Blick über die Ostsee.

Am Fuße des Turmes hängt die Schiffsglocke des Schlachtkreuzers „Seydlitz" aus dem ersten Weltkrieg. Sie sollte an diesem Tage die Feierstunde einläuten. Vor dem Turm auf dem Innenhof lag ein riesiges Kreuz, das aus vielen tausend bunten Blumensträußen gebildet war. Es war zwanzig Meter lang und acht Meter breit. Die Sträuße waren Einzelgaben von Heimatvertriebenen, die auf den an den Blumen befestigten Schleifen den Seeleuten ihren Dank für die Rettung sagten oder ihre im Osten begrabenen Angehörigen grüßten.

Dieses Kreuz sollte stellvertretend für alle Gräber im Osten Deutschlands sein, die zu besuchen eine unmenschliche Politik verbietet. Dieser Gedanke eines stellvertretenden Grabes hatte einen überwältigenden Widerhall gefunden. So war das Blumenkreuz von Laboe ein würdiges Symbol von eindringlicher Schönheit geworden.

Hinter dem Kreuz saßen in langen Reihen die Gäste dieses Tages, Retter und Gerettete, zusammen. Es waren nicht wenige, die sich nach so langer Zeit zum ersten Male wiedersahen.

Um 11 Uhr schlug ein Seemann mit der Glocke die Zeit an. Der Initiator und Sprecher dieser Veranstaltung, Friedrich Ehrhardt aus Hamburg, sprach die Begrüßungsworte:

„Die Glocke der ‚Seydlitz' schlug 6 Glasen an. 11 Uhr nach Marinezeitrechnung.

Die Dankstunde für Rettung über See ist hiermit eingeleitet. Aus allen Teilen der Bundesrepublik sind die Versammelten hierher zusammengekommen. Wir sehen hier Männer und Frauen, die vor 25 Jahren auf dem Seewege den Weg in den rettenden Westen gefunden haben — wir sehen in einer übergroßen Anzahl Seeleute aller Dienstgrade, die an diesem Geschehen damals aktiven Anteil hatten und wir sehen Repräsentanten dieses Landes Schleswig-Holstein, das den Menschen in ihrer tiefsten Not erstes Asyl geboten hat.

Wir begrüßen Minister Dr. Schlegelberger mit den Staatssekretären Dr. Schmidt, Dr. Böhming, Dr. Schücking, die für die Landesregierung hier zu uns gekommen sind. — Wir begrüßen die Vertreter der Kreise, die Patenschaftsträger für Bevölkerungsteile aus dem deutschen Osten sind. Und unser Gruß gilt den Vertretern aller deutschen Ostprovinzen, die heute hierher gekommen sind.

In einer überwältigenden Zahl erreichten uns in den letzten Tagen Grußbotschaften. Sie zu verlesen würde den Rahmen dieser Veranstaltung sprengen. Sie kommen von den Handelsschiffskapitänen, die aus gesundheitlichen Gründen heute nicht hier sein können. Sie kommen von Kapitänen, die sich heute auf See befinden. Sie kommen von den Reedereien, deren Schiffe damals in der Ostsee eingesetzt waren. Sie kommen von den führenden Offizieren der früheren Kriegsmarine. Stellvertretend seien hier die Admirale Weyher, Wagner und Thiele genannt. Sie kommen vom Inspekteur der Bundesmarine, Admiral Jeschonnek, vom Befehlshaber der Flotte, Admiral Hetz, der vor 25 Jahren als Kommandant des Zerstörers Z 34 an dem Geschehen kämpfend und rettend Anteil hatte. Wir freuen uns, hier den 1. Offizier dieses Zerstörers, Kapitän zur See Lorenz — heute in Bonn — begrüßen zu können. Wir begrüßen für die Marine-Division Ostsee den Chef des Stabes, Kapitän zur See Jürgens. Unter den Ehrengästen auf diesem Platze wollen wir besonders begrüßen die Offiziere, die maßgebliche Verantwortung in jenen Tagen trugen: Admiral Burchardi, als Admiral Östliche Ostsee, Konteradmiral Engelhardt, den Seetransportchef der deutschen Wehrmacht, Flottillenadmiral von Blanc, Chef der tapferen 9. Sicherungsdivision, die pausenlos Transporte durchführte und sicherte. Wir begrüßen ferner den Flottillenadmiral von Wangenheim. Hierher gekommen sind zahlreiche Kapitäne, deren Namen in der Chronik jener Tage immer wieder auftauchten. Wir nennen hier Kapitän zur See Eschricht, Kapitän zur See Asmuss von der ‚Orion', Kapitän Schuldt und Kapitän Jäger von den Einschiffungshäfen, Kapitän Lankau von der ‚Ubena', Kapitän Wienken von der ‚Urundi'.

Wir freuen uns auch, hier zwei der bekanntesten Marine-Schriftsteller zu sehen, die Herren Brustat-Naval und Cajus Bekker. Unser Gruß und Dank gilt auch dem Hausherrn dieses Ehrenmals, dem Deutschen Marinebund, der durch seinen gesamten Vorstand — an der Spitze durch seinen Präsidenten, Fregatten-Kapitän Rohlfing, vertreten ist."

Am Rund des Platzes dieser Feierstunde waren zahlreiche Fahnenmasten errichtet. Nach einem weltbekannten Trompetensignal hißten Angehörige der ostdeutschen Jugendverbände und der Marine-Jugend die Fahnen der deutschen Ostsee-Provinzen. Es waren die Symbole Mecklenburgs, Pommerns, Westpreußens, Danzigs, Ostpreußens und des Memellandes. Von den Küsten dieser Gebiete lief vor fünfundzwanzig Jahren die Rettung über See.

Für das gastgebende Land Schleswig-Holstein sprach Minister Dr. Schlegelberger. Er würdigte vor allem die Verbundenheit seines Landes mit den Ostdeutschen. Unter anderem führte er dabei aus:

„Der Ministerpräsident hat mich gebeten, Grüße der Landesregierung Schleswig-Holsteins zu übermitteln, des Landes, das sich durch Lage und Schicksal den Nachbarn an der Ostsee in hohem Maße verbunden weiß. Bande der Patenschaft und partnerschaftliche Verpflichtung verbinden uns mit Mecklenburg und Pommern. Nicht minder groß ist der Anteil der Ostpreußen, Westpreußen, Danziger und anderer ostdeutscher Landschaften an der Bevölkerung und am Aufbau unseres Bundeslandes. Was wäre Schleswig-Holstein, was unsere schöne Landeshauptstadt ohne Aufbauwillen und Leistung der Menschen, die Heimat und Besitz verloren hatten und die allen Gewalten zum Trotz Seite an Seite mit denen, die eine Fügung vor dem gleichen Los bewahrte, einen Neuanfang setzten.

Diese Stunde gilt der Besinnung auf ein dramatisches Geschehen vor 25 Jahren, dem Dank an Gott und die Menschen, die ihnen aus tiefster Not den Weg in den Westen bahnten, und der erneuten Verpflichtung zur Gemeinschaft, die aus diesem Dank erwächst. Denen, die den Gedanken faßten, einen solchen Tag gemeinsam zu begehen und ihn in die Tat umsetzten, gilt mein erstes Wort des Dankes. Nicht minder aber Ihnen allen, die Sie zum Teil weite Strecken zurücklegen mußten und beträchtliche finanzielle Aufwendungen nicht gescheut haben, um hier der Opfer eines sinnlosen Krieges und in Dankbarkeit der Männer der Handels- und Kriegsmarine zu gedenken, die Ihnen damals in tiefster Not Mut machten und Rettung brachten.

Es fehlt nicht an Versuchen einer Darstellung und Deutung der furchtbaren und zugleich bewegenden Ereignisse, die vor nunmehr einem Vierteljahrhundert viele Millionen Menschen erfaßten, in ihrem Strudel begruben oder sie an ein fremdes Ufer spülten. Viele Menschen, die es am eigenen Leibe erlebten, stehen noch heute in ihrer Erinnerung in den dunklen, bitteren Rätseln der Gleichzeitigkeit des Wirkens der elementaren entgegengesetzten Mächte des Bösen und des Guten.

Denken wir daran: Dank verpflichtet. Lassen wir dieses Wort nicht in der Feierstunde vergehen, nehmen wir es mit in den Alltag hinaus, in den Alltag der Politik, und seien wir männlich und seien wir stark und schauen wir in diesem Sinne der Zukunft entgegen und den Aufgaben, die uns gestellt sind.

Im Krieg standen wir zusammen und in der Vertreibung, und wir müssen jetzt, wo es gilt, den Frieden zu bauen, zu halten und zu festigen, auch im gleichen Sinne zusammenstehen. Und wir können es, wenn wir den Mut haben, die Geschichte voll in unserem Herzen zu tragen, nicht einzelne Kapitel daraus, sondern mit allem, mit dem Bösen und mit dem Guten. Und im Unglück und in Not, erst recht für den Frieden. In nationaler Würde für den Frieden, für Freiheit, für Recht."

Anschließend leitete das Kirchengeläut der Schiffsglocke zum nächsten Teil der Feierstunde über. Beim letzten Glockenschlag setzte eine festliche Musik ein. Die beiden großen Türen am Turm öffneten sich und heraus traten Frauen von den Landsmannschaften in Kiel, die Arme voller Blumen. Sie schritten hin zum großen Kreuz und legten die Seiten dieses Blumensymbols aus. Es waren die Frauen, unter ihnen vor allem Frau Eva Rehs, die in unermüdlicher Arbeit, viele Tage lang, die Bestellungen aus allen Teilen der Bundesrepublik bearbeiteten und für die Durchführung der Aufträge sorgten.

Nach dem Auslegen der Blumen erhielten Gerettete das Wort für die Danksagung an die Marine: Eine Mutter, die auf See Leben schenkte, ein junger Mann, der auf See zur Welt kam und ein junges Mädchen, dessen Eltern gerettet wurden. Es sprach Frau Elsa Seeck aus Düsseldorf:

„Ich bin sehr froh, einmal den Menschen Dank sagen zu können, die sich in der schwersten Zeit meines Lebens mit Freundlichkeit und Hilfsbereitschaft um mich bemühten. Und das alles in einer Zeit der Panik und des Schreckens. Ich stamme aus Königsberg. Wie schnell im Januar damals der Schrecken des Krieges und die direkte Bedrohung des eigenen Lebens über uns hereinbrach, kann nur der ermessen, der das miterlebt hat. In diesem Chaos von Ratlosigkeit und Ungewißheit stand ich mit drei kleinen Kindern, das vierte meldete sich schon an. Ein Minensuchboot holte uns aus Königsberg heraus und brachte uns nach Pillau. Die Nummer dieses Minensuchbootes weiß ich nicht mehr. Nur weiß ich noch, wie die Seeleute sich um mich sorgten, wie sie alles taten, um meine Lage zu erleichtern.

Da kam ich auf die ‚Ubena'. Ich weiß nicht, wie groß dieses Schiff war, mir jedenfalls erschien es sehr groß. Und wieder traf ich bei den Seeleuten, dieses Mal waren es zivile Matrosen, auf die gleiche Hilfsbereitschaft. So weit man von Geborgenheit sprechen kann, dieses Gefühl der Geborgenheit hatte ich damals. Von der Überfahrt habe ich nur wenig wahrgenommen, denn es kam meine schwere Stunde, wo mein Junge, der nachher starb, zur Welt kam. Es war wirklich eine schwere Stunde, nicht nur wegen der Geburt, sondern auch wegen der Umstände, die ein restlos überfülltes Schiff mit sich brachten. Aber alle taten, was in ihren Kräften stand. Die Geburtsurkunde hat Kapitän Förster unterzeichnet. Später erfuhr ich, daß Kapitän Lankau der Führer der ‚Ubena' geworden war.

Ich weiß, daß Kapitän Lankau hier bei dieser Feier ist, und in Ihnen, Herr Kapitän, möchte ich allen Seeleuten der Handels- und Kriegsmarine danken für ihren Einsatz und ihre Hilfsbereitschaft. Wenn ich heute nach 25 Jahren hier stehen kann, dann habe ich es Ihnen allen zu danken."

Danach sprach Helmut Preiskorn aus Neukoppel:

„Meine Personalpapiere enthalten eine seltene Eintragung. Als Geburtsort ist dort unter dem 3. Februar 1945 anstelle eines festen Ortes an Land angegeben: ‚Walfangmutterschiff Walter Rau'.

Ich gehöre zu denen, die noch ungeboren die Heimat der Eltern verließen, das Licht der Welt auf See erblickten und hier in Schleswig-Holstein erstmals an Land getragen wurden. Ich kann nachempfinden, wie meiner Mutter zu Mute war, nach einer schrecklichen Flucht, auf einem Schiff, das mit achttausend Menschen überfüllt und von vielen Gefahren aus der Luft, auf und unter Wasser ständig bedroht war, als die Stunde meiner Geburt herankam.

Der Zufall wollte es, daß nach fünfundzwanzig Jahren die Frau, die meiner Mutter damals als Hebamme unter erbarmungswürdigen Umständen erste Hilfe leistete, unter ihren Notizen von damals auch den Vermerk fand, daß meine Mutter am 3. Februar 1945, morgens 8.30 Uhr, einen Sohn geboren hatte. Es ist Frau Hertha Reimer, die auch heute in Laboe anwesend ist. Für meine Mutter und mich ist es eine tiefe Freude, sie hier zu begrüßen.

Alles das — der dramatische und schließlich doch glücklich verlaufene Eintritt ins Leben — war nur möglich, weil es solche Männer wie die gab, denen wir heute an dieser Stelle Dank für die Rettung sagen. Ohne die Seeleute wären meine Mutter und ich, wäre Frau Reimers und die anderen vielen nicht am Leben und nicht hier.

Geboren wurde ich in einer Zeit größten Leides. Daß wir sie dennoch überwanden, dafür sage ich den hier versammelten Seeleuten und allen, die damals an der Rettungsaktion beteiligt waren, meinen Dank — und ich glaube, diesen Dank für alle aussprechen zu dürfen, die wie ich auf See geboren wurden."

Vor das Mikrofon trat anschließend Margrit Janzen aus Hamburg:

„Alle Schrecknisse dieser Zeit vor 25 Jahren kenne ich nur vom Hörensagen, aus Berichten und aus Büchern, denn ich war damals noch nicht auf der Welt. Aber auch mein Hiersein ist eng verknüpft mit diesen Ereignissen und mit der Rettung über See. Meine Mutter wurde damals auf dem Seewege mit einem Minensuchboot aus ihrer Geburtsstadt Memel gerettet. Der Zufall hat es gewollt, daß auch mein Vater als Soldat auf einem Minensuchboot aus seiner Vaterstadt Königsberg herausgebracht wurde. Beide kamen nach Irrwegen über See in den Westen. Viele Familien wurden damals auf der Flucht oder bei den großen Schiffskatastrophen völlig ausgelöscht, aber unendlich viel mehr Familien wurden durch die große Rettungsaktion in Sicherheit gebracht.

Wären die Seeleute nicht gewesen, so wäre ich nicht hier. Ich wäre nie geboren worden.

Vor mir sprach heute eine Mutter, die während der Rettung ein Leben schenkte, vor mir ein Mann, der während der Rettung ein Leben begann und nach ihm spreche ich als junger Mensch, dessen späteres Leben ohne die Rettung unmöglich gewesen wäre. Die deutschen Seeleute haben damals nicht nur Vergangenheit und Gegenwart, sie haben auch Zukunft gerettet. Aus dieser Zukunft ist meine Gegenwart geworden. Dafür sage ich Ihnen allen, die Sie vor 25 Jahren zugleich die Zukunft unserer Familien gerettet haben, den Dank der Jungen, die danach kamen.

In uns und mit uns ist Ostpreußen jung."

Die schlichten Dankesworte der drei Ostdeutschen hatten einen tiefen Eindruck bei allen Beteiligten hinterlassen. Es war wohl kaum ein Mensch auf dem Platz, der sich dieser Wirkung entziehen konnte.

Für die Landsmannschaft Ostpreußen würdigte der Amtierende Sprecher, Freiherr von Braun, die große Rettungsaktion. Er führte dabei unter anderem aus:

„Kein militärisches Schauspiel führte uns her. Uns rief das Gedenken an die dunkelste Stunde deutscher Geschichte, über der die helfende Tat entschlossener Männer um so heller leuchtet. Hier und heute wollen wir diesen Männern öffentlich danken, die vor 25 Jahren im hereinbrechenden Chaos alle Kraft selbstlos daran setzten, ihre ostdeutschen Mitbürger aus Not und Verderben zu retten. Das haben gewiß auch Armee und Flieger versucht. Bewegten Herzens gedenken wir aber eines mutigen Handelns, das eine oberflächliche Welt kaum verbuchte, geschweige denn als unvergänglichen Ruhm unserer Marine begreifen will.

Für uns ist die Rettung über See, die Rettung von Kindern, Frauen und Männern nicht nur ein überzeugendes Beispiel militärischer Pflichterfüllung in verzweifelter Lage. Vielmehr ist uns jenes Ringen um das Leben von bedrohten Nächsten wahrhaft ein Zeugnis dafür, wie verantwortungsbewußte Retter den letzten Sinn soldatischen Tuns erfüllten, die Aufgabe nämlich, den Mitbürgern zu dienen und der Gewalt im Namen der Menschlichkeit zu trotzen.

Was damals — zu Beginn des Jahres 1945 und bis über die militärische Kapitulation am 8. Mai hinaus — geleistet wurde, ist ungeheuerlich. In dieser feierlichen Stunde können und sollen nicht Schrecken und Gefahr, Panik und Hoffnung von einst neu belebt werden; sie werden vielen von uns schmerzlich genug bewußt sein. Dabei wurde noch von den geängstigten Menschen meist nur als Flucht vor akuter Gefährdung verstanden, was in Wahrheit schon Vertreibung war, als Abschied für immer gewollt. —

Wahrhaft bis zur letzten Minute und noch darüber hinaus liefen Kriegs- und Handelsschiffe über die Ostsee trotz gegnerischer Sperren, die im Wasser und aus der Luft ständig dichter wurden. Die Flotte fuhr dennoch, nur um Mitmenschen aus ihrer hilflosen Verzweiflung zu befreien.

Als einige Beispiele für alle seien genannt die Handelsschiffe: ‚Hestia‘ und ‚Nautik ex Latona‘ mit je 14 Rettungs-Einsätzen, die ‚Eberhard Essberger‘ und ‚General San Martin‘ mit 12 und 11 Einsätzen, die ‚Caroline‘ mit 10 Einsätzen und die ‚Herkules‘, ‚Söderhamm‘, ‚Petoria‘, ‚Ubena‘, ‚Urundi‘ und „Deutschland' mit je 9, 8 oder 7 Einsätzen. Die ‚Deutschland' allein konnte fast 70 000 Menschen retten. Als letztes Schiff von Hela fährt der Tanker ‚Julius Rütgers'.

Die Namen dieser Einheiten und ihre ungenannten Besatzungen seien stellvertretend für alle erwähnt, die an dem Rettungswerk teilhatten.

Hinter dieser Rettungsaktion, ihrem beispiellosen Umfang und ihrer Dauer stand ein Mann, dem die Ostpreußen, Pommern und Westpreußen vor vielen anderen Deutschen bleibenden Dank schuldig sind. Großadmiral Karl Dönitz war es, der am 2. Mai 1945 die Leitung des zusammenbrechenden Staates übernommen hatte. Fern jeder politischen Wertung ist festzuhalten: er hatte sich eine Last aufgeladen, die nicht Ehre oder Erfolg verhieß, die ihm um so mehr aber sittliche Aufgabe war. Ihn trieb nur noch sein Ringen um das Leben der Deutschen; er wollte das Menschenmögliche für die Rettung der Mitbürger im Osten möglich machen. Aus aufrichtigem Herzen entbieten wir daher dem greisen Großadmiral unseren Gruß! Er bleibt für uns ein Mann, dem Ehrfurcht und Dank gebühren, weil er die eigene Person vorbehaltlos und schweigend dem Dienst an seinen Mitmenschen unterordnete.

Unsere Pflicht ist es, Zeugnis zu geben von Taten unserer Marine, der Seeleute und Offiziere gleichermaßen; von Taten, die ein Ehrenblatt deutscher Geschichte sind. Uns liegt ob, dafür zu sorgen, daß die Nachunskommenden, ja die Welt um diese aufopfernde Menschlichkeit wissen.

Damit nicht genug! Gerade die jüngeren unter uns und die Jugend im Lande überhaupt sollten eines erkennen: Die Männer der Flotte konnten die geistige Kraft für ihre historische Rettungstat nur im Bewußtsein finden, Teil einer Notgemeinschaft aller Bürger zu sein. Dies Gemeinschaftsbewußtsein in einem Staate ist zu allen Zeiten unausweichliche Voraussetzung dafür, daß in unserer harten irdischen Wirklichkeit, Freiheit, ja Leben des einzelnen erhalten bleiben."

Als Freiherr von Braun geendet hatte, intonierte die Kapelle das Lied der Ostpreußen „Land der dunklen Wälder".

Das Schlußwort nahm für den Deutschen Marine-Bund, den Hausherrn des Ehrenmals, sein Präsident, Fregatten-Kapitän a. D. Friedrich Rohlfing. Er betonte, daß der Marine-Bund die Entscheidung, auf dem Gelände des Ehrenmales eine Gedenkstunde zur Erinnerung an die größte Evakuierung der modernen Geschichte, der Rettung der ostdeutschen Bevölkerung auf dem Seewege, abzuhalten, dankbaren Herzens begrüßt habe. Diese Feier verdeutliche die unerhörten Leistungen der Seeleute der deutschen Kriegs- und Handelsmarine.

„Durch ihren unermüdlichen Einsatz im Kampf mit dem Gegner und dem Element, nicht aber zuletzt mit der Zeit, sind sie weit über sich hinausgewachsen. Am 21. Mai 1956 wurde durch den Landesverband der vertriebenen Deutschen, Vereinigte Landsmannschaften Schleswig-Holstein, eine bronzene Danktafel in der historischen Halle dieses Ehrenmals enthüllt und dem Deutschen Marine-Bund übergeben. Diese Tafel enthält folgende Dankworte: ‚Die Heimatvertriebenen danken der Kriegs- und Handelsmarine für den opfervollen Einsatz zur Rettung von Hunderttausenden deutscher Menschen bei ihrer Vertreibung aus der Heimat 1944/45‘. Wir haben dieses Mal des Dankes, des Gedenkens und der Mahnung in unsere Obhut genommen, denn niemals darf verschwiegen oder geschmälert werden, was deutsche Menschen in den unerbittlichen Kämpfen und Leiden des Krieges an Opfermut, Pflichttreue, an kameradschaftlichem Eintreten für den anderen und an Bereitschaft bis zur letzten Hingabe bewiesen haben. Ihr Opfer führt und verpflichtet uns zu der Haltung, aus der wir allein die Zukunft zu meistern vermögen.“

Die Feier klang aus mit der Nationalhymne und dem Niederholen der Flaggen.

Flucht und Vertreibung in Zahlen

Nachstehende Zahlen basieren auf den Unterlagen des Bundesministeriums für Vertriebene, Flüchtlinge und Kriegsgeschädigte für den Jahresbericht der Bundesregierung 1968.

Vor der Vertreibung

Deutsche Bevölkerung im Jahre 1939

Ostgebiete des Deutschen Reiches	9 575 000
Tschechoslowakei	3 477 000
Baltische Staaten und Memelland	250 000
Danzig	380 000
Polen	1 371 000
Ungarn	623 000
Jugoslawien	537 000
Rumänien	786 000
Zusammen	16 999 000
Geburtenüberschuß 1939—1945	+ 659 000
Gesamt	17 658 000

Von den 9 575 000 Bewohnern der Ostgebiete des Deutschen Reiches entfallen auf

Ostpreußen	2 473 000
Ost-Pommern	1 884 000
Ost-Brandenburg	642 000
Schlesien	4 557 000

Unberücksichtigt bei der Gesamtaufstellung bleiben die 1,5 bis 2 Millionen Deutschen, die in der Sowjetunion ansässig waren.

Von der Gesamtzahl von 17 658 000 sind 1 100 000 als Kriegsverluste abzuziehen, so daß der Bevölkerungsstand 1945 vor der Vertreibung 16 558 000 betrug.

Nach der Vertreibung (1945—50)
Vertrieben

aus den Ostgebieten des Deutschen Reiches	6 944 000
Tschechoslowakei	2 921 000
aus den übrigen Ländern	1 865 000
Gesamt	**11 730 000**

In der Heimat verblieben

in den Ostgebieten des Deutschen Reiches	1 101 000
Tschechoslowakei	250 000
in den übrigen Ländern	1 294 000
Zusammen	**2 645 000**
Hinzu kommen noch vermutlich lebende Gefangene	72 000

Insgesamt also betrug die Bevölkerungzahl im Vertreibungszeitraum (Vertriebene und Verbliebene) 14 447 000.

Vertreibungsverluste

Tote und Vermißte während der Vertreibung:

in den Ostgebieten des Deutschen Reiches	1 225 000
Tschechoslowakei	267 000
in den übrigen Ländern	619 000
Gesamt	**2 111 000**

Die Gesamtverluste betragen 3 211 000 (Kriegsverluste 1 100 000 und Vertreibungsverluste 2 111 000). Von den 1939 in den Vertreibungsgebieten ansässigen Deutschen ist somit jeder Fünfte gefallen oder umgekommen.

Die Kriegsmarine bei der Rettungsaktion

Spitzengliederung der Kriegsmarine für den Ostseeraum —
Die deutschen Seestreitkräfte in der östlichen Ostsee im
Januar 1945.

Oberbefehlshaber der Kriegsmarine: Großadmiral Dönitz.
Chef der Seekriegsleitung: Admiral Meisel.
Befehlshaber Marine-Oberkommando Ostsee: Generaladmiral Kummetz.
Admiral Östliche Ostsee: Admiral Burchardi, ab April 1945:
Vizeadmiral Thiele.
Admiral Westliche Ostsee: Konteradmiral Schubert.
Seetransportchef: Konteradmiral Engelhardt.

*

Die Seestreitkräfte waren zur 2. Kampfgruppe unter dem
Befehl von Vizeadmiral Thiele zusammengefaßt. Hinzu kam
später die Kampfgruppe unter Vizeadmiral Rogge.
Die Kampfgruppe bestand aus den Schweren Kreuzern „Prinz
Eugen", „Lützow", „Admiral Scheer", „Admiral Hipper";
der 6. Zerstörerflottille mit Z 25, Z 28, Z 43, „Karl Galster",
„Paul Jacobi";
der 5. Torpedoboots-Flottille mit den Flottentorpedobooten
T 23, T 28, T 33, T 35, T 36;
der 2. Torpedoboots-Flottille mit T 1, T 3, T 4, T 5, T 8, T 9,
T 11, T 12.
Von den Zerstörern und Torpedobooten waren 60 Prozent
einsatzbereit.

*

Den Geleit- und Sicherungsdienst versah die 9. Sicherungsdivision. Divisionschef: Fregatten-Kapitän v. Blanc.
Der 9. Sicherungsdivision waren nach dem Stande vom 1.
Dezember 1944 folgende Verbände taktisch und truppendienst-
lich unterstellt:

1. Minensuchflottille (7 M-Boote);

3. Minensuchflottille (8 M-Boote, 2 Flakjäger);

25. Minensuchflottille (6 M-Boote);

31. Minensuchflottille (46 M-Boote, sämtlichst Kriegsfischkutter, 1 Räumboot, 1 Küstenminenleger);

1. Räumbootsflottille (12 R-Boote, 1 Begleitschiff);

3. Vorpostenflottille (10 Vorpostenboote, sämtlichst Fischdampfer, 2 Torpedoboote, 1 Artillerie-Schulboot, 1 Fischdampfer);

3. Sicherungsflottille (34 Vorpostensicherungsboote, bestehend aus Fischdampfern, Dampffischloggern, Motorfischloggern, Kriegsfischkuttern und Motorfischkuttern, 2 Artillerie-Schulboote, 6 Minensuchboote, 1 Räumboot, 1 Torpedoboot, 6 Vorpostenboote, 1 Polizeikampfboot);

14. Sicherungsflottille (38 Vorpostensicherungsboote, bestehend aus Kriegsfischkuttern, Holzkuttern und Eisenlogger, 2 Flugsicherungsboote, 2 Troßfahrzeuge, 1 Führerboot, 1 Begleitschiff, 1 Minensuchboot);

9. Vorpostenflottille (6 Vorpostenboote, sämtlichst Fischdampfer);

17. Räumbootsflottille (8 Räumboote);

13. Landungsflottille (8 schwere Artillerieträger, 2 leichte Artillerieträger, 16 Transport-Marinefährprähme);

21. Landungsflottille (10 Transport-Marinefährprähme);

24. Landungsflottille (13 Minen-Marinefährprähme, 6 schwere Artillerieträger, 1 leichter Artillerieträger, 1 Begleitschiff, 2 Motorboote, 12 Küstenmotorschiffe, 9 Transport-Marinefährprähme, 9 Motorprähme);

7. Artillerie-Trägerflottille (17 Artillerie-Fährprähme);

17. Vorpostenflottille (6 Vorpostenboote, sämtlichst Walboote);

5. Schnellbootsschulflottille (7 Schnellboote, 1 Werkstattschiff);

2. Schnellbootsschulflottille (8 Schnellboote, 1 Werkstattschiff);

2 Minenschiffe, 1 Lazarettschiff.

An der Rettung beteiligte Reedereien

(Die Namen der Reedereien wurden aus verschiedenen Unterlagen zusammengetragen und alphabetisch geordnet. Die hinter den Namen der Schiffe in Klammern angegebenen Zahlen geben die Größe in Brutto-Register-Tonnen an.)

Ahrens, Brake — *Dora Ahrens* (857), *Johann Ahrens* (873)

Ahrens, Erich, Hamburg — *Ellen Larsen* (1 938), *Ernst Brockelmann* (1 900)

Albrecht, Dr. Max — *Rudolf Albrecht* (3 817)

Argo Reederei, Bremen — *Adler* (1 486), *Albatros* (985), *Friedrich Bischoff* (1 998), *Ganter* (1 770), *Habicht* (1 377), *Möwe* (1 310), *Nadir ex Schwalbe* (842), *Netzler I ex F. E. Schütte* (—), *Phönix* (999), *Reiher* (1 304), *Schwan* (1 311), *Taube* (888)

Arp, Heinr. F. C. — *Heinrich Arp* (1 428)

Aschpurwis & Veltjens — *Lütjehörn* (1 953)

Atlantic Rhederei F. & W. Joch, Hamburg — *Altengamme* (5 897), *Elmshorn* (839), *Inka* (427), *Terra* (1 533), *Thalatta* (3 145)

Atlas, Bremen — *Mercator* (4 661)

Behnke & Sieg, Danzig — *Bore VI* (1 566), *Ernst* (238), *Hochmeister* (1 275), *Weichsel* (1 021)

Bertling — *Ursula Heinemeier* (493)

Bißmark-Linie — *Harald* (1 064)

Blumenthal, JM. K., Hamburg — *Ida Blumenthal* (1 549)

Bock, G. — *Orestes* (2 650)

Bolten, August, Hamburg — *Heidberg* (1 712), *Otterberg* (1 293)

Bornhofen, Robert, Hamburg — *Karin K. Bornhofen* (2 563), *Peter Bornhofen* (1 349), *Robert Bornhofen* (2 645)

Braeunlich GmbH, Swinemünde — *Odin (1 137)*, *Rugard (1 358)*, *Swinemünde I (225)*

Brenntag — *Weichselriff (475)*

Bugsier-, Reederei- und Bergungs-AG, Hamburg — *Ausdauer (1 847)*, *Berger VI (393)*, *Bille (665)*, *Danzig (—)*, *Elbe (1 199)*, *Energie (867)*, *Henry Lütjens (1 141)*, *Ilmenau (1 201)*, *Jade (536)*, *Lindenau (997)*, *Pinnau (1 200)*, *Weser (999)*, *Wotan (357)*

Christophersen, H. W., Flensburg — *Dora Christophersen* (1 695), *Inge Christophersen* (1 352)

Cords, August, Bremen — *August Cords* (900), *Carl Cords* (905), *Charlotte Cords* (1 779), *Consul Cords* (951), *Irmtraud Cords* (2 843), *Margarete Cords* (1 912)

DDG Hansa, Bremen — *Alsterturm* (—), *Fangturm* (1 923), *Finnland* (5 281), *Imkenturm* (1 923), *Kronenfels* (2 834), *Moltkefels* (7 862), *Neidenfels* (7 838), *Rheinfels* (7 762), *Stahleck* (1 663)

Deutsch-Amerik. Petroleum — *Paul Harneit* (15 320)

Deutsche Afrika-Linien, Hamburg — *Mungo* (1 923), *Njong* (1 923), *Orion* (1 722), *Pretoria* (16 662), *Swakopmund* (6 133), *Tanga* (5 722), *Togo* (5 042), *Tübingen* (5 452), *Usambara* (8 690), *Wadai* (4 996), *Ubena* (9 996), *Urundi* (5 791), *Wangoni* (7 848),

Deutsche Arbeitsfront — *Oceana* (8 791), *Robert Ley* (27 288)

Deutsche Levante Linie, Hamburg — *Andros* (2 995), *Bukarest* 4 446), *Pompeji* (2 916)

Deutsche Reichsbahn — *Deutschland* (Fährschiff), *Rügen* (Fährschiff 250)

Deutsches Walfangkontor — *Süd 5* (ca. 300)

1. Deutsche Walfang — *Jan Wellem* (11 776)

DG Neptun, Bremen — *Castor* (519), *Fortuna* (513), *Hercules* (2 883), *Hestia* (2 883), *Jupiter* (1 588), *Luna* (1 185), *Mars* (2 469), *Nautik* (1 127), *Netzleger IV* (1 246), *Netzleger IX* (—), *Netzleger 24* (—), *Nordstern* (1 127), *Orestes* (652), *Pallas* (627), *Theseus* (956), *Venus* (5 407)

Drews — *Cranz* (500)

Emder Dampfercompagnie, Emden — *Bernlef* (2 482)

Essberger, John T., Hamburg — *Aalen ex Ida* (6 131), *Adria* (6 357), *Askari* (4 911), *Bernhard Essberger* (—), *Diedenhofen* (5 971), *Dithmarschen* (10 850), *Duala* (6 133), *Eberhard Essberger* (5 064), *Emmi Friedrich* (5 066), *Franken* (10 850), *Haussa* (2 819), *Jaspis* (6 094), *Lisa Essberger* (1 172), *Memelland* (6 236), *Mittelmeer* (6 370), *Oranjefontein* (10 937), *Sund* (1 923), *Wilhelmine Essberger* (—), *Volta* (7 183)

Ferdinand, Hamburg — *Michael Ferdinand* (1 923)

Fisser & van Doornum, Bremen — *Bug* (1 289), *Hendrik Fisser V* (1 923), *Hendrik Fisser VI* (1 923), *Hendrik Fisser VII* (1 923), *Lina Fisser* (1 497), *Marie Fisser* (1 235)

Friedrich — *Lieselotte Friedrich* (517), *Thann* (7 412)

Frigga AG, Hamburg — *Vale* (5 981)

Fritzen & Sohn, Emden — *Erika Fritzen* (4 169), *Gerrit Fritzen* (1 761), *Gertrud Fritzen* (2 999), *Jürgen Fritzen* (579)

Gahlenbäck — *Hela* (1 174)

Gaulke — *Erna Gaulke* (400)

Gehrckens, H. M., Hamburg — *Baumwall* (876), *Cremon* (935), *Pickhuben* (999), *Pitea* (962), *Söderhamn* (1 499), *Stubbenhuk* (934)

Geiss, Stolpmünde — *Martha Geiss* (531)

Görtz, Tilsit — *Kurisches Haff* (356)

Götz, Elbing — *Möwe* (189)

Grammerstorf, Karl — *Bruno Grammerstorf* (864), *Corona* (1 569)

Gribel, Rud. Christ., Stettin — *Gotenhof* (1 454), *Greif* (1 617), *Heidelberg* (692), *Kolberg* (693), *Kriemhild* (800), *Main* (964), *Nordland* (1 905), *Regina* (1 303), *Ruhr* (1 029), *Rügen* (2 170), *Saar* (1 026), *Siegfried* (563), *Theodor* (797), *Vineta* (513)

Halm — *Ella Halm* (984), *Martha Halm* (984)

Hamburg-Amerika-Linie, Hamburg — *Ammon* (7 134), *Co-*

meta (5 123), *Deutschland* (21 046), *Dronning Alexandrine* (1 854), *Feodosia* (3 075), *Freiburg* (5 165), *Goya* (5 230), *Gravenstein* (3 505), *Hamburg* (22 117), *Hansa* (21 131), *Heiligenhafen* (1 923), *Iberia* (9 829), *Kaiser* (1 912), *Kanonier* (6 157), *Musketier* (2 762), *New York* (21 867), *Sachsenwald* (6 267), *Sumatra* (10 439), *Tolina* (2 000), *Warthe ex Bratland* (4 922), *Winrich von Kniprode* (10 123), *Wischhafen* (1 923)

Hamburg-Süd, Hamburg — *Antonio Delfino* (13 589), *Brunhilde* (2 089), *Cap Arcona* (27 571), *Espagna* (7 465), *Florida* (5 545), *General San Martin* (11 251), *Mar del Plata* (5 650), *Mendoza* (5 193), *Monte Olivia* (13 750), *Monte Rosa* (13 882), *Tucuman* (4 621), *Wilhelm Gustloff* (25 484)

Haniel & Co., Duisburg-Ruhrort — *Aletta Noot* (1 990), *Duisburg* (1 080), *Homberg* (1 261), *Oberhausen* (1 261)

Haubuss, E. — *Erika Schünemann* (1 177), *Trude Schünemann* (1 260)

Hedwigshütte AG — *Hedwigshütte* (2 221)

Helmsing & Grimm — *Elisabeth* (872)
Horn, H. C., Hamburg — *Cap Guis* (1 536), *Heinz Horn* (3 994), *H. C. Horn* (4 132), *Mimi Horn II* (4 007), *Neiße ex Claus Horn* (3 177)

IHK Stettin, Stettin — *Swinemünde II* (177), *Stettin* (836)

Jost, J., Flensburg — *Licentia* (1 923)

Ippen-Linie — *Hilde* (491)

Ivers & Arlt, Königsberg — *Ermland* (987), *Erna* (751), *Königsberg* (178), *Nogat* (210), *Pregel* (186), *Samland* (771), *Spree* (ca. 500)

Kauffahrtei-Reederei, Hamburg — *Emsstrom* (4 517)

Kirsten, A., Hamburg — *Portia ex Lavinia* (968)

Knöhr & Burchard, Hamburg — *Dahlbek* (2 819), *Jersbek* (2 804), *Neuwerk* (807), *Rodenbek* (1 923), *Segeberg* (350)

Kohlenimport & Poseidon, Königsberg — *Allenstein* (999), *Fritz Schoop* (1 598), *Gumbinnen* (1 405), *Insterburg* (2 301),

Koholyt (844), *Masuren* (2 383), *Pillau* (1 308), *Rheinland* (2 570), *Schiffbek* (2 158), *Thielbek* (2 815)

Komrowski, Ernst, Hamburg — *Adrian* (1 297), *Balkan* (2 269), *Heluan* (1 505)

Kriegsmarine — *Amrum* (670), *Blexen* (759), *Cammin* (1 643), *Celebes* (—), *H 27* (—), *Hiddensee* (643), *Hugo Zeye* (—), *Lech* (3 131), *Leda* (—), *Lothringen* (2 275), *Lyss* (1 609), *Marburg* (1 618), *Memel* (1 057), *Meteor* (3 717), *Nordpol ex Siegfried* (500), *Oktant ex Ems* (800), *Ostfriesland* (6 135), *Ostpreußen* (567), *Pollux* (—), *Pregel* (—), *Regulus* (1 821), *Renate* (2 339), *Rigel ex Poseidon* (453), *Rixhöft* (—), *RO 1* (—), *RO 2* (—), *RO 23* (—), *RO 24* (—), *Saßnitz* (—), *Seeburg* (12 181), *Sextant* (198), *Spica ex Orla* (1 289), *Südpol ex dän. Freya* (—), *St. Malo* (—), *Stollergrund* (692), *Vega* (7 388), *Versailles* (2 156), *Wartheland* (6 500), *Westflandern* (345), *Würzburg* (1 337), *Zenith ex Frigga* (557)

Krohn — *Möwe* (121)

Krupp AG, Hamburg — *Betzdorf* (—), *Borbeck* (6 002), *Weilburg* (1 923)

Laeisz, F., Hamburg — *Paloma* (557), *Planet* (5 821), *Pontos* (—)

Leonhard & Blumberg, Hamburg — *Ingrid Leonhard* (1 923), *Moero* (5 277)

Leth & Co., Königsberg — *Braunsberg* (2 255), *Dorpat* (3 554), *Hummel* (1 818), *Inster* (4 713), *Malgache* (6 903)

Lübberl — *Ulrich Finsterwalder* (2 947)

Lübeck-Linie, Lübeck — *Herkules* (2 369), *Possehl* (2 369), *Travemünde* (1 756), *Wiking* (907)

Lünzmann — *Herta* (500)

Lütje — *Gorch Fock* (350))

Luftwaffe — *Boelcke* (1 330), *Georg* (406), *Greif* (ca. 1 200), *Hans Albrecht Wedel* (1 500), *Phönix* (189)

Mathies Reederei KG, Bremen — *Birgit* (325), *Birka* (1 000), *Gertrud* (373), *Hans Karl* (—), *Johanna* (860), *Libau* (592),

Odermünde (572), *Posen ex Danzig* (1 069), *Werner Mathies* (875)

Meyhöfer, Rob., Königsberg — *Elisabeth* (—), *Ellen* (557)

Midgard/Union, Nordenham — *Nordenham* (4 592)

Nordd. Seekabel, Nordenham — *Butjadingen* (446)

Müller, Robert — *Robert Müller VI* (399), *Robert Müller VII* (985)

Nimtz, F. L. — *Steinburg* (1 319)

Nordd. Kohlen & Schiffahrt — *Nordfahrt ex Hammonia* (2 543)

Nordd. Lloyd, Bremen — *Berlin* (15 286), *Der Deutsche* (11 430), *General von Steuben* (14 660), *Glückauf* (1 062), *Gotenland* (5 266), *Göttingen* (6 227), *Iller* (3 290), *Isar* (9 026), *Kurland* (7 636), *Lappland* (7 644), *Linz* (3 374), *Minden* (4 737), *Mosel* (—), *MRS 11 ex Osnabrück* (5 095), *MRS 12 ex Nürnberg* (5 635), *Potsdam* (17 528), *Robert Möhring ex Orotawa* (3 344), *Steinbock* (317), *Weserberg* (1 923), *Weserstein* (1 923), *Weserstrand* (1 923), *Weserstrom* (1 923), *Wiegand* 5 869)

Oelmühlen GmbH — *Wikinger* (19 700)

Offen & Co., Hamburg — *Memphis* (1 996)

Ohle, Drochtersen — *Anne Ohle* (500)

Oldenburg-Portugiesische, Hamburg — *Ammerland II* (2 452), *Ceuta* (3 719), *Huelva* (1 923), *Santander* (1 923)

Oldendorff, Egon, Lübeck — *Irene Oldendorff* (1 923)

Ostdeutsche Reederei — *Bolkoburg* (3 436)

Peters, H., Hamburg — *Hinrich Peters* (856)

Petersen & Alpers, Hamburg — *Vorsetzen (—)*

Rabien & Stadtlander — *Eifel* (1 429)

Rau, Walter, Bremen — *Walter Rau* (13 752)

Reinhold, F. G., Danzig — *Marie Siedler* (438), *Westpreußen* (2 877)

Reinicke & Bremer — *Johann* (938), *Lotte* (2 200)

Rickmers Rhederei AG, Hamburg — *Deike Rickmers* (1 923), *Kürassier* (2 762)

Rütgers Werke — *Julius Rütgers* (854)

Russ, Ernst, Hamburg — *Clara L. M. Russ* (1 600), *Elise Russ* (—), *Frankfurt* (1 186), *Günter Russ* (998), *Karlsruhe* (897), *Krefeld* (1 213), *Leverkusen* (1 273), *Neuss* (1 243), *Reinhard L. M. Russ* (1 478), *Theresia L. M. Russ* (1 694), *Uerdingen* (1 273)

Sartori & Berger — *August* (ca. 400), *Rudolf* (821)

Sauber & Co. — *Emily Sauber* (2 475), *Hermann Sauber* (—), *Ingrid Sauber* (—), *Robert Sauber* (2 515)

Schichau-Werft, Elbing — *Schichau* (199)

Schmidt, Heinr., Flensburg — *Heinrich Schmidt* (1 560), *Neptun* (1 594), *Pollux* (3 161)

Schröder, Richard, Hamburg — *Harald Schröder* (922), *Helga Schröder* (665), *Herbert Schröder* (—), *Luise Schröder* (1 327)

Schuchmann, W., Hamburg — *Dwarssee* (552), *Hochsee* (2 245), *Flachsee* (757), *Hoheweg* (1 087), *Längssee* (998), *Südsee* (1 761)

Schuldt, H., Hamburg — *Angelburg* (3 069), *Donau* (1 948), *Schauenburg* (1 923)

Schulte & Bruns, Bremen — *Hans Schulte* (985), *Henriette Schulte* (1 923)

Seeberg, Stettin — *Preußisch-Holland* (1 978)

Sloman jr. R. M., Hamburg — *Capri* (1 846), *Charlotte* (4 404), *Malaga* (2 146)

Sommer, Hamburg — *Albert* (788), *Brake* (617), *Eberhardt* (749), *Ottilie* (638), *Sankt Lorenz* (641), *Viktor* (777)

Steffens, Himmelpforten — *Welf* (500)

Steinhagen — *Seeadler I* (141)

Stinnes GmbH, Hamburg — *Albert Jensen* (5 446), *Dieter Hugo Stinnes* (2 545), *Else Hugo Stinnes* (3 291), *Ernst Hugo Stinnes* (3 295), *Mathias Stinnes* (5 537), *Rhein ex Ernst Hugo Stinnes* (3 259)

Traber & Co., Hamburg — *Adele Traber* (2 575), *Ingrid Traber* (1 883), *Olga Traber* (3 132)

Unilever (Walkocherei), Hamburg — *Unitas* (21 846)

Union-Hdls. u. Schiffahrts GmbH, Bremen — *Brake* (5 347), *Bremerhaven* (5 355)

Vacuum-Öl — *Vacuum* (622)

Vinnen & Co., Bremen — *Magdalena Vinnen* (4 594)

Warnholtz, Hamburg — *Julius* (553)

Wasserstraßenverwaltung — *Delfin* (—), *Ditmar Koehl* (—), *Emden* (—), *Holstein* (—)

Weichsel AG, Danzig — *Dirschau* (762), *Falke* (132), *Hecht* (—), *Paul Benecke* (343), *Phönix* (180), *Schwan* (—), *Zoppot* (—)

Wiese — *Gotland* (995)

Wiggers, Otto, Rostock — *Friedrich* (1 353)

Zedler, Elbing — *Elbing I* (466), *Elbing IV* (314), *Elbing VII* (465), *Elbing X* (491)

Zerssen & Co., Rendsburg — *Hörnum* (1 467), *Morsum* (968)

Zoeke — *Nordstern ex Lühe* (870)

ohne Reedereiangabe — *A. C. Hering* (ca. 1 500), *Alkaid* (5 485), *Alsterdam* (3 655), *Ariadne ex Herzog Hendrik* (—), *Berlebeck* (—), *Bern* (—), *Bru* (572), *Carl Zeiss ex Roland L. M. Russ* (—), *Caroline* (500), *Dragoner* (1 938), *Espagna* (1 759), *Ferdinand* (167), *Friedericus Rex* (249), *Friedrich* (—), *Füsilier* (6 157)), *Geheimrat Löffler* (ca. 100), *Gerdmoor* (800), *Graudenz* (—), *Hans Brooge* (2 013), *Hedwig* (168), *Hektor ex Orion ex Kurmark* (—), *Henning Maersk ex Hydra* (10 127), *Jattier* (—), *Juliane* (1 352), *Kahlberg ex Königin Wilhelmina* (—), *Lisa Oltmann* (—), *Marks Stig* (1 107), *Max 7* (—), *Nettelbeck* (—), *Phantom* (—), *Polycarp ex Passat ex Taifun* (6 405), *Prinz Adalbert (137)*, *Ravensburg (—)*, *Rosenberg (1 964)*, *Seglerhaus (227)*, *Spreeufer (216)*, *Stolpe (—)*, *Venus (261)*, *Wiklau (—)*, *Wullenweber (—)*

Karl Dönitz starb
am Heiligen Abend 1980

A m Heiligen Abend 1980 starb an seinem Wohnsitz in Aumühle der letzte Reichspräsident des Deutschen Reiches, Großadmiral Karl Dönitz, der am 16. September noch seinen 89. Geburtstag begehen konnte.

Schon Jahre vorher war im Hinblick auf das Alter des ehemaligen Oberbefehlshabers der Kriegsmarine die Frage ventiliert worden, ob die heutige Bundeswehrführung für diesen untadeligen Offizier und Träger höchster Auszeichnungen ein Begräbnis mit den ihm zustehenden militärischen Ehren gestatten würde. Die nun erfolgte Erklärung des Bundesverteidigungsministeriums, daß die Beisetzung ohne militärische Ehren erfolgen werden und Angehörigen der Bundeswehr die Teilnahme in Uniform untersagt sei, kann angesichts herrschender Tendenzen und des linken Drucks, dem jeder Verteidigungsminister ausgesetzt ist, nicht einmal überraschen.

Karl Dönitz, 1891 geboren, trat in die Kriegsmarine ein, war u. a. Kapitän des Kreuzers „Emden" und galt als hochqualifizierter Marineoffizier, der mit dem Aufbau der deutschen U-Boot-Waffe betraut wurde. Man muß die bedeutungslose Zahl der U-Boote kennen, um zu ermessen, wie weit Dönitz an der „Vorbereitung eines Angriffskrieges" beteiligt war, wofür er nach dem Spruch des Internationalen Militärgerichts 10 Jahre in Spandau verbüßen mußte als ein Mann, von dem Walter Görlitz schreibt — daß er „de jure und de facto unschuldig" war.

So zollte denn auch das Ausland dem greisen Großadmiral höchsten Respekt. Angelsächsische Generale schrieben ihm und schämten sich ob des gegen ihn ergangenen Urteils. Dabei war es die seestrategische Konzeption des Großadmiral Dönitz, die während des Krieges England wirklich bedrohte. Seine beiden Söhne sind als U-Boot-Offiziere auf See geblieben.

In den letzten Tagen des Krieges erhielt Dönitz aus dem Bunker unter der Berliner Reichskanzlei den Funspruch, daß Hitler ihn zu seinem Nachfolger als Staatsoberhaupt und als Oberbefehlshaber der Wehrmacht bestimmt habe. Dönitz, und das weiß ich aus zahlreichen Unterredungen in den letzten 20 Jahren, war ein Soldat, dem Pflichtbewußtsein über alles ging, und der die ihm auferlegte Bürde in dem Sinne nutzen wollte, den verlorenen Krieg schnellstens zu beenden. Schon im Frühjahr 1945 hatte er als Oberbefehlshaber der Kriegsmarine das größte Seetransportunternehmen der Kriegs- und Handelsmarine zur Evakuierung von Flüchtlingen und Soldaten aus den von der Roten Armee überrollten Ostgebieten organisiert und damit ermöglicht, daß weit über 2 Millionen Menschen ihr Leben retten konnten. Dafür hat ihm die Landsmannschaft Ostpreußen mit ihrer höchsten Auszeichnung, dem Preußenschild, gedankt.

Die Alliierten verlangten für die Ratifizierung der Kapitulation der deutschen Wehrmacht die Vollmacht des neuen Oberbefehlshabers, und sie ließen Reichspräsident Dönitz und die von ihm beauftragte vorläufige Reichsregierung bis zum 23. Mai 1945 im Amt. Sie gestatteten aber nicht, daß die von Dönitz angeordnete Nachprüfung und Aburteilung der Auswüchse des Hitler-Regimes, wie der KZ-Verbrechen, durch ein Reichsgericht erfolgen konnte.

Bereits im Juli 1945 hat Dönitz expressis verbis festgestellt, daß durch die abgeschlossene bedingungslose Kapitulation der 3 deutschen Wehrmachtteile das Deutsche Reich nicht aufgehört hat zu bestehen und die im Anschluß an die Kapitulation erfolgte vollständige Besetzung des Deutschen Reichsgebiets an dieser Rechtslage nichts geändert habe.

Dem Wunsche der über See geretteten Deutschen entsprechend fand vor einigen Jahren in einem Hamburger Hotel ein Zusammentreffen mit Karl Dönitz statt. Wer diese Stunden miterlebt hat, da sich Männer und Frauen aus allen Schichten, die damals davongekommen waren, um den greisen Großadmiral drängten und selbst ihn mit ihrem Dank tief bewegten, hat die Überzeugung gewonnen, daß das letzte gesamtdeutsche Staatsoberhaupt, Großadmiral Karl Dönitz, der ein Stück deutscher Geschichte bleiben wird, vor allem in den Herzen jener weiterleben wird, die Würde zu schätzen wissen und denen Dank nicht nur ein Lippenbekenntnis ist. Schade, daß Hans Apel aus Hamburg-Barmbek, derzeit Verteidigungsminister, diese Stunde in Hamburg nicht miterlebt hat.

Abschied vom Großadmiral

Bei dem Blick auf den Sarg, der, mit der Bundesflagge bedeckt, von Trägern des Ritterkreuzes des Eisernen Kreuzes flankiert, in der kleinen Kirche zu Aumühle im Sachsenwald zum letzten Abschiednehmen stand, erinnerte der Anblick des Ordenskissens daran, daß der Marschallstab, der dem Großadmiral gebührte, fehlte. Schon am 26. Mai 1945 hatte Dönitz an den Oberbefehlshaber der 21. englischen Armeegruppe, Generalfeldmarschall Sir Reginald Montgomery geschrieben und ihm mitgeteilt, daß nach seiner Verhaftung in Flensburg seinem Privatgepäck „auch mein Marschallstab entnommen" wurde, „den ich in der Überzeugung, daß diese Ehrenzeichen eines Soldaten meiner Stellung auch vom siegreichen Gegner geachtet würden, in meinem Privatgepäck gelassen hatte..."

Über Flensburg, dem Sitz der letzten von Dönitz geleiteten Reichsregierung, mit der die Westalliierten verhandelten, über Mondorf in Luxemburg, über das Internationale Militärtribunal in Nürnberg und 10 Jahre Haft in Spandau führte der Weg des Mannes, den seine Gegner als den brillantesten Kopf der Seekriegsführung bezeichneten und den inzwischen amerikanische und britische Seeoffiziere, Politiker und Juristen als zu Unrecht verurteilt bezeichneten.

Seine Tragik bestand darin, daß Hitler, der seinem Leben durch Freitod ein Ende setzte, kraft des „Gesetzes über die Nachfolge des Führers und Reichskanzlers" den Großadmiral Dönitz zum Reichspräsidenten bestimmte, was dann wiederum bis auf den heutigen Tag in Kreisen, die sich nicht sonderlich um die Aufhellung der historischen Wahrheit bemühen, in dem Sinne gewertet wird, als habe Hitler einen zuverlässigen Nationalsozialisten zu seinem Nachfolger bestimmen, und damit die Fortführung des Krieges gesichert wissen wollen. Dönitz gehörte zu keiner Zeit der Partei an, er war ein glänzender Soldat, der, aufgewachsen und erzogen in der Tradition der Kaiserlichen und der Reichsmarine, Pflichterfüllung gegenüber der Staatsführung als oberstes Gebot ansah. Es mag für ihn eine der schwersten Stunden gewesen sein, als er bei Kriegsende erfuhr, mit welchen Auswüchsen und Verbrechen das Regime belastet war. Seiner sofortigen Reaktion als Staatsoberhaupt, alle Verbrechen untersuchen und durch das Reichsgericht aburteilen zu lassen, haben die alliierten Sieger nicht stattgegeben.

Heute wird selbst von den Historikern der früheren Feindmächte bestätigt, daß diese folgenschwere Ernennung zum Staatsoberhaupt für Dönitz völlig überraschend kam. „Heer und Luftwaffe waren beide in Hitlers Augen diskreditiert. Eindeutig verlangte die Lage einen Soldaten, und deshalb wurde Dönitz ausgewählt" stellte die „Times" zum Tode des Großadmirals fest, der zwanzig Tage von Flensburg aus die Überreste des Reiches regierte und der, nachdem ihm politische Verantwortung übertragen worden war, den Befehl Hitlers ignorierte und die Kapitulation der deutschen Streitkräfte einleitete, um den Krieg schnellstens zu beenden.

Karl Dönitz hat damals — nach seinen eigenen Worten — „das Menschenmögliche getan in einer chaotischen Zeit" und er hat so „noch größeres Chaos verhindern können". In dem größten Seetransportunternehmen der Geschichte zur Rettung von Flüchtlingen und deutschen Soldaten aus den von der Roten Armee überrollten deutschen Ostgebieten wurden 2,5 Millionen Menschen — manche Historiker sprechen von drei Millionen — gerettet. Vor wenigen Jahren traf sich der greise Großadmiral mit den über See geretteten Ostdeutschen; wir hätten gewünscht, daß die Verantwortlichen in Bonn, die dem Großadmiral jetzt die ihm protokollarisch zustehenden Ehren verweigerten, in dieser Stunde dabei gewesen wären. Gerade diese Deutschen, die ihr Leben der geschilderten Rettungsaktion verdanken, haben wie Hunderttausende anderer Deutscher kein Verständnis für die kränkende Entscheidung der Bundesregierung. In der Tat: Es ist schon bitter, wenn in einem der zahlreichen Leserbriefe, die in unseren Tageszeitungen abgedruckt wurden, geschrieben stand: „Wenn man das so recht betrachtet, wie die heutige geistige Führungsschicht der Deutschen —, oder was sich dafür hält — der eigenen Geschichte gegenüber verhält, so werde ich den Eindruck nicht los, daß viele mit einem punktierten Gehirn durch das öffentliche Leben laufen, alle ohne Vater und Mutter und nur gezeugt vom demokratischen Urknall nach 1945."

Verbitterung und Empörung blieben draußen, als es galt Abschied zu nehmen von einem Mann, dem, wie auch das Präsidium des Bundes der Vertriebenen feststellte, Millionen für immer Dank schulden. Unzählbar fast die Kränze, die um das Gotteshaus und auf dem Wege zum Familiengrab zu sehen waren, nach vielen Tausenden zählte die Trauergemeinde, darunter einst bekannte Namen von Männern, die jetzt mit Eichenlaub oder dem Ritterkreuz erschienen waren, Soldaten und Offiziere aller Waffengattungen der ehemaligen Wehrmacht, der Kriegsmarine, vor allem seiner U-Boot-Fahrer. Für sie alle nahmen Abschied Konteradmiral a. D. Edward Wegener und Generalmajor a. D. Horst Niemack, der wie sein Vorredner Kritik an der Bundesregierung und dem Verteidigungsminister übte, die kein Staatsbegräbnis angeordnet und die Teilnahme in Bundeswehruniform verboten hatten. Entscheidungen, zu denen der konservative „Sunday Telegraph" in London schrieb: „So wenig wir auch möchten, daß die Bonner Republik irgendwelche Begeisterung für die Nazizeit bekundet, scheint uns der Prozeß der Vergangenheitsbewältigungverdrängung doch etwas zu weit zu gehen." Und in der Wiener Zeitung „Die Presse" hieß es, Bonn hätte sich die Peinlichkeit vor der Welt ersparen können, dem einstigen Oberbefehlshaber der deutschen Kriegsmarine eine Beisetzung mit militärischen Ehren zu verweigern. In England oder Frankreich sei Dönitz „nie anders als Soldat ohne Furcht und Tadel betrachtet worden, der seine Pflicht getan und die Niederlage seines Landes und seine persönliche mit Würde getragen hat". Für die Ostdeutschen sprach Harry Poley Worte ehrenden Gedenkens und Karl Keil, Oberpfarrer im Bundesgrenzschutz, selbst Träger des Deutschen Kreuzes in Gold und anderer hoher Kriegsauszeichnungen, ehrte namens der katholischen ehemaligen Soldaten den letzten Oberbefehlshaber der Wehrmacht.

Besonders beeindruckend war der von dem evangelischen Gemeindpfarrer Hans Jochen Arp gestaltete Trauergottesdienst für das Gemeindeglied Karl Dönitz. Arp zeichnete das Bild des alten Herrn in Aumühle, in Haltung und Würde unantastbar, der die hohe Achtung aller Mitbürger der Gemeinde gefunden habe. Und die unzählige Trauergemeinde in und vor der Kirche war Zeugnis dafür, daß Respekt vor Persönlichkeit und Leistung des Großadmirals überall in Deutschland zu Hause sind.

Während Trauerweisen erklangen, wurde der Sarg, auf Wunsch des Verstorbenen in die Bundesfahne gehüllt, von acht Ritterkreuzträgern auf den Schultern zum Grabe getragen und unter dem „Lied vom guten Kameraden" der Erde übergeben. Wie Dönitz mit der schwarz-rot-goldenen Fahne seine positive Einstellung zum demokratischen Deutschland zum Ausdruck bringen wollte, hatte er von seinem Gemeindepfarrer auch seine Beisetzung in Form eines schlichten christlichen Begräbnisses gewünscht. Während noch die Angehörigen und die Trauergäste am offenen Grabe still verharrten, klang aus dem Silberwald des Friedhofes die aus der Menge heraus angestimmte Nationalhymne der Deutschen: „Einigkeit und Recht und Freiheit." Unzweifelhaft auch der innigste Wunsch des Mannes, der nun unter dem von ihm für die Grabstätte seiner Familie ausdrücklich gewünschten Kreuz mit dem Korpus ruht.

Es würde zu weit führen, alle diejenigen aufzuzählen, die nach Aumühle gekommen waren und Bonner Peinlichkeit fast vergessen ließen. Sei es der frühere Generalinspekteur der Bundeswehr, General a. D. Harald Wust, der italienische Vizeadmiral Cattani, bis vor wenigen Jahren noch Chef der Adriastreitkräfte, Schleswig-Holsteins Innenminister Barschel oder Olaf von Wrangel, der lange Jahre fast Nachbar von Dönitz in Aumühle und mit der Familie bekannt.

Der Großadmiral Dönitz wurde von seinen alten Kameraden und jenen, die sich zu ihm bekennen, in einer solch würdigen Weise zu Grabe getragen, daß eine Steigerung nicht möglich gewesen wäre. Dennoch hat die Entscheidung der Bundesregierung und des Verteidigungsministers, Dönitz die militärischen Ehren zu versagen, nicht nur im Ausland Befremden, sondern in unserem Volke vielfach große Verärgerung hervorgerufen.

So las man in der „Frankfurter Allgemeinen", Dönitz habe weder Heldenpose noch Pathos gekannt. Es dränge sich aber ein aufschlußreicher Vergleich auf: „Ein ehemaliger Terrorist erhält die Ehre eines Besuches des Innenministers, der wegen Mordversuches inhaftierte Zahl wird auf Staatskosten nach Bremen gefahren, um einen Preis in Empfang zu nehmen. Einem Soldaten, der Tausenden das Leben gerettet hat, wird das letzte Geleit verweigert."

Was aber am Grabe des Großadmirals und über seinen Tod hinaus bedacht werden sollte, und zwar deshalb, weil es unsere heutige Grundposition berührt, ist, daß Karl Dönitz durch Übernahme der ihm auferlegten Bürde des Staatsoberhauptes die völkerrechtliche Existenz des Deutschen Reiches gewahrt hat. Dafür gebührt ihm besonderer Dank.

Trauerfeier
für Großadmiral Karl Dönitz

am Dienstag, dem 6. Januar 1981, um 13 Uhr in der Bismarck-Gedächtnis-Kirche zu Aumühle.

Ansprache von Konteradmiral a. D. Edward Wegener für die ehemaligen Soldaten der Marine.

Die alte Marine nimmt mit Trauer und Wehmut Abschied von Großadmiral Karl Dönitz, ihrem Kameraden, der einer der Besten war, die aus ihr hervorgegangen sind. Sein Leben war gegründet auf die Tugenden des zu Unrecht so viel geschmähten kaiserlichen Seeoffizierkorps: Ehrenhaftigkeit, aufopfernde Hingabe an die Aufgabe, Vaterlandsliebe und unwandelbare Treue zur Staatsführung.

Diese Ideale waren das Fundament seines Soldatenlebens. Sie haben seinen ganzen Weg gekennzeichnet. Hingabe an die gestellte Aufgabe ließ ihn, den jungen U-Boot-Kommandanten des Ersten Weltkriegs, durch eine kühne Tat Ruhm an seine Flagge heften. Vaterlandsliebe leitete ihn beim Entschluß, in der Reichsmarine weiter zu dienen. Ehrenhaftigkeit bewährte sich bei der Führung des U-Bootkrieges im Zweiten Weltkrieg.

Großadmiral Dönitz war eine große soldatische Führerpersönlichkeit. Seine Führung beruhte auf Zielstrebigkeit und Klarheit. Er gewann die Herzen seiner Männer durch ein unnachahmliches Charisma. Aber dieses Charisma war nicht Ausstrahlungskraft schlechthin. Es war tief eingebettet in die Überzeugung von der Kraft des traditionellen Führungsgrundsatzes vom Vorbild und von der persönlichen Hinwendung zu jedem einzelnen.

Er besaß die Gabe, bei allen Problemen den Kern zu erfassen und das Wesentliche einfach und jedem begreifbar darzustellen. Er besaß die Fähigkeit zum Entschluß und die Energie, das als richtig Erkannte in die Tat umzusetzen. Er war der Mann der jungen Generation, reformfreudig und ideenreich. Er war ihres Geistes. Er begei-

219

sterte das junge Offizierkorps der U-Bootwaffe ebenso wie Unteroffiziere und Mannschaften zur Erfüllung ihrer Pflicht. Auch in den härtesten und verlustreichsten Phasen des Krieges hat es der U-Bootwaffe nie an Freiwilligen gefehlt.

Dieses auf soldatischen Tugenden ruhende Führertum hat aus den U-Bootmännern des Zweiten Weltkriegs eine Gemeinschaft gemacht, die, stolz im Erfolg, schließlich einen Opfergang gegangen ist, der an antike Vorbilder erinnert.

Als Dönitz zum Oberbefehlshaber der Marine berufen wurde, trat er aus dem Rahmen reinen Soldatentums heraus. Er wurde in die politische Sphäre hineingezogen. Er brauchte, um seine Aufgabe für die Marine zu meistern, das Vertrauen Hitlers. Das hat er sich erworben und um dieses Vertrauens willen machte Hitler ihn, der nie der Partei angehört hatte, zu seinem Nachfolger.

Durch diesen Weg des Aufstiegs wurde der Großadmiral zu einer Figur des nationalsozialistischen Systems. Er hat während oder gerade wegen der Rückschläge an allen Fronten, Treue zur Staatsführung, die ihm anerzogen war, für den Weg gehalten, den er als Soldat — bis zum bitteren Ende — gehen müsse.

Heute, frei von der Befangenheit der Zeit, muß man die Frage stellen, ob man mit militärischem Gehorsam allein dem ethischen Postulat, das im deutschen Soldatentum angelegt, gerecht werden kann. In dieser Sicht wurde Dönitz, obwohl frei von jedem Mitvollzug des Unrechts, in die Schuld der Führung mitverstrickt.

Dennoch aber dürfen wir dem, was damals an Tapferkeit und Treue, an Uneigennützigkeit und Opferbereitschaft geleistet wurde, die moralische Qualität und die Würde nicht absprechen.

Von der Berufung zum Staatsoberhaupt wurde Dönitz überrascht. Aber er hat die sich stellenden Aufgaben verantwortungsbewußt erfüllt. Er hat dem Kampf in einer für die damaligen Verhältnisse optimalen Weise ein Ende gesetzt und zugleich eine große Zahl militärischer Einheiten und Hunderttausende von Flüchtlingen in den Westen gerettet. Mit der auf das Militärische beschränkten Kapitulation hat er — in seiner vom Gegner akzeptierten Funktion als Staatsoberhaupt — erreicht, daß das Deutsche Reich wenigstens als völkerrechtliche Forderung fortbesteht. Der Auftrag unseres Grundgesetzes zur Wiedervereinigung beruht auf dieser von ihm geschaffenen Grundlage.

Die Geschichte hat diese Taten in den kurzen 20 Tagen im Mai 1945 als große Leistung anerkannt.

Als Nachfolger Hitlers, als der Mann, den Churchill am meisten gefürchtet hat, wurde er vom Militärtribunal verurteilt, nicht wegen seiner Seekriegsführung. Das internationale Militärtribunal mußte ihm — und damit seinen U-Bootmännern und der ganzen Marine — bescheinigen, daß sie den Krieg ehrenhaft geführt haben. Verurteilt wurde er, weil er zu einer prominenten Figur des nationalsozialistischen Staates geworden war. Es war kein juristisches, sondern ein politisches Urteil.

Der Großadmiral hat seine Kerkerhaft mannhaft und ungebrochen durchgestanden. Nach 11½ Jahren Haft wurde er 1956 entlassen. Bei seiner Rückkehr in die Freiheit war ihm bewußt, daß sein Name mit dem vergangenen Regime verkettet war und daß jede Aktivität und Äußerung damit belastet sein würden. Auch den Versuchen gewisser Kreise, ihn politisch zu nutzen, hat er widerstanden.

Mit wachem Interesse hat er das Zeitgeschehen und auch das Werden und Wachsen der neuen Bundesmarine verfolgt. Er hat es oft schmerzlich empfunden, wie sehr er von ihr und sie von ihm Abstand halten mußte. Dieses Abstandhalten manifestiert sich auch darin, daß das Bundesverteidigungsministerium hier heute nicht vertreten ist. Ja, man hat dem toten Großadmiral sogar die einem Ritterkreuzträger zustehende Ehrung versagt.

Das Leben eines großen Soldaten ist zu Ende gegangen. Sein Name gehört der Geschichte an. Wir Männer von der alten Marine danken ihm für sein Vorbild als Führer. Wir danken ihm dafür, daß er uns im Krieg makellos geführt hat. Wir danken ihm für die Festigkeit, mit der er dem Krieg ein Ende gemacht hat.

Er hat über das Grab hinaus unsere Zuneigung und unsere dankbare Verehrung. Die alte Marine ist stolz darauf, daß er einer der ihren war.

Ansprache von Generalmajor a. D. Horst Niemack für alle übrigen ehemaligen Soldaten.

Selbstbewußt und doch bescheiden, aufrecht und treu, gottesfürchtig und wahrhaftig, pflichtbewußt und opferbereit, erfüllt von tiefer Vaterlandsliebe. Großadmiral Karl Dönitz hat diese soldatischen Eigenschaften im Frieden und im Krieg verkörpert und vorgelebt. Ein Ritter ohne Furcht und Tadel, ein vorbildlicher Kamerad, ein Offizier, von seinen Soldaten geliebt und verehrt, hat uns für immer verlassen.

Lassen Sie mich hier seinen Opfergang in Erinnerung rufen, als dieser Mann, der mit unvergänglichem Lorbeer behaftet der Seekriegsgeschichte angehört, politische Geschichte machte.

Als der Verantwortliche für das Geschehen der letzten Jahre aus seiner Verantwortung durch Selbstmord floh, da wurde, überraschend und unvorbereitet, Großadmiral Dönitz zum Staatsoberhaupt des Deutschen Reiches. Er konnte nur ahnen, was ihn erwartete. Aber um seines Deutschland willen und aus seiner ehernen Disziplin heraus wußte er, daß er sich dieser Aufgabe nicht entziehen durfte. Nur seine tiefe Gläubigkeit gab ihm die Kraft, diese Aufgabe zu durchstehen. Sein Regierungsprogramm bestand darin, an Menschenleben zu retten, was noch zu retten war und den militärisch verlorenen Krieg zu beenden. Er verzögerte die Gesamtkapitulation, um durch Einsatz der Kriegsmarine die deutsche Ostbevölkerung zu retten. Großen Teilen des deutschen Ostheeres ermöglichte er, hinter die amerikanisch-britischen Linien zurückzuweichen und dort in die Gefangenschaft zu gehen. Dazu forderte er soldatische Disziplin und setzte sie, wenn nötig, auch durch. Als soldatische Opfer nicht mehr sinnvoll sein konnten, gab er ohne Zögern Befehl und Vollmacht zur Gesamtkapitulation, nachdem er den Waffenstillstand mit den britischen Truppen bereits erreicht hatte. Millionen Deutsche verdanken ihm Freiheit und Leben.

Widerstand gegen die politische Führung zu leisten, entsprach nicht seinem Traditionsbewußtsein und seiner Erziehung in Kaiserlicher Marine und Reichsmarine, wie das auf viele der hier Versammelten zutrifft. Seine Pflichterfüllung bestand darin, als Befehlshaber der U-Boote wie als Oberbefehlshaber der Kriegsmarine die ihm gestellten soldatischen Aufgaben in Selbstlosigkeit und Treue gegenüber seinem Volk, nicht gegenüber einer politischen Führung, zu erfüllen. Als letztes Staatsoberhaupt des Reiches hat er gehandelt, wie zu handeln das Schicksal ihm auferlegt hat. Großadmiral Karl Dönitz hat bis zur letzten Stunde seine Pflicht erfüllt. Gefängnis, vom Sieger verhängt, von britischen Seeoffizieren scharf kritisiert, Verleumdungen und das Versagen äußerer Ehrungen können sein Ansehen nicht trüben. Großadmiral Karl Dönitz hat sich um unser Vaterland verdient gemacht.

Nicht nur die alten Soldaten und ihre Familien, sondern weite Kreise unseres Volkes bedauern die Haltung der Bundesregierung und die Entscheidung des Bundesministers der Verteidigung, daß kein Bundeswehrsoldat in Uniform an der heutigen Trauerfeier teilnehmen darf und militärische Ehrenbezeugung unterbleiben.

Von ihrem Ehrenmitglied nimmt Abschied die Ordensgemeinschaft der Ritterkreuzträger.

Um ihren letzten Obersten Befehlshaber trauern Soldaten aller Streitkräfte des Deutschen Reiches im Zweiten Weltkrieg.

Wir verneigen uns in Dankbarkeit und Ehrfurcht.

Ansprache von Harry Poley, stellvertretender Sprecher der Landsmannschaft Ostpreußen, für alle Vertriebenen.

In dieser Stunde der Trauer und des Abschieds bewegen uns Respekt, Ehrfurcht und tiefe Dankbarkeit. Sie gelten dem Menschen und Soldaten Karl Dönitz, dessen Leben, geprägt von beispielhafter Pflichterfüllung, sich nun vollendet hat. Respekt und Ehrfurcht bekunden wir dem Manne, der in einem von Charakter und Leistung geprägten Lebensweg seinem Volk als Soldat bis zur letzten und bittersten Konsequenz gedient hat.

Als Oberbefehlshaber der Kriegsmarine vom Schicksal in das Amt des Staatsoberhaupts berufen, mag es wohl sein schwerster, wenn auch unausweichlicher Entschluß gewesen sein, der Wehrmacht des zusammenbrechenden Reiches den Befehl zur Waffenstreckung geben zu müssen. Er beendete damit den im Mai 1945 aussichtslos gewordenen Krieg, den er nicht gewollt hatte und für den er nicht verantwortlich war.

Entehrende Behandlung, Gefangenschaft und zehn Jahre Kerker konnten ihm weder die in ihm ruhende Würde nehmen, noch seine lautere Persönlichkeit brechen.

In der Marinewelt der westlichen Nationen gilt er heute als einer der bedeutendsten Admirale der neueren Seekriegsgeschichte. Es waren hervorragende Seeoffiziere der früheren Kriegsgegner, wie der frühere Oberkommandierende der amerikanischen Asienflotte Hart und der britische Admiral of the Fleet, Sir George Creasy, die dem Großadmiral nach seiner Entlassung aus Spandau ihre Hochachtung bezeugten.

Der britische General und Historiker Fuller bekundete am 1. September 1957 seine und vieler Soldaten und Seeleute Empörung „über die" — wie er sagte — „schändlichen Nürnberger Gerichtsverfahren, die eine Travestie der Justiz und eine Schmach für alle zivilisierten Völker" seien.

In tiefer Dankbarkeit gedenken hunderttausende Ostdeutscher aus Ostpreußen, Westpreußen und Pommern des Mannes, dem sie Rettung und Leben verdanken; Leben, das keimend auch Mütter über die Wogen trugen.

Galt schon das Bemühen, die militärische Kapitulation zu verzögern, dem Ziel, im Osten möglichst viele Zivilisten und Soldaten in Sicherheit zu bringen, so nimmt die in der Marinegeschichte einmalig dastehende Rettungsaktion über See einen historischen Platz ein. Auf Befehl des Großadmirals setzten zum Abschluß des Krieg's noch einmal die tapferen Seeleute der Kriegs- und Handelsmarine ihr Leben ein. Unter dem Kommando der Admirale Burchardt, Schubert, Engelhardt, Thiele und Rogge und des Fregattenkapitäns von Blanc erfüllten die Besatzungen der 2. Kampfgruppe und der 9. Sicherungsdivision mit 281 Kriegs- und 509 Handelsschiffen den letzten Sinn soldatischen Tuns, ihren Mitbürgern zu dienen und der Gewalt im Namen der Menschlichkeit zu trotzen. In 115 Tagen, vom 23. Januar bis zum 10. Mai, retteten diese Einheiten nahezu zweieinhalb Millionen Menschen von den Häfen Königsberg, Pillau, Danzig, Gotenhafen und Hela, wie auch aus Libau, von der Pommernküste und aus Mecklenburg.

Die Landsmannschaft Ostpreußen verlieh dem Großadmiral 1975 für diese große soldatisch-humanitäre Tat ihre höchste Auszeichnung, den Preußenschild. Sie ehrte damit zugleich die unter seinem Befehl kämpfenden, fahrenden und rettenden Seeleute, deren Tapferkeit und Tüchtigkeit es zu danken ist, daß die Verluste bei diesem Rettungsunternehmen, so schmerzlich sie auch waren, weniger als 1. v. H. betrugen.

Die Ostdeutschen und wir Ostpreußen unterwerfen unsere Aussage nicht tagespolitischen Zweckmäßigkeiten. So bleibt auch heute, da die staatlichen Organe dem Toten die letzte Ehrerweisung versagen, das gültig, was der damalige Sprecher der Landsmannschaft Ostpreußen, Freiherr von Braun, am 24. Mai 1970 in Laboe als schuldigen Dank aussprach. Er sagte: „Großadmiral Karl Dönitz war es, der am 2. Mai 1945 die Leitung des zusammenbrechenden

Großadmiral Karl Dönitz, Träger des Preußenschildes der Landsmannschaft Ostpreußen

Großadmiral Dönitz mit Admiral Engelhardt (†) im Garten des Ost-
preußenhauses und...

...Überreichung des Preußenschildes (1975) durch den damaligen stellvertretenden Sprecher Gerhard Prengel

Zu einem
vom Ost-
preußenblatt
veranstalteten
Treffen über
See geretteter
Ostpreußen
kamen
Landsleute
aus allen
Ländern der
Bundesrepu-
blik, um dem
Großadmiral
zu danken

Großadmiral Dönitz zum letzten Mal bei der Adventsfeier (1979) seiner Marine in Aumühle. (V. l. n. r. Kapitän a. D. Kurt Reitsch, Chefredakteur Hugo Wellems, Großadmiral Dönitz und Kapitän a. D. Adalbert Schnee, U-Boot-As des Zweiten Weltkriegs)

Der letzte Weg des Großadmirals: Ritterkreuzträger der Kriegsmarine tragen den Sarg ihres verehrten Oberbefehlshabers

Staates übernommen hatte. Er hatte sich eine Last aufgeladen, die nicht Ehre oder Erfolg verhieß, die ihm um so mehr aber sittliche Aufgabe war. Ihn trieb nur noch sein Ringen um das Leben der Deutschen; er wollte das Menschenmögliche für die Rettung der Mitbürger im Osten möglich machen. Er bleibt für uns ein Mann, dem Ehrfurcht und Dank gebühren, weil er die eigene Person vorbehaltlos und schweigend dem Dienst an seinen Mitmenschen unterordnete."

In dieser Stunde des Abschieds von dieser tapferen und lauteren Persönlichkeit, die nun ihren auf See im Kampf gebliebenen Söhnen gefolgt ist, sei heute angefügt:

Der Großadmiral Karl Dönitz hat mit seinem Leben und Wirken Maßstäbe gesetzt. Sie behalten ihre Gültigkeit, auch wenn ein sogenannter Zeitgeist sie vorübergehend außer Kraft zu setzen versucht. Wir verneigen uns vor einem großen Sohn unseres Volkes.

Ansprache von Karl Keil, Oberpfarrer im BGS (Bundesgrenzschutz), für die katholischen ehemaligen Soldaten.

Die übergroße Anteilnahme, welche durch die Bevölkerung geht und stellvertretend auch durch die Menge der heute hier in Aumühle anwesenden Menschen zum Ausdruck kommt, zeigt die große Verehrung, Liebe und Hochachtung vor unserem verstorbenen Großadmiral Karl Dönitz.

Er war gegen niemand strenger als gegen sich selbst. Er verlangte kein Opfer, zu dem er nicht selbst bereit war.

Sein lauterer, aufrichtiger Charakter, sein geradliniges Denken und Handeln und sein großes Verantwortungsbewußtsein reichen jedoch nicht aus, um diese Anhänglichkeit zu erklären, dies ist indessen der Fall 35 Jahre nach Beendigung des Zweiten Weltkriegs.

Es waren Achtung und Treue, welche der Großadmiral seinen Männern, unabhängig von Dienstgrad und Dienststellung, entgegenbrachte. Sein Leben und seine Haltung bewiesen ihnen stets die Echtheit seines Wortes: „Mein Herz gehört Euch bis zum letzten Atemzug!" Jawohl! Mein Herz gehört Euch bis zum letzten Atemzug. So fragen wir: Woher nahm er diese Kraft für seine Aufgaben und für sein schweres Leben?

Er wußte sich geführt und getragen durch unseren Herrn Jesus Christus.

So darf ich über sein Leben ein Wort des Völkerapostels Paulus aus dem II. Brief an Timotheus K 4 V 1—8 setzen, welchen der kaiserliche Vizeadmiral und Chef des Ost-Asiatischen Kreuzergeschwaders, Maximilian Hubertus Maria Reichsgraf von Spee, im Ersten Weltkrieg ausgesucht hatte, falls er selbst mit seinen beiden Söhnen, Otto und Heinrich, und den Besatzungen seines Geschwaders von ihrem Einsatz nicht mehr zurückkehren würden: „Ich habe den guten Kampf gekämpft, den Lauf vollendet, den Glauben bewahrt. So ist mir gewiß, die unvergängliche Krone der Gerechtigkeit, die mir der Herr, der gerechte Richter, an jenem Tage seiner Wiederkunft darreichen wird, aber nicht nur mir, sondern allen Menschen, die seine Wiederkunft lieben."

Die katholischen ehemaligen Soldaten verneigen sich in Ehrfurcht und Hochachtung vor diesem aufrechten Menschen und Christen, dem Großadmiral Karl Dönitz.

Der Herr erbarme sich seiner und unser. Er schenke ihm den ewigen Frieden. Amen.

Trauergottesdienst
Von Pastor Hans-Jochen Arp

Ich danke dir von Herzen,
ob Jesu, liebster Freund,
für deines Todes Schmerzen,
da du's so gut gemeint.
Ach gib, daß ich mich halte,
zu dir und deiner Treu,
und, wenn ich nun erkalte,
in dir mein Ende sei.

Wenn ich einmal soll scheiden,
so scheide nicht von mir,
wenn ich den Tod soll leiden,
so tritt du dann herfür,
wenn mir am allerbängsten,
wird um das Herze sein,
so reiß mich aus den Ängsten,
kraft deiner Angst und Pein.

Die Gnade unseres Herrn Jesu Christi und die Liebe Gottes und die Gemeinschaft des Heiligen Geistes sei mit uns allen. Amen.

Wir haben uns hier versammelt, um von einem Menschen Abschied zu nehmen, der unter uns gelebt und den Gott nach einem langen Leben aus dieser Zeit abgerufen hat.

Wir nehmen Abschied, weil es zur Würde des Menschen gehört, daß man in Dankbarkeit und Ehrfurcht seinen Lebensweg bedenkt. Zugleich stellen wir selbst uns aber in einer solchen Stunde auch die Frage nach dem letzten Sinn und Ziel unseres Lebensweges.

Möge diese Stunde dazu beitragen, Klarheit in unsere Gedanken und in unsere Hoffnung zu bringen. Wir stellen uns unter Gottes Wort und beten aus dem Psalm 73:

„Dennoch bleibe ich stets an dir;
denn du hälst mich bei meiner rechten Hand.
Du leitest mich nach deinem Rat,
und nimmst mich am Ende mit Ehren an.

Wenn ich dich habe,
so frage ich nicht nach Himmel und Erde.
Wenn mir gleich Leib und Seele verschmachtet,
so bist du doch, Gott, allezeit meines Herzens Trost und mein Teil.

Aber das ist meine Freude, daß ich mich zu Gott halte
und meine Zuversicht setze auf Gott, den Herrn,
daß ich verkündige all dein Tun."
Amen.

Liebe Trauergemeinde, am Heiligabend — nachdem unsere Glocken zum dritten Heiligabend-Gottesdienst geläutet hatten, vor der Christnachtmesse, ist der Großadmiral Dönitz in seiner hiesigen Wohnung still eingeschlafen. Nur seine Tochter war bei ihm und hielt seine Hand.

Heute, am Epiphanias-Tag, nehmen wir mit einer großen Gemeinde Abschied von ihm und geben ihm das letzte Geleit. Sein Tod und diese Beerdigungsfeier fallen also in die Zeit, die wir als die „fröhliche, selige, gnadenbringende Weihnachtszeit" besingen. Diese Weihnachtszeit hat für den Verstorbenen eine tiefe Bedeutung in seinen letzten Gedanken und Wünschen gehabt.

Nachdem er einige Wochen recht kränklich gewesen war, hatte er sich vorgenommen, unbedingt am Sonntag vor Weihnachten hier in die Kirche zu kommen. Ich besuchte ihn Sonnabend nachmittag; seine Frage lautete: „Wann werde ich morgen abgeholt?" Wir sahen bereits, daß er das nicht mehr leisten konnte, daß seine Energie da zu Ende war; aber er wollte es unbedingt, denn er wünschte sich, Weihnachten wieder hier in seiner Gemeinde das Fest der Christgeburt mitfeiern zu können. „Wann werde ich abgeholt?"

Heute müssen wir sagen: Gott hat ihn abgeholt. Abgeholt in sein Licht, heimgeholt zur ewigen, vollendeten Weihnachtsfeier.

So stelle ich an den Anfang dieser Predigt ein Wort zum Epiphanias-Tag. Es lautet: „Die Finsternis vergeht, und das wahre Licht scheint jetzt."

Weihnachten ist für d i e Menschen geschehen, „die da sitzen in Finsternis und Schatten des Todes".

Die Botschaft von Weihnachten lautet: „Euch ist heute der Heiland geboren", Christus ist der Retter auch vom Tod, auch s e i n Retter.

Wie sehr er mit diesem Herrn Jesus Christ verbunden war, erfuhr ich sofort, nachdem ich vor 18 Jahren hier sein Pastor und Seelsorger geworden war. Damals war gerade seine Frau gestorben. Auch an sie müssen wir heute denken, denn sie ist es gewesen, die ihm hier in Aumühle nach den schweren Jahren von Spandau eine neue Heimat bereitet hat, sie als eine von allen sehr geachtete und beliebte Frau. An ihrer Seite durfte er leider nur noch wenige Jahre hier verbringen.

Ihm lag es sehr am Herzen, daß die Grabstelle der Familie Dönitz würdig gestaltet wird. So kam er zu mir und fragte, ob er das Grab mit einem großen holzgeschnitzten Kruzifixus schmücken dürfte. Ich sagte ihm: „Das ist hier eigentlich nicht üblich. Warum wollen Sie das?" Seine Antwort lautete: „Weil Er der einzige ist, an den ich mich letzten Endes halten kann."

Viele sind seitdem an das Grab der Familie Dönitz getreten, wo nicht nur der Name seiner lieben Frau, sondern auch die Namen seiner beiden Söhne zu lesen sind, die unter seinem Oberbefehl draußen geblieben sind. Viele werden in Zukunft an sein Grab treten. Auch das österreichische Fernsehen, das einen Film über Dönitz gedreht hat, zeigt am Ende diese Grabstelle. Da wandert die Kamera aus dem Himmel, aus den Wipfeln der Bäume zu dem gekreuzigten Christus und dann bewußt — damals vor einem Jahr, als auch Schnee auf unserem Waldfriedhof lag —, zu der Stelle hin, wo wir ihm heute seine letzte Ruhe geben werden. Wir alle werden immer daran denken müssen, daß er es war, der dieses Grab so gestaltet hat, mit dem Bekenntnis: „Das ist der einzige, an den ich mich letzten Endes halten kann."

Es ist viel von seiner vorbildlichen Haltung auch in böser Zeit, auch in schlimmsten Augenblicken gesprochen worden. Haltung kann man nur haben, wenn man einen Halt hat; wenn man weiß, an wen man sich letzten Endes halten kann.

Es muß auch gesprochen werden von seiner Höflichkeit, die ganz aus dem Herzen kam — ohne Unterschied von Rang und Person — einfach aus Hochachtung vor den Mitmenschen. Keine Spur von

Arroganz war in ihm zu entdecken. Niemals habe ich ein schlechtes Wort über andere aus seinem Munde gehört. Er lehnte es ab, sich beliebt und attraktiv zu machen bei den Menschen heute; er schwieg lieber. Auch über Menschen und Freunde, die ihn enttäuscht hatten, sagte er kein böses Wort; dann verstummte er plötzlich, daß es einem peinlich wurde. Das war seine Haltung, worin er Vorbild war, weil er einen Halt hatte, an den er sich wenden konnte, mit dem er lebte.

Er ist nun durch seinen Rang als Soldat und durch sein Amt, das er 23 Tage innegehabt hat, eine Persönlichkeit der deutschen Geschichte geworden.

Viel ist deshalb natürlich über ihn geschrieben worden. Auch diese heutige Feier ist deshalb geprägt von seiner Bedeutung in unserer heutigen Situation.

Meine Damen und Herren, wenn Sie wüßten, was alles zu bedenken war bei solch einer Feier, wenn Sie wüßten, was alles auch zu befürchten war und was vielleicht auch an Gefühlen und Gedanken vorhanden ist, dann kann ich nur sagen, man merkt, in was für einer Welt und Zeit wir heute leben. Großadmiral Dönitz hat mir und einem Freund von mir, der Arzt ist, vor einiger Zeit mal ein gleiches Wort gesagt: „Was haben Sie für einen schönen Beruf, einen heilenden Beruf. Es ist so vieles in der Welt, was geheilt werden muß."

Wir können in Ehrfurcht und Dankbarkeit vor dem Großadmiral Dönitz diese Feier nur richtig halten, wenn wir nicht zusammengekommen sind, um in irgendeiner Weise recht zu behalten, um zu demonstrieren. Auch Gefühle des Hasses oder der Ablehnung haben hier keinen Platz, sein Satz verpflichtet auch uns: „Es muß so viel in der Welt geheilt werden."

Ich habe Respekt vor der Trauer, die mancher unter Ihnen empfindet, weil er diese Feier lieber anders gestaltet hätte. Wenn wir aber seinen Lebensstil in den letzten 25 Jahren beobachtet haben —, er legte keinen Wert auch auf Äußerlichkeiten, ganz war er auf den inneren Menschen ausgerichtet. Er lebte hier in Aumühle als stiller Bürger, nahm an den Veranstaltungen teil, hatte ein persönliches Verhältnis zu all denen, mit denen er umging, ohne alle großen Zeichen von Rang und Würde, nur von seiner Persönlichkeit her.

Wir als Deutsche haben ein Problem, dieses Problem sollten wir auch in dieser Stunde bedenken. Es ist unsere oft sehr tragische Geschichte. Wir sind ein „merk-würdiges" Volk, wir Deutschen. Was anderen Völkern schon längst beschieden war, Identität und Kontinuität, ist bei uns immer wieder abgebrochen worden. Das ist unser Schicksal. Wenn Großadmiral Dönitz in schwerster Stunde, wo nichts mehr zu gewinnen war, das schwere Amt übernommen hat aus Liebe zu seinem Volk, dann — meine ich — sollten wir heute dieses unser schweres Schicksal auch akzeptieren und versuchen, für uns sehr behutsam, ohne Rechthaberei, ohne gekränkten Stolz, in Heilung und in Fürsorge für alle Menschen ein Geschichtsbild zu gewinnen; in diesem Geschichtsbild wird der Mann Karl Dönitz dann auch seinen Platz haben, in seiner Treue zu seinem Land, in Fürsorge für seine Mitmenschen.

Ich weiß aus manchen Gesprächen, wie er zu diesem heutigen Staat gestanden hat. So ist er erzogen worden: Er hat diesen Staat bejaht, obgleich er wußte, welche Ressentiments dieser Staat ihm gegenüber hatte oder haben mußte. Wenn Sie heute sehen, daß sein Sarg mit den Farben schwarz, rot, gold geschmückt ist, so kommt das aus seinem Satz: „Zu den früheren Farben habe ich kein Verhältnis mehr."*) Das ist ein Ja der Treue zu unserem Staat und Volk und zu seiner tragischen Geschichte. Wir können ihm nur folgen — meine ich —, wenn wir selbst deshalb Ja sagen und diese Treue halten.

Unsere heutige Veranstaltung ist deshalb kein Fest der Empörung, des Hasses und der Resignation. Wahnsinn beenden! Heilen, was zu heilen ist! Menschen retten! Das war seine Haltung, die auch uns verpflichtet.

Aus diesem Grund hat er vor zwei Jahren — als ich ihn fragte, wie diese Feier einmal gestaltet werden sollte —, mir nur eine Antwort gegeben: „Sie als mein Gemeindepastor sollen die Predigt halten." Ich fühle mich in dieser Stunde ihm verpflichtet, darüber hinaus dem, der mir das Amt verliehen hat, das Wort der Wahrheit zu predigen. Eine schöne und auch schwere Aufgabe, aber ich hoffe, sie wird von Ihnen allen so wahrgenommen, wie Großadmiral Dönitz es gemeint hat. Er war für mich einer der dankbarsten Christen-Menschen, die mir begegnet sind.

---

*) Zu diesen Worten meiner frei gehaltenen Predigt: Großadmiral Dönitz hat vor längerer Zeit die Frage, ob er die kaiserliche Kriegsflagge auf seinem Sarg wünsche, ohne Diskussion ganz schlicht beantwortet: „Die kaiserliche Flagge kommt nicht in Frage. Auf meinen Sarg soll die schwarz-rot-goldene Flagge."

Ich traf ihn einmal vor dem Bahnhof. Nachdem wir uns schon verabschiedet hatten, kam er plötzlich wieder zurück, schaute mich an und sagte: „Ich habe einen Ozean von Dank für Sie." Es war mir beinah peinlich, mit welcher Hochachtung er die Autorität meines Amtes achtete. Er, der selber auch Autorität für sein Amt beansprucht hatte. Er war hier in dieser Kirche sehr regelmäßig Teilnehmer des Gottesdienstes. Er hatte seinen Platz dort in der zweiten Reihe am Mittelgang. Dort saß er, eingehüllt in eine Wolldecke. Einmal hielten wir das Heilige Abendmahl — ich gab das Zeichen, man möge aufstehen —, er verstand es falsch, er meinte, er sollte schon nach vorne kommen. Er schritt ganz alleine hier um den Altar herum und stand hier hinter mir, während der ganzen Abendmahlsliturgie, wie ein Diakon hinter seinem Pastor. Ein Symbol: Er blieb stehen, er stand dazu, im wahrsten Sinne des Wortes.

Als ich einmal einen Familiengottesdienst hielt, mit einer sehr einfachen Kinder-Predigt und mich bei ihm entschuldigte, daß es heute alles so wild und so einfach sei, lautete seine Antwort: „Wenn Kinder zu Gott geführt werden, bin auch ich Gott ganz nahe." Sein Leben hat teilgehabt und gelitten auch unter den Finsternissen dieser Welt. Nehmen wir dazu das Wort des heutigen Tages: „Aber sein Weg führt dem wahren Licht entgegen."

Meine Predigt soll an Sie alle eine Einladung sein: Gehen Sie diesen Weg mit aus allen Finsternissen dieser Welt dem wahren Licht entgegen. Daß wir nicht nur hier eine Feier halten und einige Sitten und Gewohnheiten ableisten, sondern daß von dieser Stunde ein Licht und eine erneuernde Kraft ausgeht für uns alle, für die Öffentlichkeit und für unser Volk und die Welt.

So allein können wir es vor dem Verstorbenen, dem Großadmiral Dönitz, verantworten, daß wir uns nicht wegen der heutigen Feier vor ihm schämen müssen. Seinen weiteren Weg stelle ich unter die Losung des heutigen Tages. Sie lautet: „,Fürchte dich nicht, denn ich bin bei dir und will dich erretten', spricht der Herr."

Lasset uns beten: Ewiger, allmächtiger Gott, wir danken Dir, daß Du uns Dein Wort gegeben hast, als Schlüssel zum Verständnis des Lebens. Wir danken Dir, daß wir in dieser Stunde Abschied nehmen dürfen von einem Menschen, in dessen Leben Du gegenwärtig gewesen bist, der uns ein Zeugnis des Glaubens, der Wahrheit und der von Dir geschenkten Ehre gegeben hat. Wir danken Dir, daß wir seinen Weg ganz in Deine Hände geben dürfen. Hilf uns allen, hilf den

Menschen, für die er dagewesen ist, den Menschen, denen wir verbunden sind, daß wir dem wahren Licht entgegengehen, das Du in dieser Welt entzündet hast. Hilf uns, ewiger Gott, dazu. Amen.

Weg hast du allerwegen,
an Mitteln fehlt dirs nicht;
dein Tun ist lauter Segen,
dein Gang ist lauter Licht;
dein Werk kann niemand hindern,
dein Arbeit darf nicht ruhn,
wenn du, was deinen Kindern
ersprießlich ist, willst tun.

Hoff, oh du arme Seele,
hoff und sei unverzagt!
Gott wird dich aus der Höhle,
da dich der Kummer plagt,
mit großen Gnaden rücken,
erwarte nur die Zeit,
so wirst du schon erblicken
die Sonn der schönsten Freud.

Aussegnung: Karl Dönitz, es segne und behüte dich Gott der Vater, der dich erschaffen hat nach seinem Bild. Es segne und behüte dich Gott der Sohn, der dich erlöst hat mit seinem Blut. Es segne und behüte dich Gott der Heilige Geist, der dich berufen hat zum Erbe seiner Heiligen im Licht. Er segne und behüte deinen Ausgang und Eingang von nun an bis in Ewigkeit. Amen.

Großer Gott, wir loben dich,
Herr, wir preisen deine Stärke.
Vor dir beugt die Erde sich
und bewundert deine Werke.
Wie du warst vor aller Zeit,
so bleibst du in Ewigkeit.

Herr, erbarm, erbarme dich!
Auf uns komme, Herr, dein Segen!
Deine Güte zeige sich
allen der Verheißung wegen!
Auf dich hoffen wir allein,
laß uns nicht verloren sein.

Quellenverzeichnis

„Boevoy put' Sovetsgogo Voenno-morskogo Flota", N. A. Piterskij, Moskau 1964/Dt. Ausgabe: „Die Sowjet-Flotte im Zweiten Weltkrieg", Stalling-Verlag.

„Defeat in Victory", Jan Ciechanowski, Doubleday & Co, New York, 1947.

„Der Kampf um Ostpreußen", Dieckert/Grossmann, Gräfe & Unzer Verlag, 1965.

„Die Entstehung der Oder-Neiße-Linie", Wolfgang Wagner, J. G. Herder-Institut, 1968.

„Dokumentation der Vertreibung der Deutschen aus Ost-Mitteleuropa", Bd. I/1. und 3. Beiheft, Herausgeber: Bundesministerium für Vertriebene.

„Feux du ciel", Pierre Clostermann, Dt. Ausgabe: „Brennender Himmel", Scherz-Verlag, Bern.

„Kriegsmarine 1939—1945", W. Lohmann/H. H. Hildebrand, Podzun-Verlag.

„La Marine Française pendant la seconde guerre mondiale", Paul Auphan/-Jacques Mordal, Librairie Hachette-Paris, Dt. Ausgabe: „Unter der Trikolore", Stalling-Verlag, 1964.

„Le soldat oublié", Guy Sajer, Editions Robert Laffont, 1967/Dt. Ausgabe: „Denn dieser Tage Qual war groß", Fritz Molden-Verlag, Wien-München-Zürich, 1969.

„Ostsee-Brückenköpfe 1945", Ingrid Bidlingmaier, Kurt Vohwinckel Verlag, 1962.

„Poland — White Eagle on a Red Field", Samuel L. Sharp, Harvard University Press, Cambridge/Massachusetts, 1953.

„Polen, Deutschland und die Oder-Neiße-Grenze", Dokumentensammlung Deutsches Institut für Zeitgeschichte, Berlin-Ost, 1959.

„Polen zwischen Hoffnung und Verzweiflung", Wanda Bronska-Pampuch, Verlag für Politik und Wirtschaft, Köln, 1958.

„Soixante jours qui ébranlèrent l'Occident" Jacques Benoist-Méchin, Editions Albin Michel, Paris.

„Teheran — Jalta — Potsdam" (Die sowjetischen Protokolle), Verlag Wissenschaft und Politik, Köln, 1968.

„Unternehmen Rettung", Fritz Brustat-Naval, Koehlers Verlagsgesellschaft, 1970.

Literaturhinweise

Bekker, Cajus:
Flucht übers Meer. Ostsee — deutsches Schicksal 1945. Die größte Rettungsaktion der Geschichte. Gerhard Stalling Verlag, Oldenburg, 1959

Berthold, Will:
Der große Treck. Die Vertreibung aus den deutschen Ostgebieten. Wilhelm Heyne Verlag, München, 1980

Dobson, Christopher/Miller, John/Payne, Ronald:
The Cruellest Night. Germany's Dunkirk and the sinking of the Wilhelm Gustloff. Hodder and Stoughton, London, 1979

Dönitz, Karl:
Deutsche Strategie zur See im Zweiten Weltkrieg. Antworten des Großadmirals auf 40 Fragen. Bernard & Gräfe, München, 1972

Dönitz, Karl:
Mein wechselvolles Leben. Musterschmidt, Göttingen, 1975

Dönitz, Karl:
Zehn Jahre und zwanzig Tage. Erinnerungen des Befehlshabers der deutschen U-Boote im Zweiten Weltkrieg. Bernard & Gräfe, München, 1975

Görlitz, Walter:
Karl Dönitz. Der Großadmiral. Herausgegeben von Günther Franz. Persönlichkeit und Geschichte, Band 69. Musterschmidt, Göttingen, 1972

Kalusche, Elfriede:
Unter dem Sowjetstern. Erlebnisse einer Königsbergerin in Nordostpreußen 1945—1947. Schild-Verlag, München, 1974

Kieser, Egbert:
Danziger Bucht 1945. Dokumentation einer Katastrophe. Bechtle Verlag, Esslingen, 1978

Lass, Edgar Günther:
Die Flucht. Ostpreußen 1944/45. Podzun-Pallas-Verlag, Dorheim, 1964

Lehndorff, Hans Graf von:
Ostpreußisches Tagebuch. Aufzeichnungen eines Arztes aus den Jahren 1945—1947. Biederstein Verlag, München, 1961

Thorwald, Jürgen:
Es begann an der Weichsel. Vollständige Taschenbuchausgabe. Droemersche Verlagsanstalt Th. Knaur Nachf., München, 1965

Verschleppt. Frauen und Mädchen von Ostpreußen nach Sibirien verschleppt. Ein Bericht über 1945 und danach. Herausgegeben von einem Autorenkreis und Werner Marienfeld, Iserlohn

Vondran, Emmerich:
Ostpreußen im Fegefeuer oder Die letzten Tage am Frischen Haff. Flüchtlings-Roman. Thurm-Verlag, Osterzell, 1977

Zayas, Alfred M. de:
Die Anglo-Amerikaner und die Vertreibung der Deutschen. Vorgeschichte, Verlauf, Folgen. Deutscher Taschenbuch Verlag GmbH & Co. KG, München, 1980

Inhaltsverzeichnis

237

Nach 25 Jahren — eine Dokumentation

Anhang

Ein Stück deutscher Geschichte

MITAUTOREN:

Paul Brock (Seite 26), Prof. Dr. Fritz Gause (Seite 19), Hans-Ulrich
Stamm (Seiten 118, 133, 137, 168, 182), Hugo Wellems (Seiten 5, 14) —
Ferner zahlreiche Augenzeugen; sie wurden im Text genannt.

FOTOS:

Archiv (III, IV, V, VI), dpa (XII), Gerhard Ellermann (VIII, X), Lutz
Jaffé (X), Jacques Mordal, Paris (II), Ursula Passarge (VII), Hans Jürgen
Preuß (IX), Magnussen (VII), Kurt Schmalenbach (I), Ullstein (II), Walter Woehlke (XII). Titelfoto: Renard, Kiel.

Weitere Ostpreußentitel

in unserer Schriftenreihe „Dokumente, Analysen, Kommentare"

Hans-Ulrich Stamm

Schicksal in sieben Jahrhunderten

Aus Ostpreußens leidvoller Geschichte.
Band 6 der Schriftenreihe. 216 Seiten, 12 Fotos und Illustrationen, broschiert

Hans-Georg Tautorat

Schwarzes Kreuz auf weißem Mantel

Die Kulturleistung des Deutschen Ordens in Preußen.
Band 13 der Schriftenreihe. 208 Seiten, 8 Fotos auf Bildtafeln, 2 Kartenskizzen, 2 Lagepläne, broschiert

Fritjof Berg

Über die Weichsel

Eine deutsche Rückkehr — Reisebericht voll farbiger Schilderungen.
Band 16 der Schriftenreihe. 280 Seiten, 26 Fotos, Paperback

Staats- und Wirtschaftspolitische Gesellschaft e. V.
Postfach 32 31 28 — 2000 Hamburg 13

Weitere Titel

in unserer Schriftenreihe „Dokumente, Analysen, Kommentare"